国家自然科学基金项目（72174047；71874045；71403073）
国家社会科学基金项目（20BGJ026）
国家民委民族研究项目（2022GMD030）
教育部人文社科基金项目（19YJCGAT004）

医保减贫视域下

中国灾难性卫生支出全景测度研究

李 叶◎著

中国经济出版社
CHINA ECONOMIC PUBLISHING HOUSE
·北 京·

图书在版编目（CIP）数据

医保减贫视域下中国灾难性卫生支出全景测度研究 / 李叶著. -- 北京：中国经济出版社，2023.1
ISBN 978-7-5136-7218-4

Ⅰ. ①医… Ⅱ. ①李… Ⅲ. ①医疗保健事业－财政支出－研究－中国 Ⅳ. ① F812.45 ② R199.2

中国国家版本馆 CIP 数据核字（2023）第 030816 号

责任编辑 耿 园
责任印制 马小宾
封面设计 任燕飞工作室

出版发行 中国经济出版社
印 刷 者 北京艾普海德印刷有限公司
经 销 者 各地新华书店
开　　本 710mm × 1000mm 1/16
印　　张 19.25
字　　数 331 千字
版　　次 2023 年 1 月第 1 次
印　　次 2023 年 1 月第 1 次
定　　价 78.00 元

中国经济出版社 **网址** www.economyph.com **社址** 北京市东城区安定门外大街 58 号 **邮编** 100011

前　言

贫困作为掣肘全球社会与经济发展的共同难题，羁绊着人类实现可持续高效发展的步伐。贫困抗击史伴生于人类发展史，消除贫困成为各国政府治理中重点关注的公共政策难题。我国在完成消除绝对贫困这一彪炳史册的减贫成果后，正式进入后减贫时代。巩固拓展脱贫攻坚成果、防止返贫的长效减贫治理成为下一阶段的核心任务，健康贫困成为应优先关注的脆弱短板与风险缺口。基于阿玛蒂亚·森对贫困解读的可行能力视角，健康作为人类的基本生存禀赋，是个人经济发展、教育获取、资源占有等一系列外部衍生发展能力的基础。健康存量的缺失程度决定着上述外部能力的归零风险。个体健康存量的缺失、能力与机会的被剥夺，最终累积成同质贫困群体在医保制度、扶贫政策等制度资源中的可及性与可得性差异。个体健康贫困的群体累积，以及多重脆弱属性的耦合与传导机制作用，最终形成社会的健康贫困固化，迭代的连锁风险给社会的可持续发展带来巨大冲击，进而诱发经济、文化等多维贫困的发生。可见，疾病与贫困之间恶性循环的辐射链条，负向意义深远。疾病经济负担的精准测度成为亟待解决的重点问题，灾难性卫生支出（catastrophic health expenditure，CHE）作为疾病经济负担的综合测度指标，对识别健康贫困脆弱特征并作出干预的政策意义重大。医保制度作为抵御疾病经济负担最为有效的制度工具与手段，在我国实现了人口宽度覆盖，降低了医疗卫生服务利用的门槛，实现了对大部分人群与疾病的经济保护普惠功能。但面对新时代的发展特征、人口结构特征、疾病特征、政府现代化治理及减贫诉求，亟须在制度的顶层设计和运行过程中，进一步深化减贫功能。

笔者关于灾难性卫生支出的研究始于 2012 年发表在世界卫生组织期刊的高被引 SCI 文章。早期的研究承袭已获权威认可的学者观点，以我国全人群为研究对象，聚焦家庭层面，采用世界卫生组织推荐的灾难性卫生支出算法融合逻辑回归方法进行风险因素分析。后依托国家自然科学基金（71403073），探究了传统灾难性卫生支出算法与我国医保制度如何适配的问题。随着实例分析结果的呈现与问题解读视角的不断丰富，进一步依托国家自然科学基金（71874045），拓宽了理论框架，不囿于医保制度体系内部的挖掘，而是关联医保制度内部要素及其所处的复杂环境进行探索。其间，随着脆弱特征图谱的刻画、风险人群的动态捕捉，我们的研究由全人群进一步细化，将其进行分层、组合，解析了中老年人群、慢性病人群及癌症人群的风险特征，完成了多视角、多层次、多维度的人群画像绘制。在研究演进过程中，我们逐渐意识到，突破多学科限制、提升方法学更新速率是深化研究效果使其更贴合现实的重要环节。同时，我国灾难性卫生支出研究领域中，家庭层面的人群测算已较为完善，而疾病经济负担附加风险也会叠加于地区层面之上造成多方面影响，但学者对该方面却鲜有关注。因此，将复杂的区域特征简单压缩到二维层面构建风险抵御防线仍略显不足，还原区域特性、综合多方面因素因地制宜地架构立体的风险抵御框架才更为贴合实际且便于推行。在此背景下，我们依托国家自然科学基金（72174047），探索性地拓维空间视角，将传统的家庭层面灾难性卫生支出测算聚合于区域层面进行分析，打通空间屏障，跃升至宏观视角，聚焦省域、市域，进行区域风险特征图谱绘制。

本书系统地介绍了我们取得的研究成果，在当前研究领域已形成以“理论模型构建—评价工具开发—实证研究—问题诊断—策略优化”为链条的研究模块。本书首次探索并构建了灾难性卫生支出多维风险脆弱性耦合理论分析框架，通过多学科方法学的引入与融合，从社会经济、人口特征、疾病、地域、社会制度、环境等多维视角，对全人群、老年人群、农村人群、慢性病（10 种）人群进行了多维度、跨时空、全方位的追踪测度，重点关注脆弱人群、边缘人群与潜在致贫风险人群，对其形成因素、驱动机制及改善策略展开了深度诠释，实现了探索性理论创新与多层级实证研究有效接续的辐射状研究布局，为棘手决策提供了科学循证依据。截至目前，已完成的成果清单涵盖以下几个部分：（1）两个理论评价模型——基于 CAS 视角的大病医保理论评价模型、空间基因视域下医保减贫理论评价模型；（2）三个评价工具集——灾难性卫生支出关键参数界定、大病医保层级架构—运行流—非线性效果评价指标体系、区域医保减贫效应评价指标体系；（3）三个人群全景测度——我国全人群10年医保实施效果测度、我国中老年人群8年疾病经济负担测度、时间切片下慢性病人群灾难性卫生支出测度；（4）三个问题诊断清单——基本医保制度失效环节与问题诊断、大病医保制度失效环节与问题诊断、灾难性卫生支出高发人群脆弱性特征图谱；（5）一个策略优化模型——医保优化路径与策略改进模型。

本书可作为灾难性卫生支出领域相关理论与算法学习的工具用书，也可作为健康贫困评价、指标体系构建、医保制度评价及减贫效果分析的案例参考用书。此外，本书还依据过往的研究成果，从多维度、多主体出发，提出了微观、宏观层面，平面、空间视角的全方位医保制度优化路径，亦可作为政策参考用书。

李　叶

2022年11月于哈尔滨

目录

第一章

绪论及相关理论 …… 1

第一节　医保减贫视域下灾难性卫生支出全景测度意义 …… 1

一、后减贫时代因病致贫的测度意义 …… 1

二、医保减贫视域下灾难性卫生支出现状与问题 …… 2

第二节　灾难性卫生支出概述及相关理论 …… 4

一、灾难性卫生支出概念内涵、关键参数要素 …… 4

二、灾难性卫生支出算法 …… 7

三、灾难性卫生支出相关理论 …… 11

四、灾难性卫生支出的空间理论（贫困空间形成机制） …… 13

五、灾难性卫生支出的文献研究 …… 15

第二章

基于灾难性卫生支出测度意义延展的理论评价模型与指标体系构建 …… 23

第一节　基于灾难性卫生支出测度意义延展的理论评价模型构建 …… 23

一、健康贫困的理论评价模型 …… 23

二、大病医保制度的理论评价模型 …… 27

三、小结 …… 30

第二节　基于灾难性卫生支出测度意义延展的评价指标体系构建 …… 31

一、健康贫困评价指标体系 …… 31

二、大病医保评价指标体系 …… 36

三、空间视域下灾难性卫生支出评价指标体系 …… 41

四、小结 …… 47

第三章
基于截面数据的我国多维特征人群灾难性卫生支出测度分析 …………… 48
第一节 全人群灾难性卫生支出实证分析 ………………………………… 48
一、数据来源、变量选取和研究方法 ………………………………… 48
二、结果 ………………………………………………………………… 49
三、讨论 ………………………………………………………………… 54
四、结论 ………………………………………………………………… 56
第二节 农村中老年人群灾难性卫生支出实证分析 ……………………… 57
一、数据来源、变量选取和研究方法 ………………………………… 57
二、结果 ………………………………………………………………… 59
三、讨论 ………………………………………………………………… 67
四、结论 ………………………………………………………………… 70
第三节 大病人群灾难性卫生支出实证分析 ……………………………… 70
一、数据来源、变量选取和研究方法 ………………………………… 71
二、结果 ………………………………………………………………… 72
三、讨论 ………………………………………………………………… 83
四、结论 ………………………………………………………………… 85
第四节 慢性病人群灾难性卫生支出实证分析 …………………………… 85
一、五大高病死率慢性病患者的灾难性卫生支出测度研究 ………… 86
二、心血管疾病患者的灾难性卫生支出测度研究 …………………… 99
三、慢性呼吸道疾病患者的灾难性卫生支出测算与影响因素研究 ……… 111

第四章
基于时空视域的我国灾难性卫生支出全景测度的技术实现路径与
实证案例 ……………………………………………………………… 120
第一节 时序追踪下我国特定人群灾难性卫生支出全景测度 ………… 120
一、实例研究：一项针对我国中老年人群的 5 年间灾难性卫生支出
全景测度追踪 ………………………………………………………… 120

二、某省慢性病家庭10年间灾难性卫生支出测度研究 …… 129
第二节 基于地理探测器技术的我国中老年人群灾难性卫生支出测度与脆弱靶点分析 …… 140
一、地理探测器方法学简述 …… 140
二、实例研究一：一项针对我国中老年人群的灾难性卫生支出发生率空间分异特征及驱动因素探究 …… 144
三、实例研究二：一项针对我国农村中老年人群的灾难性卫生支出发生率空间分异特征及驱动因素探究 …… 167
第三节 基于时空加权回归方程的我国全人群灾难性卫生支出测度研究 …… 175
一、地理时间加权回归模型方法学简述 …… 175
二、实例研究：一项针对我国中老年人群的8年灾难性卫生支出发生率时空非平稳性研究 …… 177

第五章
灾难性卫生支出多维耦合脆弱性特征刻画及抵御策略研究 …… 240
第一节 灾难性卫生支出多维耦合脆弱性特征刻画 …… 240
一、微观层面人群脆弱“众生相”刻画 …… 242
二、宏观层面空间视角下外圈因素下沉所致脆弱性特征提取 …… 251
三、小结 …… 261
第二节 抵御策略与优化路径 …… 261
一、平面维度优化路径 …… 262
二、空间维度优化路径 …… 267
三、小结 …… 274

参考文献 …… 275

第一章 CHAPTER 1

绪论及相关理论

第一节 医保减贫视域下灾难性卫生支出全景测度意义

一、后减贫时代因病致贫的测度意义

贫困作为掣肘全球社会与经济发展的共同难题，羁绊着人类实现可持续高效发展的步伐。贫困抗击史伴生于人类发展史，消除贫困成为各国政府治理中重点关注的公共政策难题。2017 年，全球有 8 亿人将至少 10%的家庭预算花费在家庭成员的医疗费用上，而其中近 1 亿人将会因此陷入极度贫困，每日的基本家庭消费性支出只有 1.9 美元甚至更少。改革开放以来，我国实施了有计划的脱贫攻坚计划，成绩斐然。1990 年，我国农村贫困人口占全国总人口的 60%以上，2002 年首次降到 30%，到 2019 年，我国的贫困率仅为 0.6%。我国的减贫成果在国际上享有盛誉。2010 年，按照联合国制定的贫困标准，86 个国家平均贫困率为 37.4%，其中我国为 2.8%。2015 年《千年发展目标报告》数据指出，1990—2015 年，国际极端贫困人口由 19 亿人降至 8.36 亿人，在此过程中，我国是全球减贫的主力军，贡献率超过 70%。2020 年，我国减贫进入里程碑式的新阶段，贫困县全部摘帽，消除了绝对贫困和区域性整体贫困。

2021 年，习近平总书记在全国脱贫攻坚总结表彰大会上，向世界宣告我国已完成消除绝对贫困的艰巨任务，提前 10 年实现联合国 2030 年可持续发展议程的减贫目标，创造了世界范围内减贫治理的中国样本。在肯定成绩的同时，习近平总书记对下一阶段过渡期的减贫重点作出部署，强调巩固拓展脱贫攻坚成果，让脱贫基础更加稳固、成效更加可持续，对易返贫、致贫人

口加强监测，消除相对贫困、防止返贫的长效减贫治理至关重要，我国正式进入后减贫时代。国务院数据显示，2018 年我国建档立卡贫困户中因病致残、致贫的比例分别超过 40%和 14%，65 岁以上老年人占比超过 16%。健康贫困人群成为规模性返贫的敏感与脆弱人群，因病致贫（impoverishment by edical expense，IME）、返贫成为我国后减贫时代成果维系的脆弱短板与风险缺口。

二、医保减贫视域下灾难性卫生支出现状与问题

我国 2008 年因病致贫发生率高达 7.5%，2011 年家庭灾难性医疗支出发生率高达 12.9%，不同脆弱人群的灾难性卫生支出发生率为 15%~45%。研究表明，这在很大程度上与卫生服务利用水平提高，而门诊和药品作为最常见的卫生服务需求与利用项目却缺乏更为慷慨的报销政策有关，尤其是中老年人口这样的卫生服务需求和利用较高、自付费用水平也较高的脆弱性人群。在我国人口红利逐渐消失、老龄化飞速发展的现实诉求下，为进一步减轻高额医疗费用带来的疾病经济负担，我国在“十二五”期间建立城乡居民大病医疗保险（catastrophic medical insurance，CMI）制度，并于 2012 年 8 月颁布《关于开展城乡居民大病保险工作的指导意见》，对重大疾病所致的高额医疗费用进行再次报销或提高报销比例，要求大病医保报销比例不低于 50%。2015 年 7 月发布《国务院办公厅关于全面实施城乡居民大病保险的意见》，目标是覆盖所有城镇居民医保和新农合的参保人群。2017 年党的十九大报告中也指出，必须完善统一的城乡居民基本保险制度和大病保险制度。2019 年国务院政府工作报告中强调，继续提高城乡居民基本医保和大病保险保障水平，居民医保人均财政补助标准增加 30 元，一半用于大病保险，降低并统一大病保险起付线，报销比例由 50%提高至 60%。根据卫健委 2020 年 7 月发布的“对十三届全国人大二次会议第 3140 号建议的答复”，大病保险制度覆盖人数已超过 11 亿人，2018 年实施救助人次超过 1.2 亿。然而，大病医保作为基本医保的补充医保，为加深基本医保的经济保护程度而生，缺少独立运作机制和对福利包覆盖的扩维，依赖城镇居民医保和新农合的盈余运作，并遵循与二者相同的报销清单，在卫生总费用不断提高的情况下，医保的报销力度可能会被抵消。

由上述我国医保制度的发展历程可以看出，以 2011 年为节点，医保制度发展前期的重心在于基本医疗保险制度，而三大基本医疗保险并不能完全承担起日益增长的疾病经济负担，甚至会加剧城乡二元结构体制差异。其中，中老年人群作为健康经济脆弱性最为显著的群体需要被格外关注。在如今基本医保几乎已经实现人口全覆盖的形势下，医保计划整合能够更进一步让我国老百姓获得更好的健康经济保护，Meng 等于 2015 年发表的研究得到了这一颇具前瞻性的结论。为了使医保制度经济保障水平与社会经济发展水平相适配，平衡城乡资源配置和经济发展，进一步满足国民疾病经济负担减轻的需求，我国继大病医保制度之后，于 2016 年出台了城乡居民整合医保计划。城乡整合医保初期由新农合医保所属的卫生部门和城镇居民医保所属的社保部门联合管辖，之后归于国家医疗保障局管理。组织层面的统一使得城乡居民整合医保的效率有所提高，但由于城乡一直以来的经济水平和资源配置差异，整合医保可能无法在短时间内有效降低健康经济风险。

时至今日，以提升国民健康经济风险抵御能力为核心，不断发挥健康减贫功能的五大医保制度并行，我国取得“消除绝对贫困”的伟大成果，实现了第一阶段减贫目标。但是，我们也应该清醒地看到这一举世瞩目的成就背后，区域间社会经济、资源分配、生态环境等要素发展不平衡给“解决相对贫困”任务带来的阻碍和潜在的致贫风险。为了更好地巩固第一阶段成果，应对第二阶段“解决相对贫困”的艰难挑战，医保制度想要继续持有对相对贫困的减贫功能的制度效能，需要与时俱进地深度拓维，提高对区域间要素发展不平衡的重视程度。由此，基于空间视角，我们可以通过“灾难性卫生支出”这一对医疗支出风险有着精准评估功能的风险刻画指标，对比出相同要素下不同区域间的发展失衡情况和差距，进而捕捉到当前医保制度在新的社会条件和减贫任务下的失效环节，深入挖掘各要素在空间区域中的耦合作用，总结出时代需求下的新型多维贫困脆弱性特征，瞄准空间视阈下健康经济保护断层、卫生政策落地失衡的诱因，最终为医保制度的减贫功能重新注入活力。

总结而言，尽管现行的医保制度实现了人口宽度上的覆盖，降低了医疗卫生服务利用的门槛，发挥了对大部分人群与疾病的经济保护普惠功能，但在当前消除绝对贫困的背景下，区域间健康贫困差异问题尚未解决，医保制度在空间区域对相对贫困的减贫效果，需要进一步制度效能开发。因此，在面对第二阶段“解决相对贫困”任务、更高的健康需求、社会人口结构变革等问题时，医保制度亟须在制度顶层设计与运行过程中，加强对区域性差异的把控，以空间视角对灾难性卫生支出影响因素进行精准厘定分析，瞄准空间视阈下的新型贫困脆弱性特征，靶向深化医保制度减贫功能。

第二节　灾难性卫生支出概述及相关理论

一、灾难性卫生支出概念内涵、关键参数要素

与健康相关的个人经济负担问题已成为全球卫生策略致力解决的重要议题，而如何对这一复杂问题进行量化是需要被首先定义的内容。灾难性卫生支出是可持续发展目标（sustainable development goals，SDGs）与全民健康覆盖（universal health coverage，UHC）等全球卫生策略中对于疾病经济风险测量的核心指标，其指标测度意义在衡量疾病经济负担的各国实践中，不断被赋能与拓维。可是对于一些读者而言，灾难性卫生支出一词仍然十分陌生，“什么是灾难性卫生支出”以及“作为复合性的测算指标，灾难性卫生支出需要考虑哪些单一指标”是大家普遍关心的问题。故本部分将重点介绍灾难性卫生支出的概念内涵，以及测算过程中的关键参数要素设定等内容。

1. 灾难性卫生支出的概念内涵

对灾难性卫生支出概念进行理论溯源，S. E. Berki 于 1986 年提出了“灾难性医疗费用”（catastrophic medical expenses）的概念。他认为，以“个人卫生费用支出”为计算单位是不准确的，应以“每个家庭的基本医疗费用”为单位进行判断，因为家庭成员之间的社会福利具有相互依存和共享的特质，并认为应该以家庭总收入为标准，来界定居民现金卫生支出达到何种标准时为“灾难性”的。

随后，世界银行在 2000 年以“灾难性事件”（catastrophic event）包含的 3 个维度为依据，延伸出了“灾难性卫生支出”的不同概念内涵及其特点。

第一，以疾病为判断标准。对于疾病谱中发病率不高的重症疾病，患者在治疗时需支付巨额费用，被认定为“灾难性卫生支出”。这种定义的缺陷在于，对于不同经济水平的家庭而言，同样数额的医疗费用占家庭总消费的比例不同，带来的影响也大相径庭。因此，不能单纯地以疾病种类作为“灾难性”的判断依据。

第二，以时间为判断标准。在一个特定的时期内，当家庭的卫生支出超出了预先设定的阈值，则认为该家庭发生了灾难性卫生支出。与“以疾病为判断标准”的定义不同，该种定义允许包含更多的灾难性事件，减少了灾难性事件判定遗漏的可能。医疗保险常采用此标准界定灾难性卫生支出。

第三，以家庭消费为判断标准。该种定义方法将家庭收入引入灾难性卫生支出的分析中，并从社会福利的角度对灾难性卫生支出的发生进行了更为丰富的解读。当家庭现金支付的医疗卫生费用超过了家庭消费一定的比例，则认为该家庭发生了灾难性卫生支出。对于大部分低收入家庭来说，巨额医疗费用意味着长期的经济负担。因此，医疗保险的作用不仅在于减轻重大疾病带来的经济压力，还在于可以为减少贫困作出贡献。然而，该种定义的弊端在于，保险公司很难获得家庭收入的真实数据。

世界卫生组织（World Health Organization，WHO）卫生系统筹资部于2005年将“灾难性卫生支出”定义为，当一个家庭的居民现金卫生支出达到或超过家庭支付能力的40%时，即可认为该家庭不幸发生了灾难性卫生支出。当一个家庭因为支付医疗卫生费用而导致家庭整体经济水平低于贫困线时，则认为该家庭发生了因病致贫。

2. 灾难性卫生支出的界定标准

如《改造我们的世界：2030年可持续发展议程》中所述，灾难性卫生支出的定义是卫生支出超过家庭支付卫生保健能力的预定义百分比或阈值。然而，支付能力可以用不同的方式来衡量，这一点也导致了测量上的差异。除此之外，由于不同国家的经济发展水平和家庭经济条件有所差异，加之卫生筹资政策也各不相同，因此，对于不同家庭而言，判断其是否发生灾难性卫生支出的标准也很难达成共识。以往研究中，灾难性卫生支出的界定标准为5%~60%。因此，需要进一步厘清灾难性卫生支出的测算方法以及灾难性事件发生的阈值。

目前，世界上存在4类主流的灾难性卫生支出计算方法。它们被官方机构在实践中使用与推广，并在一定范围内受到了相关领域学者的认可。

其中，最简单的一种逻辑认为，所有预算都可以被用来支付卫生保健服务，这种方法被称为预算份额法，仅考虑卫生支出与家庭总支出、总收入的比例关系。并且考虑到较贫穷国家的测量准确性，家庭总支出的使用相对更为广泛。从应用范围来看，SDGs与世界银行偏好于在此计算框架下以10%或25%的阈值计算灾难性卫生支出。简单的优点使其具有更强的推广性，降低了灾难性卫生支出研究领域的进入门槛。但是其缺点也相对明显，尤其是对其他基本需求的忽视，严重违背了居民购买基本商品的规律。

其他3类方法均对此进行了改良，主要途径是从中扣除其他基本生存需求花费。第二类方法直接减去了实际发生的食品支出。不可否认，这种计算方式比后两类方法更简易且可行性更强，但其测量的准确性仍然被一些学者质疑。这类方法主要采用25%或40%的阈值，被应用于泛美卫生组织与世界银行的相关项目计算中，并且与第一类方法一起被以Wagstaff为首的学者广泛应用于相关测算中。

在第三类方法中，以徐科为代表的世界卫生组织成员承认了食品支出作为基本生存需求的不可或缺性，并对其进行了算法上的优化。其进步主要表现在采用了总体人群的总体食品消费情况而非个人或家庭的实际食品支出，更能体现出某一群体对食品的基本生存需求。根据世界卫生组织的定义，这一算法的阈值大多被规定为40%，并且被其大力推广和应用。

第四类方法提出了人类生存需求的多样性，认为在考虑饮食和健康对人类生存基本需求重要性的同时，也要考虑到住房和公用事业（水、电、天然气和其他燃料）对居民生活的必要性。世界卫生组织欧洲办事处在40%的阈值标准下广泛应用该计算方法，使用相对人均总支出第25~35个百分点家庭的相对项目消费作为基本生存需求考量。

这些方法各存利弊，随着对概念框架越发细致的考量，灾难性卫生支出计算的指标与方法日益复杂，推广性也越来越差。但从学术研究的角度，我们更关心的问题仍然是这些方法是否能够得出更符合现实情况的测算结果。鉴于此，我们引用了世界卫生组织成员 Sarah Thomson 及其同事（Cylus、Thomson、Evetovits，2018）的实证研究结果进行相关说明。

Sarah Thomson 及其同事列举了上述 4 类主流算法，并使用不同方法对同一数据进行了灾难性卫生支出的测算。为了更显著地观察灾难性卫生支出算法结果的差异性，他们将不同方法导向下的测算结果在统一经济分组中进行可视化。通过结果间的对比，他们发现，在 10%阈值下，预算份额法与世界卫生组织欧洲办事处的方法计算得到的灾难性卫生支出发生率（incidence of catastrophic health expenditure，ICHE）相似，但分布却存在很大差异。预算份额法显示灾难性卫生支出主要发生在富裕家庭中，而世界卫生组织欧洲办事处的方法却显示其主要集中在最贫穷的家庭中。这种结果的差异可以归因至算法上的参差：预算份额法为所有家庭提供了相同的阈值，而后者产生的有效阈值则因家庭而异。

由此不难发现，选用合适的算法并为其匹配科学的阈值，且将最优搭配在世界范围内进行标准化推广，对于灾难性卫生支出的研究是十分重要的。若非如此，未来研究和世界公共卫生干预项目很可能因为算法差异使结果测算失准或不可互通。如何精进算法使其更加贴合现实并在研究层面促成统一，将是后续灾难性卫生支出研究的重要方向之一。

二、灾难性卫生支出算法

前文介绍了世界主流的 4 类灾难性卫生支出算法并对其进行了实例分析，但目前文献中对灾难性卫生支出的计算还是以 Wagstaff 和徐科的方法为代表。因此，本部分将在前一部分的基础上重点讲述这两种方法的计算指标与详细计算步骤。

1. 世界银行推荐的方法

Wagstaff 从 4 个维度、2 个层次对灾难性卫生支出进行了全方位的测算。4 个维度是指灾难性卫生支出发生率、灾难性卫生支出平均差距（mean gap）、灾难性卫生支出相对差距（mean positive gap）和灾难性卫生支出集中指数（concentration index）。2 个层次是指分别采用家庭生活标准的 2 个不同指标计算灾难性卫生支出，即分别计算医疗卫生支出对家庭总体消费水平的影响和医疗卫生支出对家庭非食品消费的影响。在每个层次的计算中，都从上述4个维度计算灾难性卫生支出，方法相同。

（1）灾难性卫生支出发生率

灾难性卫生支出发生率是指被判定发生灾难性卫生支出的家庭占全部样本家庭的比例，反映了发生灾难性卫生支出的家庭数量。假设 X 为家庭居民现金卫生支出占家庭消费的百分比，Z 为界定灾难性卫生支出的标准：若 $X>Z$，那么可以认为该家庭发生了灾难性卫生支出。建立变量 E_i，如果 $X_i>Z$，令 $E_i=1$，否则 $E_i=0$。$E_i=0$ 表示该家庭并没有发生灾难性卫生支出；$E_i=1$ 表示该家庭发生了灾难性卫生支出。H_{cat} 为灾难性卫生支出发生率，N 为样本量。

$$H_{cat}=\frac{1}{N}\sum_{i=1}^{N}E_i=\mu_F \tag{1-1}$$

（2）灾难性卫生支出平均差距

计算发生灾难性卫生支出家庭的居民现金卫生支出占家庭消费的百分比与界定标准之差，再将全部发生灾难性卫生支出家庭的差距之和与样本家庭数量相比，便可计算出家庭灾难性卫生支出的平均差距。它反映了医疗卫生费用对家庭生活水平的影响程度，即全社会灾难性卫生支出发生的严重程度（见图1-1）。设变量 O_i 为居民现金卫生支出占家庭总消费百分比与界定标准之差，即 $O_i=X-Z$。若 $X<Z$，则令 $O_i=0$。那么，灾难性卫生支出平均差距可表示为式（1-2）：

$$G_{cat}=\frac{1}{N}\sum_{i=1}^{N}O_i=\mu_O \tag{1-2}$$

式中，μ_O 为 O_i 的平均数。

（3）灾难性卫生支出相对差距

该指标集中反映了灾难性卫生支出给家庭带来的经济负担程度，值越大，代表家庭承受的经济负担越重。

$$MPG=\left(\sum_{i=1}^{N}O_i\right)/\left(\sum_{i=1}^{N}E_i\right)=\mu_O/\mu_E \tag{1-3}$$

式中，$\sum_{i=1}^{N}O_i$ 为所有发生灾难性卫生支出家庭的卫生支出差距之和；$\sum_{i=1}^{N}E_i$ 为所有发生灾难性卫生支出的家庭数。

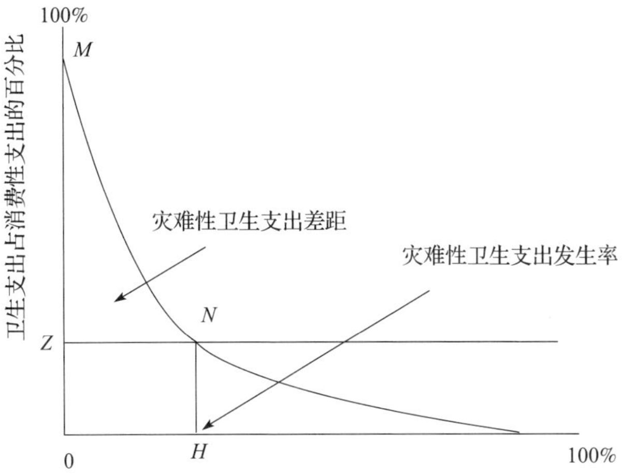

图 1-1　灾难性卫生支出发生率和差距

（4）灾难性卫生支出集中指数

该指标反映了灾难性卫生支出发生的人群分布情况，即更倾向于发生在富裕家庭还是贫困家庭。

2. 世界卫生组织推荐的方法

用世界卫生组织的方法计算灾难性卫生支出和因病致贫发生率，具体步骤如下：

第一步，计算食品支出比率（$foodexp_h$）：家庭食品性支出除以家庭的总支出。

$$foodexp_h = \frac{food_h}{exp_h} \tag{1-4}$$

第二步，计算等价家庭规模。

$$eqsize_h = hhsize_h^{0.56} \tag{1-5}$$

第三步，计算等价食品支出（$eqfood_h$）：每个家庭的食品支出除以家庭成员人数。

$$eqfood_h = \frac{food_h}{eqsize_h} \tag{1-6}$$

第四步，找出食品支出占家庭总支出的份额在整个样本上的第 45 和 55 百分位的食品支出，分别命名这两个变量为 *food*45 和 *food*55，如果调查的内容包括家庭加权变量，百分位计算时应该考虑它的权重。

第五步，计算贫困线（poverty line，*pl*）：计算加权排位在第 45～55 个百分点的食品支出的平均支出，用以代表人均生活消费支出。

$$pl = \frac{\sum w_h \times eqfood_h}{\sum w_h},\ food45 < foodexp_h < food55 \quad (1\text{-}7)$$

第六步，计算家庭的生活消费支出。

$$se_h = pl \times eqsize_h \quad (1\text{-}8)$$

第七步，判断贫困家庭（$poor_h$）：当一个家庭的家庭总开支小于其生活开支时，则判断该家庭为贫困家庭。

$$\begin{aligned} &poor_h = 1,\ \text{当}\ exp_h < se_h;\\ &poor_h = 0,\ \text{当}\ exp_h > se_h \end{aligned} \quad (1\text{-}9)$$

第八步，计算家庭的支付能力（household's capacity to pay，*ctp*）。家庭的支付能力是指家庭中非生活性的消费支出。然而，某些家庭可能会出现生活消费支出大于食品支出的情况（$se_h>food_h$），可能是因为家庭的食品开支低于该国估计的贫困标准，或在调查食物支出时没有考虑食品补贴、优惠政策、自产产品或其他非现金形式的食品消费，导致非食品开支被看作非生活性消费支出。

$$\begin{aligned} &ctp_h = exp_h - se_h,\ \text{当}\ se_h \leqslant food_h;\\ &ctp_h = exp_h - food_h,\ \text{当}\ se_h \geqslant food_h \end{aligned} \quad (1\text{-}10)$$

第九步，计算基于家庭支付能力的个人现金卫生支出（*oopctp*）。卫生支出的负担即个人现金卫生支出占家庭支付能力的百分比。

$$oopctp_h = \frac{oop_h}{ctp_h} \quad (1\text{-}11)$$

第十步，计算灾难性卫生支出（*cata*）。灾难性卫生支出是指当一个家庭总的健康卫生支出等于或超过家庭支付能力或家庭非生活性消费支出的 40%的支出。根据各国的具体情况，40%的阈值是可以改变的。为灾难性卫生支出变量构建一个虚拟变量值，值为 1 表示一个家庭出现了灾难性卫生支出，值为 0 则表示该家庭无灾难性卫生支出发生。

$$cata_h = 1,\ \text{当}\ oopctp_h \geqslant 0.4;$$

$$cata_h = 0,\ 当\ oopctp_h < 0.4 \tag{1-12}$$

第十一步，计算卫生筹资公平性指数（fairness in financial contribution index，*FFC*）。

$$FFC = 1 - \sqrt[3]{\frac{\sum_{h=1}^{n} w_h \mid oopctp_h - oopctp_0 \mid^3}{\sum w_h}} \tag{1-13}$$

$$oopctp_0 = \frac{\sum w_h oop_h}{\sum w_h ctp_h} \tag{1-14}$$

第十二步，计算致贫情况（impoverishment，*impoor*）。致贫是指一个原本并不贫困的家庭，在购买卫生服务后变为贫困家庭。该变量旨在反映卫生服务支出对家庭贫困的影响程度。当家庭总支出等于或大于基本生活消费，且除去现金卫生支出外的其他家庭总支出小于基本生活消费时，则认为该家庭已经因购买卫生服务而致贫，即 $impoor=1$。

$$\begin{aligned} &impoor_h = 1,\ 当\ exp_h \geqslant se_h\ 且\ exp_h - oop_h < se_h; \\ &否则\ impoor_h = 0 \end{aligned} \tag{1-15}$$

第十三步，经济分组（equivalized per capita household expenditure，$eqexp_h$）。在该方法中，经济五分组的依据为等价人均家庭支出。

$$eqexp_h = exp_h / eqsize_h \tag{1-16}$$

三、灾难性卫生支出相关理论

健康作为人类的基本生存禀赋，其存量与质量处在动态变化中，受到环境、心理、文化、生理、社会等多维因素独立或耦合作用的影响。当人类的健康状况走向亚健康或疾病时，一种可能的选择是通过可及的卫生保健服务进行改善，使其恢复健康状态。然而，在购买卫生保健服务这种特殊商品时，医疗卫生费用可能会使一些居民陷入恶劣的财政处境，甚至贫困陷阱中，即因病致贫。灾难性卫生支出是支付医疗保健服务与家庭支付能力的比例达到阈值后的衡量指标，受到卫生服务、医保与社会福利政策、家庭经济能力等内部因素与外部因素的共同影响。因此，灾难性卫生支出不是一个孤立的卫生问题，而是一个在卫生服务需求与利用、社会福利制度、卫生系统与经济发展等多维耦合因素联合作用下衍生出的相对复杂的社会问题，我们需要首先了解其产生的原因与理论。本部分列举了“贫困—疾病”恶性循环理论与疾病风险理论，对灾难性卫生支出产生的机制进行了探讨（见图 1-2）。

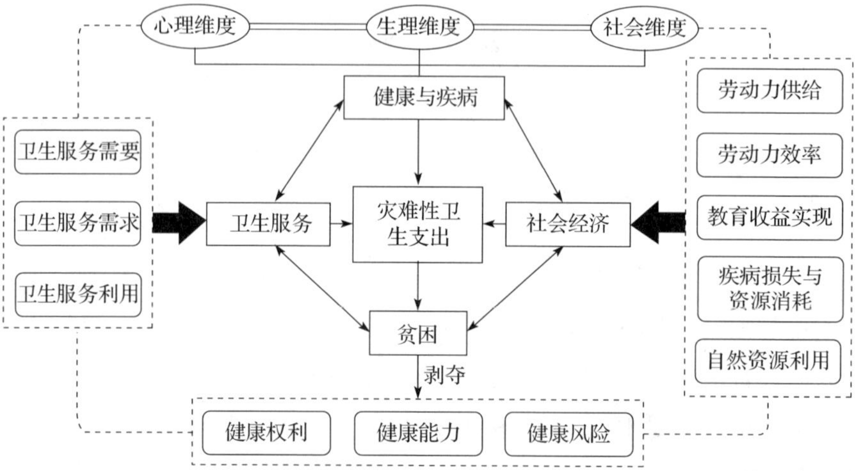

图 1-2　灾难性卫生支出产生机制

1. “贫困—疾病”恶性循环理论

随着社会经济水平的发展、居民生活质量的提高，对贫困的定义越来越多元化。健康水平缺失也被认为是贫困的重要原因之一。受自身经济水平的影响，低收入贫困人群在健康状态不佳时，难以获得充足的医疗卫生服务，即使获得了一定的卫生资源，也往往会因为高额医疗卫生费用而加剧贫困，极易陷入“贫困—疾病—加剧贫困”的恶性循环中。

美国发展经济学家罗格纳·纳克斯在对发展中国家的贫困问题展开深层次的系统分析后，提出了著名的“贫困恶性循环”理论。其核心观点是：资本的匮乏是贫困不断循环发展的根源所在，而资本发展不足则是经济发展缓慢导致的。健康能减少贫困的发生，同时还是促进社会发展的关键因素。灾难性卫生支出是个人和家庭成员受到了疾病的冲击造成灾难性事件甚至贫穷的脆弱性状态，目前灾难性卫生支出关注的重要内容是减轻贫困人口的就医负担，最关键的是探索如何最有效地消除因病致贫、返贫，斩断“疾病—贫困—疾病”的恶性循环链，最终让贫困人口摆脱健康与经济双重贫困的脆弱性状态。“贫困—疾病”恶性循环理论为我们梳理健康与灾难性事件或贫困之间关联、交互影响的脉络机制奠定了理论基础，清晰地描绘了灾难性卫生支出评价模型的传导路径与机制，为理论模型的构建奠定了基本的理论因果假设。

2. 疾病风险理论

疾病风险（disease risk）是指疾病发生时对居民经济、生活等各方面可能造成的各种损失。疾病经济风险则是疾病发生时给居民或家庭带来的各种经济方面的损失，既包括疾病带来的直接就医费用，也包括疾病引发的未来收入的降低或损失，是疾病风险在经济层面的表现。其具体分类包括两种：绝对经济风险和相对经济风险。绝对经济风险包括风险概率（两周患病率、慢性病患病率、年住院率等）和风险损失额度［就医带来的医疗费用额度指标（门诊次均/人均费用、住院次均/人均费用、现金卫生支出总和等）］两个方面。相对经济风险主要描述的是某种疾病或就医费用给个人或家庭经济带来的压力和影响，常用指标包括灾难性卫生支出与因病致贫发生率等。当家庭成员的健康状况出现问题时，如患有慢性病、残疾、住院，家庭就面临着患病风险带来的冲击。风险冲击给家庭生活带来不可控制性，使家庭陷入困境，疾病风险冲击使得家庭陷入灾难性事件的潜在可能性进一步加大，从而会加剧家庭经济赤字。可见，疾病风险理论也为灾难性卫生支出的发生提供了理论支撑。

四、灾难性卫生支出的空间理论（贫困空间形成机制）

灾难性卫生支出作为反映疾病经济风险的综合测度指标，在学术界被广泛应用于家庭层面的疾病经济负担现状与影响因素分析。基于家庭靶向的脆弱性特征捕捉与干预改善策略设计，不足以满足我国后减贫时代的整体减贫需求。区域灾难性卫生支出是对整个地区经济、卫生、制度等各类因素的综合映射。其中，地区医保筹资水平、经济发展、环境因素、医疗资源配置等多元因素已被证明在空间上存在分异性或邻近相关性。那么，具有空间特征的多维驱动因素是否会让灾难性卫生支出呈现出鲜明的空间特征（如空间相关性与空间分异特征），值得进一步探究。然而，尽管近年来对灾难性卫生支出内在机理的研究臻于完善，但研究尺度主要集中在某一时间截面或特定空间尺度上，缺乏对灾难性卫生支出综合特定时间截面中空间单元作用的测度、对系统间协同联动作用的机制探究，以及对不同时空尺度的动态比较。

灾难性卫生支出相关研究没有实现空间方法的交叉融合以及空间指标的量化。因此，目前亟须多学科理论的融合，为灾难性卫生支出的空间特征形成机制建立理论框架。本部分主要从空间相关与空间分异双重角度，对将空间理论引入灾难性卫生支出空间特征研究的可行性进行讨论。其中，空间相关将分别运用极化—涓滴效应理论以及区域空间结构理论，对灾难性卫生支出的空间特征关系进行深度解读。

1. 极化—涓滴效应理论

基于极化—涓滴效应理论，经济发达地区的发展会对经济欠发达地区的发展产生有利和不利两种影响。极化效应是指经济发达地区的发展是基于对周围欠发达地区的资源虹吸；而涓滴效应则是指发达地区通过发展红利带动欠发达地区的发展。极化效应与涓滴效应在发展中共生与互补，最终带来区域的可持续发展。那么，消除健康贫困也应从区域均衡发展战略的视角出发，考虑通过在高健康水平区域形成增长极，进而扩大健康贫困高发地区的涓滴效应，最终消除整体区域的健康贫困。该理论的区域共生协同发展，能够为后续健康减贫的协同治理策略提供理论依据。

2. 区域空间结构理论

区域空间结构理论是描述一定区域范围内社会经济各组成部分及其组合类型的空间相互作用和空间位置关系，以及反映这种关系的空间集聚规模和集聚程度的学说。疾病经济负担嵌入社会经济、卫生、制度与环境等多维属性的开放区域空间系统，会产生互不关联或者彼此联系的固有发展特征。我们基于该理论描绘疾病经济负担的有规则变化，例如，中心向外扩散规则变化，互不关联、孤立发展变成彼此联系的变化，极不平衡发展变为相互关联的平衡发展的区域系统，等等。

3. 空间分异理论

空间分异性（spatial stratified heterogeneity）是指某一属性值在不同区域之间存在差异，可以精准刻画出不同区域间的空间分层差异性，是空间数据的一大特性，如城乡差异、区域经济差异等。忽略空间分异性可能会导致很多问题，如估计效率丧失、估计有偏、显著性错误等。

灾难性卫生支出处于社会经济、卫生、制度与环境等多维属性的开放系统空间，多维属性的横向与纵向耦合，使灾难性卫生支出形成空间分异关联。不同区域的社会经济、卫生、政策、环境相关影响因素会产生差异性。同时，现有大多数灾难性卫生支出研究停留在二维平面视角，缺乏从空间分异视角解释因果关系。采用传统的回归方法——最小二乘法（OLS）进行模型估计，要求数据满足正态性、方差齐性、独立性的假定，但由于各研究地区在地理上的差异，研究区域在空间上缺乏同质性，从而不能满足方差齐性的假定。同时，鉴于各区域之间不是独立的，而是相互开放的，必然存在要素的外溢与流动，不能满足独立性的假定。因此，空间分异的存在导致 OLS 在估计区域灾难性卫生支出时存在偏差。而空间计量模型可以通过地理位置与空间联系建立统计与计量关系加以弥补，为揭示区域差异及其影响因素提供了新的研究视角和延展意义。

五、灾难性卫生支出的文献研究

以“主题=catastrophic health expenditure”在 Web of Science 的 SCI 收录与 SSCI 收录中不限年份进行检索，共检索到论文 945 篇；以“主题=灾难性卫生支出”在中国知网不限年份进行检索，共检索到学术期刊论文 216 篇。将检索到的中英文文献分别进行计量，如图 1-3、图 1-4 所示。

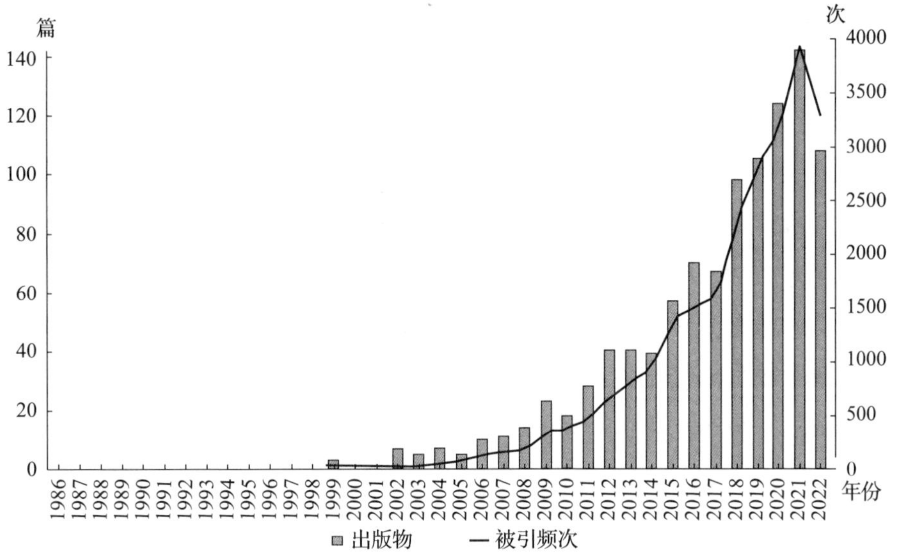

图 1-3 英文文献发表总体趋势

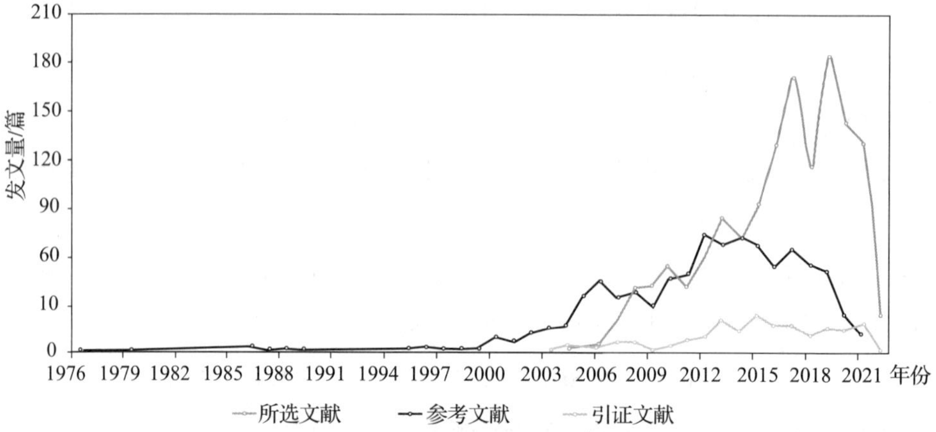

图 1-4　中文文献发表总体趋势

时间上，国外灾难性卫生支出研究的爆发期集中在 2017 年，我国也在 2017—2019 年达到历史峰值。国内外相关研究的爆发期存在一定的重叠，国内略有滞后，且近年来呈现出下降趋势。

从区域与国家来看，最早进行灾难性卫生支出研究的是美国，其累计研究数量也最多。随后一些发展中国家加入该领域的研究，并且很快累积了相当数量的高质量研究。

从核心文献来看，目前在该领域有重要地位的高被引文献主要来自 Wagstaff（2018）、李叶（Li，2012）、van Doorslaer（2007）和徐科（Xu，2003，2007）的 5 篇文献。从研究主题来看，这几篇文献有的是对单个国家灾难性卫生支出发生率进行测算，有的则基于多国水平进行影响因素的联合分析。而相对更有意义的是这些学者在方法学应用、创新和改良方面作出的巨大贡献，也因此被后续学者广泛引用。不可否认的是，这些研究为本领域研究的发展和盛行提供了难以估量的价值。

从内容上看，我们构建了灾难性卫生支出的文献关键词共现网络，得出了以灾难性卫生支出为中心的多聚类文献网络可视化结果。结果显示，截至目前，国内外普遍关注灾难性卫生支出的测度与决定因素、医保在降低灾难性卫生支出发生率过程中扮演的角色、健康公平与卫生服务的可及性等主题。需要额外注意的是，这些研究有很多是基于国家、次国家及以下某一空间单元进行探索，综合他们的研究结果后不难发现，灾难性卫生支出具有鲜明的空间分异性。一方面，这可能表现为有差异的重点关注人群；另一方面，这也可能被描述为发生率的悬殊。为了更好地展示灾难性卫生支出研究的全貌，同时对未来研究的基本框架进行拟合，我们接下来综合了这些内容与上一节提到的算法差异，并在文献范畴内对他们的研究现状进行了综述。

1. 最受关注的研究内容：测度与决定因素

我们针对文献计量的内容，对维度进行了总结。

最早 Xu 等（2003）通过对 59 个国家的数据分析，得出了各国灾难性卫生支出的发生率，研究发现灾难性卫生支出发生率在各国之间的差异较大，其中发生率最高的是越南，为 10.5%，最低的是捷克共和国，仅为 0.01%。显然，经济发展水平较低的发展中国家更容易发生灾难性卫生支出。收入水平较高的发达国家拥有成熟的医疗保险体系，较高的政府卫生支出占卫生总费用的比例很大程度上降低了灾难性卫生支出的发生率，灾难性卫生支出的发生率普遍在 1%以下。

Sepehri 利用 2014 年越南卫生调查数据分析城乡居民医疗经济负担时发现，农村地区灾难性医疗支出的发生区间是 3.1%~11.7%，明显高于城市地区的 1.4%~6.1%。此外，家庭成员的医疗保险参保率对城市居民的灾难性卫生支出发生率几乎没有影响，但会增加农村居民的灾难性医疗支出发生率。越南的健康保险制度并没有提出针对农村居民灾难性卫生支出发生风险的有效措施，所以要求各级政府合理分摊医疗费用，有效保护个人及家庭免受疾病经济风险的冲击。

但在文献研究过程中，我们发现，目前学术界对测算方法和阈值的使用缺乏共识，一些文献存在混用测算方法和阈值的现象，这一点将在后文方法学文献综述部分进行详细辨析。

除了对灾难性卫生支出的测度研究，该领域还对其决定因素有较多关注。中文文献中，对灾难性卫生支出与特殊疾病、特殊人群的关系的研究颇多。郑庆偲和夏苏建（2015）认为，大病保险的实施在一定程度上增强了大病患者家庭抵御疾病风险的能力，降低了灾难性卫生支出的发生率，但仍有较多问题亟待解决。韩琳（2017）认为，现有的医保制度在一定程度上降低了老年人的现金自付费用，但是并没有显著减轻老年人的医疗经济负担。王超群

(2014) 认为，大病保险制度设计本身存在的弊端，使其减轻医疗负担的作用并没有得到完全发挥，对降低灾难性卫生支出风险影响较小。朱铭来和宋占军(2012) 经测算发现，我国灾难性卫生支出发生风险与 WHO 规定有一定差距，现有医保制度下实际受益人群有限，医保的疾病风险分担功能尚有不足。在外文文献中，灾难性卫生支出的决定因素同样是较为普遍的研究主题。Arsenijevic 等（2016）做了一项针对欧洲 15 国 50 岁以上患有慢性病人群的灾难性卫生支出研究。在 15 个国家患有糖尿病的老年人中，荷兰发生灾难性卫生支出的可能性是最低的，可能是由于荷兰居民现金卫生支出在卫生总费用中所占比例最低，仅有 6%。Choi（2015）研究发现，韩国家庭所患慢性病的种类更多地集中于脑血管疾病和糖尿病，患病人群灾难性卫生支出发生的可能性高于不患病人群。

2. 指标测度意义研究：医保减贫对卫生服务可及性与健康公平的重要作用

既往研究中，学者们更多地从医保视角解读卫生费用负担的变化情况。这种测度比较单一，忽视了家庭支付能力对于卫生费用的分担机制。而使用灾难性卫生支出对医保减贫效果进行综合测度，其测度指向意义不仅代表了医保制度实现的抵御疾病经济负担的程度，还为科学锁定因病致贫的潜在脆弱群体特征提供了精准的靶向依据。这种本质上的差异使得灾难性卫生支出测算在医保减贫测度领域的政策意义和工具价值逐渐被学者们认可。

国外相关研究在 2010 年出现，在 2019 年前后快速增长，相似的是，国内关于灾难性卫生支出、医保、减贫的研究也从 2010 年开始逐年增加。Liu 等(2021) 认为贫困家庭这一弱势群体是 2009 年医疗改革计划中受益最大的群体。其研究选择此类家庭，使用灾难性卫生支出测算方法对社会医疗保险(social health insurance，SHI）覆盖下的医疗服务管控、医疗成本等进行贫困风险评估。研究结论指出，虽然 SHI 覆盖率较高，但在 SHI 机构管控医疗服务供方行为力度薄弱、医疗成本因此膨胀的情况下，低收入水平家庭的灾难性卫生支出风险大幅提高。一些学者也得出了相似的结论。Lu 等（2021）利用 CHE 发生率和平均强度指标，对我国政府从卫生保健角度提出的旨在预防因病致贫、返贫的健康扶贫项目（health poverty alleviation project，HPAP）进行风险保护效用评估，研究发现 HPAP 能够降低 17.1%的发生率和 31.2%的平均强度。Zhao 等（2020）利用 CHE 发生率和平均强度测算指标，对大病医疗保险保护下医疗费用支付前后的经济风险进行评估，发现 CMI 能够显著降低 CHE 发生率和平均强度。王怡欢等（2021）构建以灾难性卫生支出发生率和发生强度为被解释变量，家庭、健康和制度特征层面因素的因果关系模型，探究影响灾难性卫生支出发生的显著性因素，研究结果显示，相较于农村非贫困家庭，农村贫困家庭的 CHE 发生率和发生强度更高，更容易陷入因病致贫或返贫。张小娟（2021）区分了贫困人群和临界贫困人群，得出贫困人群的 CHE 发生率、平均灾难性超支和相对灾难性超支均高于临界贫困人群，另外发现，医疗救助的部分救助对象为非贫困居民，而真正的贫困居民未被覆盖。王晓蕊和王红漫（2017）选用 8 个省市的数据来探究 CHE 发生的影响因素，得出参保种类、医保实际报销水平和家庭年收入都是 CHE 发生的主要影响因素。胡斐娟和喻晓玲（2021）以 CHE 为减贫效果评估工具，对城乡整合医保制度的减贫效果进行测算，得到该医保制度目前效果不够稳健，提高其统筹报销比例能够显著减贫的结论。

通过对国内外文献的阅读和梳理，可以发现，虽然国内外国情、社会发展模式、地域特征差异较大，医疗制度保障体系和医疗保障系统运行模式相差甚远，发展情况和程度也不甚相同，但可以肯定的是，医疗保险是一种被沿用已久的、有效的、针对经济脆弱群体的经济保护手段，可以防范和缓解医疗卫生支出负担带来的财务风险。我国的贫困治理能取得“消除绝对贫困”这一伟大成就，成为世界减贫的范本，也与医保制度的减贫效应密切相关。大量文献表明，医保能够降低巨额医疗卫生支出风险，在我国贫困水平较高时，医保保护弱势群体减轻或免受健康风险冲击的成效十分显著。而在当前解决相对贫困问题的新阶段，地区发展差异成为医保减贫功能失效的主要影响因素。为了保证医保减贫功能的可持续性输出，更要关注在社会、健康、政策、环境等多维因素耦合下形成的空间分异性格局对医保减贫效果的影响。

随着我国脱贫攻坚取得胜利，减贫重点由绝对贫困转向相对贫困，使用贫困线指标“一刀切”地进行区域性整体医疗卫生支出风险研究，失之偏颇，需要积极开发更为全面的测量评估工具，以对后减贫时代由区域间要素发展不平衡导致的医保减贫失效环节进行更加科学的剖析和脆弱性捕捉。现有国内外研究对医保减贫测度工具的选择相对宽泛和宏观，多强调个人财务风险，或浅略纳入家庭特征因素，缺乏对卫生经济负担家庭共济性和贫困风险发生影响因素的精准关联和靶向挖掘。

本研究中使用的灾难性卫生支出测算方法以家庭卫生支出测算为基础，填补了其他测算方法在家庭风险共济方面的空白，能够在风险观测层面预先考虑到家庭共济对卫生经济负担的风险分担作用。同时，本测算工具更具科学性和敏感性，在当前由消除区域性整体贫困过渡到消除区域发展不平衡的相对贫困阶段，以灾难性卫生支出作为风险评估标准能够在一定程度上避免高医保覆盖率和消除绝对贫困成果对相对贫困人群的均化影响。通过对灾难性卫生支出相关文献的梳理，医保研究方向的学者们已经开始关注到灾难性卫生支出算法在当前背景条件下的医保减贫效果评估优势，以其为测算工具衡量医保制度下卫生支出型贫困发生风险及影响因素的研究成果不断涌现。

从研究视角来看，既往研究基于减贫第一阶段，极端贫困人群基数较大，优先工作为消除绝对贫困，所以研究者多从医保制度和贫困出发，更多地关注“医保”和“贫困”本身的作用与风险，忽略了“医保”和“贫困”在地理层面的空间溢出效应。但在当前减贫第二阶段，想要进一步实现精准扶贫，研究视角需要从平面转向空间分异。进一步挖掘可知，医疗技术水平和医疗资源等存在城乡、省际等空间差异，疾病同样具有极为显著的环境特征和地域区分。这些区域间的要素不平衡会导致医疗服务需求和医疗卫生支出极具差异性，但就目前文献来看，从空间视角对灾难性卫生支出、医保制度和减贫功能三方面进行关联综合性研究的，几乎没有。

3. 不停息的争议：方法学共识

围绕灾难性卫生支出测算的争议从其概念诞生之日便开始了，并且一直未曾停息。一方面，以 Wagsatff 与徐科为代表的学者使用丰富的测算路径对灾难性卫生支出进行了量化，但其测算的核心指标始终达不到统一；另一方面，阈值的使用缺乏统一标准，尤其是针对算法调整的阈值参数。基于上述研究差异，我们进一步对目前文献中灾难性卫生支出测算方法进行了细致的讨论，详细介绍了不同研究对测算指标和阈值的选择（见表 1-1）。

表 1-1　部分文献中灾难性卫生支出测算指标与阈值

作者	测算指标	阈值
Xu（2003）	除去食品占总支出比例在 45%～55%范围内的家庭的平均食品支出的家庭支出作为支付能力	40%
Lee（2019）	除去食品占总支出比例在 45%～55%范围内的家庭的平均食品支出的家庭支出作为支付能力	多阈值分析（10%、20%、40%）
Li（2012）	除去食品占总支出比例在 45%～55%范围内的家庭的平均食品支出的家庭支出作为支付能力	40%
Moghadam（2012）	除去食品占总支出比例在 45%～55%范围内的家庭的平均食品支出的家庭支出作为支付能力	40%
Kim（2011）	除去食品占总支出比例在 45%～55%范围内的家庭的平均食品支出的家庭支出作为支付能力	40%
Mulaga（2021）	除去实际发生食品支出的家庭支出作为支付能力	40%
Ma（2019）	除去实际发生食品支出的家庭支出作为支付能力	40%
Dorjdagva（2016）	自付医疗支出占总支出的比例超过对应阈值时则发生灾难性卫生支出	多阈值分析（5%、10%、15%、25%）
林坤河（2022）	除去实际发生食品支出的家庭支出作为支付能力	多阈值分析（15%、25%、40%）
	医疗卫生支出与家庭收入比值	多阈值分析（15%、25%、40%）
于新亮（2021）	医疗卫生支出与家庭收入比值	多阈值分析（1%～100%）
Edeh（2022）	自付医疗支出占总支出的比例	使用收入分配等级相关阈值
Barros（2011）	家庭保健支出总额（包括保健和药品）与家庭消费的比值或家庭保健支出总额（包括保健和药品）与家庭支付能力（通过公式将人均值乘以调整后的居民人数得到）的比值	多阈值分析（10%、20%、40%）

通过梳理现有文献可以发现，方法学的差异性远比设想的更大。一些研究主要基于世界银行推荐的算法，但也存在很大的异质性。一方面，收入和支出的选用不一致。另一方面，即使收入和支出的选用得到了统一，但是阈值的选取却呈现出多样化的特点，显然背离了该算法设计时对阈值设置的要求。还有一些研究基于以徐科为代表的世界卫生组织的算法，阈值选取相对统一。

除此之外，一些学者在原有方法上进行了创新。首先，一些学者创新了对关键参数的设置，如使用加权的方法对核心数据自行进行了测算。其次，一些学者指出对于贫穷人群与富有人群，应设置不同阈值进行测算，以测算出更加真实的灾难性卫生支出发生率。尽管很难从高度一致的角度说明某个研究方法学的正确性，但不得不承认这些方法及其关键参数的阈值设定与选择需要在现实情境的应用中加以区分。这也是广大学者正在努力并且期望达成的重要目标。

第二章 CHAPTER 2

基于灾难性卫生支出测度意义延展的理论评价模型与指标体系构建

第一章对灾难性卫生支出的概念内涵、算法及相关理论进行了梳理。一方面，以灾难性卫生支出的计算为标准来衡量疾病经济负担已成为当前国际社会的普遍共识。该指标计算结果圈定出的脆弱人群更易步入健康贫困陷阱。另一方面，医疗保险是诸多国家减轻居民疾病经济负担的关键制度举措。就我国而言，大病医疗保险制度更是帮助居民缓冲高额医疗费用负担的重要保障。因此，利用灾难性卫生支出这一测评指标对医疗保险制度的经济保护能力进行多维度、多层次的影响因素分析是其核心政策测度意义。立足于上述内容，本章将从健康贫困与大病医保效果这两个具有灾难性卫生支出测度意义延展的关键突破口入手，进行理论评价模型与评价指标体系构建。

第一节 基于灾难性卫生支出测度意义延展的理论评价模型构建

一、健康贫困的理论评价模型

健康存量的丧失势必附带着生存质量下降与经济能力不足，而为了修复健康，在卫生服务利用过程中因为支付医疗卫生费用而发生灾难性卫生支出与因病致贫的风险也大大增加，由此出现了更易发生返贫的敏感与脆弱的健康贫困人群。为破解健康贫困的负面影响，本部分内容将深入挖掘健康贫困的作用过程，并构建理论评价模型。

1. 理论评价模型构建基础

通过对国内外相关文献的系统梳理，拟选取能力贫困论、疾病风险理论、“贫困—疾病”恶性循环理论以及极化—涓滴效应理论，解释灾难性卫生支出所致健康贫困产生、扩散与消除过程中的作用机制，为后续理论评价模型的构建提供基础的理论依据。

（1）产生机理

阿玛蒂亚·森的能力贫困理论作为贫困研究最为经典的核心理论，认为贫困的本质是个人权利的被剥夺和可行能力的丧失，这种能力由诸如政治、文化、经济等社会中的权利条件或关系所决定。其中，十大基本可行能力清单中的生命长度、身体健康、身体健全，以及五大基本权利清单中的是否享受社会保障福利，为后续理论评价模型的维度构建提供了重要依据。疾病风险理论认为，疾病的发生给居民或家庭带来各种经济方面的损失，包括相对经济风险和绝对经济风险。相对经济风险包括风险概率和风险损失额度两个方面。绝对经济风险则指某种疾病或就医费用给个人或家庭经济带来的压力和影响。疾病风险不可避免，增大了家庭陷入健康贫困的风险。因此，健康风险是导致健康贫困发生的另一重要维度。

（2）扩散固化

美国发展经济学家罗格纳·纳克斯就发展中国家存在的贫困问题展开了深层次的系统分析，提出了著名的“贫困—疾病”恶性循环理论。其核心观点是：资本的匮乏是贫困循环发展的根源，而资本发展不足则是经济发展缓慢导致的。低收入人群在健康状态不佳时，难以获得充足的医疗卫生服务，即使获得一定的卫生资源，也往往会由于高额的医疗卫生费用而加剧贫困，极易陷入“贫困—疾病—加剧贫困”的恶性循环扩散过程中。“贫困—疾病”恶性循环理论为我们梳理健康与贫困之间耦合关联的脉络机制奠定了理论基础。

（3）消除结局

基于极化—涓滴效应理论，经济发达地区的发展会对经济欠发达地区的发展产生有利和不利两方面影响。极化效应是指经济发达地区的发展是基于对周围欠发达地区的资源虹吸；而涓滴效应则是发达地区通过发展红利带动欠发达地区的发展。极化效应与涓滴效应在发展中共生与互补，最终带来区域的可持续发展。那么，对于健康贫困的消除，也应从区域均衡发展战略的视角出发，考虑在高健康水平区域形成增长极，推动扩大健康贫困高发地区的涓滴效应，最终实现整体区域健康贫困的消除。该理论的区域共生协同发展，为后续健康减贫的协同治理策略提供了理论依据。

基于上述对健康贫困相关理论的梳理和总结，我们将各理论中有关健康贫困发生因果机制、测度要素、内涵本质的核心精髓进行提取、融合，最终形成了健康贫困的理论关系（见图 2-1）。

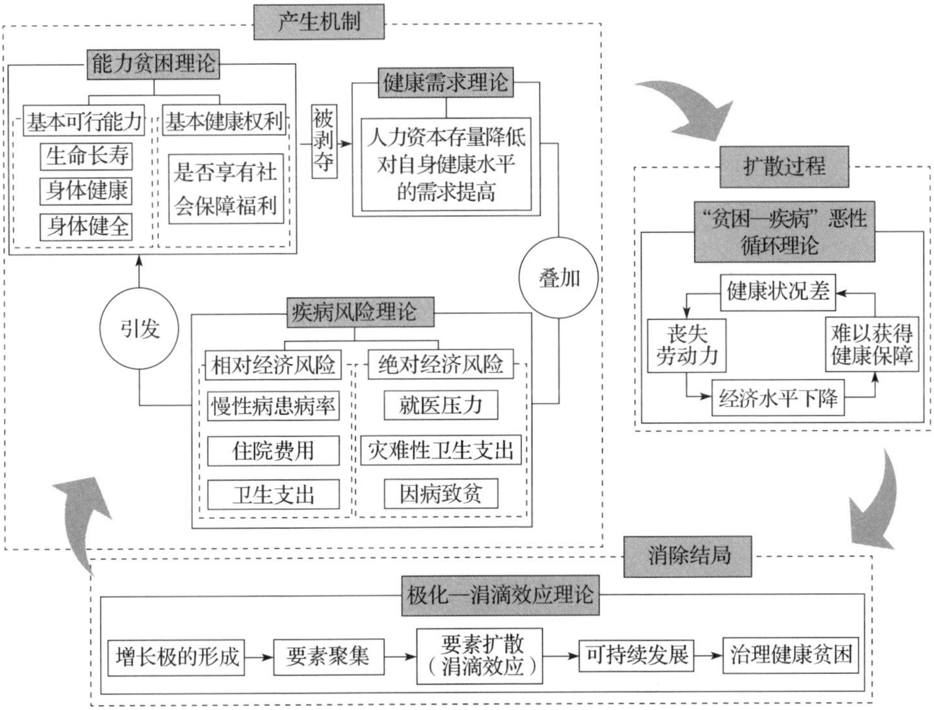

图 2-1　健康贫困相关理论关系

2. 理论评价模型构建框架

基于健康贫困的理论研究结果，汲取能力贫困理论、多维贫困理论、疾病风险理论、极化—涓滴效应理论的理论精髓，作为理论评价模型框架、指标筛选原则的理论依据，最终形成以健康权利、健康能力、健康风险为评价内容的主轴维度，综合考量健康贫困区域间极化增长与涓滴效应的时空异质性，从时间与空间的立体变迁维度，构建健康贫困的理论评价模型。

（1）内容维度（主轴维度）

以阿玛蒂亚·森的能力贫困理论作为理论评价模型的核心内容维度构建基础，即健康权利和健康能力，同时融合疾病风险理论的内容精髓，将健康风险列为健康贫困理论评价模型的另一重要内容维度，形成以“健康权利—健康能力—健康风险”为主轴的一级评价维度。拟从社会保障公平性、医疗费用负担性、医疗服务可及性、资源配置合理性、疾病需求、健康状态、社会环境、自然环境、贫困测度、生命长度等方面构建二级评价维度。

（2）时空维度（环绕变迁维度）

健康贫困内涵与外延的多维属性决定了不同时空尺度下，健康贫困的区域减贫驱动因素、耦合互动过程与驱动传导机制呈现出复杂的非线性动态演化特征。减贫格局的时间沿袭惯性与空间溢出性，成为健康贫困发生、识别、干预与阻断的着力点。关注健康贫困评价的时空维度，刻画健康贫困的时空环绕变迁轨迹，对后续制定有针对性的、可持续性的健康贫困治理策略至关重要（见图 2-2）。

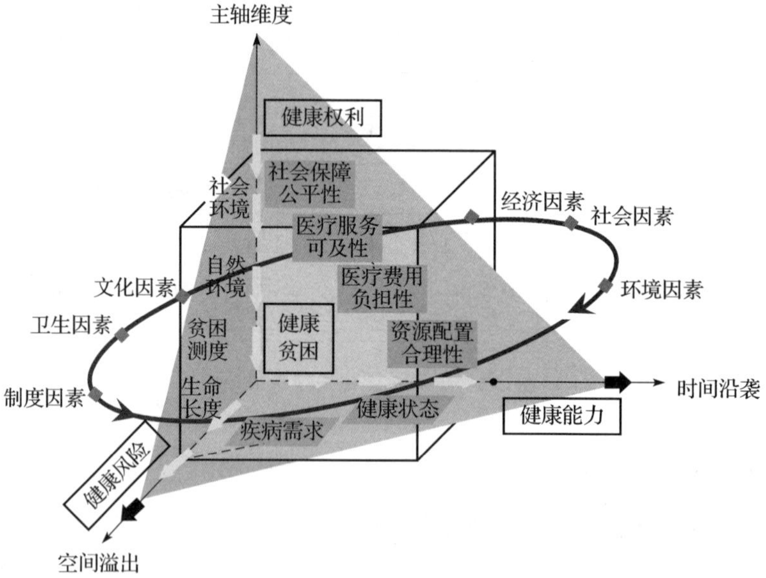

图 2-2　健康贫困理论评价模型的逻辑框架

（3）多维驱动因素维度（嵌入筛选维度）

健康贫困嵌入社会、经济、文化、卫生、制度与环境等多维属性的开放系统空间，因此，在选取健康贫困的二级评价维度与三级评价指标时，所选取的指标应该是健康贫困在上述多维驱动维度中的敏感性指标。与此同时，兼顾健康贫困协同治理过程中涉及的多方利用群体诉求，采用 PEST 分析法对影响健康贫困的宏观环境与政策进行分析，对区域均衡发展整体战略、治理现代化、健康治理、全民医保覆盖等一系列新时代国家发展政策进行梳理，将与减贫、防返贫、健康贫困相关的愿景、理念与原则进行提取，作为健康贫困指标选取参考的原则标准。

二、大病医保制度的理论评价模型

为缓冲灾难性卫生支出引发的健康贫困问题，医疗保险制度作为抵御疾病经济负担的重要制度手段，已经成为我国医疗体制改革攻坚阶段的重点。其中，聚焦于减轻高额医疗费用负担的大病医保，其独特的制度目标与政策意义在于为脆弱人群提供兜底、精准的经济保障，是我国医保制度体系中的核心环节。在构建健康贫困理论评价模型之后，我们对健康贫困发生的根源有了更明确的认知，在此基础上，为进一步明确其对应解决机制——大病医保制度，我们将进行大病医保制度的理论评价模型构建。

1. 理论评价模型构建基础

（1）复杂自适应系统理论

复杂自适应系统（CAS）是复杂性思想一个不可或缺的分支，在历史的长河中，众多学者为其理论的不断完善贡献了力量。约翰·霍兰德教授作为其中一颗璀璨的明珠，奠定了复杂自适应系统的基本理论——适应性造就复杂性。霍兰德（1994）认为，主体与主体之间的交互作用以及主体与环境之间的不断交流是系统不断演化的动力，可以从微观的个体看到系统整体的演化；提出了复杂自适应系统的 7 个基本点：聚集（aggregation）、非线性（non-linearity）、流（flow）、多样性（diversity）、标志（tagging）、内部模型（intenal models）、积木（building blocks）。此外，Levin（1999）认为，复杂自适应系统具有四大要素，分别是异质性、非线性、流和层级架构。系统是异质性主体之间非线性的作用通过自组织形成的层级架构，而这一架构之间存在各式各样的物质流和信息流等。Levin（1999）也认为，复杂自适应系统最基本的特性是自组织。

不难看出，Levin 的主体概念和核心思想与约翰·霍兰德教授有异曲同工之妙，但更强调简洁性。然而，Choi 持不同的观点。Choi（2001）认为，复杂自适应系统除适应性、系统层次性外，还具有主体多层次性、宏微观有机联系和引进随机因素等特点。Hock（1999）认为，复杂自适应系统具有开放性、动态性、适应性和自组织性以及非中心化等特点。

学术界对于复杂自适应系统的基本特性，并没有形成非常统一的观点，但通过对上述复杂适应系统模型的基本特点进行梳理总结不难看出，复杂自适应系统的核心是多主体，或者说多主体的适应性，但主体之间每一次变化都不是规律性的，会受到主体之间和外部环境的影响，每一个复杂系统必然是多层次的结构并且在系统内外环绕着各种物质流和信息流。

（2）大病医保与复杂自适应系统契合性

可以看出，复杂自适应系统的核心是适应性造就复杂性，强调主体与主体之间、主体与环境之间的交互作用是促使系统不断演化的核心。大病医保制度无论是在制度设计安排还是运行实施阶段，均处在多主体交互影响的复杂自适应系统之中，涉及众多利益相关者群体，每个主体都具有复杂性、非线性、学习性、记忆性和自主性等诸多特征，是一个典型的复杂系统。基于 Levin 的思想，异质性元素的核心为 CAS 理论的核心——多主体，数目无穷且性质不同的元素被称为异质性元素。大病医保评价指标体系的筛选正体现了 CAS 理论的核心，涵盖了政府机构、参保者、医保部门和医疗机构等多个主体，各主体之间的交互作用造就了大病医保系统的复杂性。

大病医保制度以保护家庭免于灾难性卫生支出为制度目标，在制度设计的过程中，制度设计的各个构成要素，如制度性质、制度定位等构成了其基本层级架构。大病医保的非线性，是指各主体之间以及个体与环境之间的交互是一种主动的适应关系，并非简单的、被动的、单向的线性关系。这种非线性的产生源自系统内部，是主体的主动性和自适应能力的体现。大病医保制度的主要制度目标之一是降低家庭灾难性卫生支出发生率，核心是减轻大病家庭的疾病经济负担，杜绝因病致贫、因病返贫的现象。但是制度目标的实现受到多重因素的影响。以复杂大病医保主体之一参保者为例，其参与制度运行和制度效果评价的方方面面，不但受到其他主体如医疗机构、政府部门的影响，而且对环境因素有高度敏感性，受到环境变化和其他主体交互作用的影响，就医行为具有不可预测性。因此，不同类别的主体的行动并不是简单的线性关系。流是指个体与环境之间、主体间存在物质流、能量流和信息流。在复杂系统中，流的存在产生了乘数效应和再循环效应，流的渠道是否畅通直接影响系统的演化过程是否顺畅。系统越复杂，各种交换越频繁，这贯穿于大病医保系统的始终，包括政府与医保部门之间的政策信息流，医保部门、医疗机构与参保者之间的物质流，等等。不难看出，大病医保系统的复杂性决定了其运行机理的复杂性，要分析研究我国大病医保系统运行中存在的问题，应深入理解大病医保系统的复杂性。

2. 理论评价模型构建框架

基于上述对大病医保和复杂自适应系统相关概念和理论、复杂自适应系统相关要素特征的总结梳理，将大病医保和复杂自适应系统的相关要素进行萃取融合，可构建出三维立体式的理论分析框架（见图 2-3）。

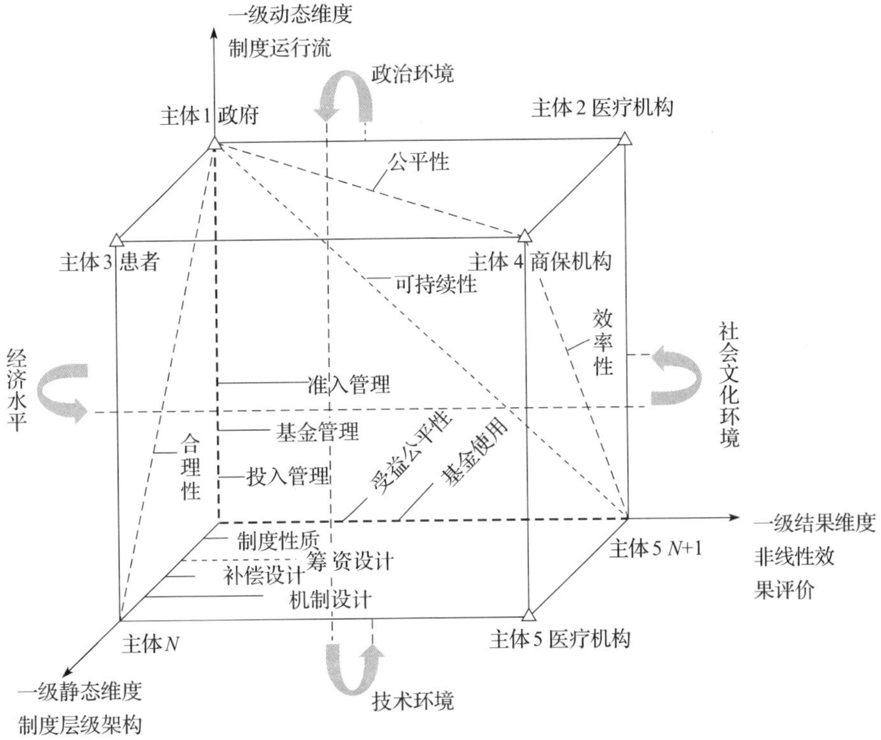

图 2-3　大病医保理论评价模型

（1）一级评价维度

基于复杂自适应系统与大病医保系统的特征契合度，提炼出一级评价维度，分别是静态维度制度层级架构——制度设计过程要素构成的诸多层级，动态维度制度运行流——复杂大病医保在运行过程中涉及众多政策信息流、物质流、基金流等，以及结果维度非线性效果评价——主体间并不是简单的线性关系而是复杂的非线性作用。

（2）二级评价维度

基于 CAS 多主体理论，大病医保制度评价涉及政府、医保机构、经办机构、参保者等多利益相关主体，兼顾大病医保制度设计的全方位思考，将制度设计全过程融入多利益相关主体。制度层级架构维度与政府主体息息相关，多为制度设计过程要素；制度运行流针对医保部门、医保承办机构、医疗机构等主体的相关维度设计；非线性效果评价考虑参保者主体及与医保部门相关主体，通过专家咨询萃取出相关二级评价维度。

（3）环境维度

兼顾大病医保系统涉及的多方利益群体的诉求，对影响大病医保制度的宏观环境进行经济水平、政治环境、社会文化环境、技术环境等多维视角的综合考量。例如，技术环境涉及医保信息平台一体化建设指标，经济水平、政治环境涉及筹资及基金相关指标，将环境因素与主体作用相结合作为指标选取的参考标准。

（4）指标筛选原则

参考 WHO 全民医保评价框架，综合社会福利制度理论、健康公平理论、社会保障理论的核心原则，最终将反映医保制度效能目标的评价维度确定为公平性、效率性、合理性和可持续性，即在选取大病医保评价指标时，该指标要能反映出大病医保制度在上述 4 个方面的实现程度。

三、小结

本节内容从灾难性卫生支出测度的现实意义出发，重点关注其延展出的健康贫困与大病医保的理论基础及评价模型。首先，聚焦健康贫困的作用过程，搭建内容维度（主轴维度）、时空维度（环绕变迁维度）及多维驱动因素维度

（嵌入筛选维度）三大主体框架，形成涵盖卫生、文化、经济、社会、制度、环境多方因素的理论评价模型。其次，关注大病医保制度在复杂自适应系统中制度层级架构、制度运行流与非线性效果评价的作用机制，构建出三维立体的理论分析框架。

第二节　基于灾难性卫生支出测度意义延展的评价指标体系构建

在健康贫困与大病医保制度效果理论评价模型构建的基础上，本节首先依据理论评价模型进行了原始指标库的设计，随后引入了德尔菲（Delphi）专家咨询法、层次分析法与专家访谈相结合的方式，进行评价指标体系的筛选与完善，最终形成多维健康贫困与大病医保评价指标体系。此外，不同于以往囿于二维层面的扁平化研究，本节额外补充了区域层面空间视角下灾难性卫生支出评价指标的参考体系。

一、健康贫困评价指标体系

1. 健康贫困评价指标体系原始指标库的建立

基于文献研究，对健康贫困的概念定义、测量指标、影响模式等关键问题指标进行收集和整理。经过头脑风暴法和聚类分析法等方法，设计出包括健康权利剥夺和健康能力丧失 2 个一级指标，社会保障公平性指标、医疗费用负担性指标、医疗服务可及性指标、资源配置合理性指标、疾病需求指标、健康状态指标、贫困测度指标、生命长度指标 8 个二级指标，69 个三级指标在内的原始指标库。

2. 评价指标体系的构建

通过对国内相关领域的专家学者进行两轮德尔菲专家咨询，采用层次分析法与专家访谈相结合的方式，对原始指标体系的专家积极系数、协调系数、变异系数等进行打分、赋权与筛选，最终构建开发出一套包括健康权利剥夺和健康能力丧失 2 个一级指标，社会保障公平性指标、医疗费用负担性指标、医疗服务可及性指标、疾病需求指标、健康状态指标、贫困测度指标 6 个二级指标，37 个三级指标在内的健康贫困评价指标体系。

（1）专家咨询结果的可行性分析

①专家基本情况。本研究严格遵循德尔菲专家咨询法对专家的要求，在卫生相关领域选取 15 名专家组成专家组，其中男性 5 名、女性 10 名，最高学历为博士的 12 名、最高学历为硕士的 2 名，正高职称 4 人、副高职称 7 人。所选专家在该领域具有一定的专业基础，权威性较高，咨询结果较为可靠。同时，专家来自卫生行政系统、教学科研单位、公共卫生系统及医疗卫生机构等相关领域，保证了咨询结果的全面性和科学性。

②专家积极程度。在本次专家咨询中，第一、第二轮咨询共发放问卷 15 份，收回问卷 15 份，专家积极系数（回收问卷数÷参与专家数）皆为 100%。两轮专家咨询的积极系数都较高，表明专家对本研究选取的指标较为认可，因而此次专家咨询的结果具有一定的参考价值。

③专家权威程度。专家权威程度用权威系数（Cr）表示，权威系数由专家熟悉程度（Cs）和判断依据（Ca）决定，专家熟悉程度分为很熟悉、较熟悉、一般、较不熟悉、很不熟悉 5 个等级，等级权重系数见表 2-1。专家对问题的判断依据一般由理论分析、实践经验、国内外同行的了解、直觉构成，每层分为大、中、小 3 级（见表 2-2）。经统计分析可得，专家判断依据均值为 0. 736，专家熟悉程度均值为 0. 883，因此专家权威系数 =（判断程度+熟悉程度）÷2 = 0. 809。一般认为，专家权威系数 ≥ 0. 7 为可接受信度，因此本研究选取的专家具有较高的权威性，专家咨询结果具有较高的可靠性（见表 2-3）。

表 2-1　专家熟悉程度系数

熟悉程度	很熟悉	较熟悉	一般	较不熟悉	很不熟悉
权重系数	1. 0	0. 8	0. 6	0. 4	0. 2

表 2-2　专家对问题的判断依据及其影响程度量化

判断依据	对专家判断的影响程度		
	大	中	小
理论分析	0. 3	0. 2	0. 1
实践经验	0. 5	0. 4	0. 3
国内外同行的了解	0. 1	0. 1	0. 1
直觉	0. 1	0. 1	0. 1

表 2-3　专家权威系数

分组项目	专家咨询得分
判断依据（Ca）	0.736
熟悉程度（Cs）	0.883
权威系数（Cr）	0.809

（2）专家咨询结果分析

第一轮专家咨询结果。本研究探索运用层次分析法对健康贫困评价指标进行深入分析，由此确定各个指标的权重系数，并结合专家意见形成第一轮专家咨询结果。本轮共纳入 8 个维度、69 个指标。参考回收的专家意见，对 41 个表述不准确、不符合逻辑顺序、需细化的指标进行了修改与调整（限于篇幅，此轮调整指标不进行完整展示）。根据第一轮专家咨询结果所得指标体系，形成第二轮专家咨询问卷。

第二轮专家咨询结果。首先，基于科学性、系统性、可操作性的原则，根据第一轮专家咨询的结果，对健康贫困原始评价指标中设置不合理、重复的指标进行调整，删除权重系数较低、难以运用统计方法进行测算的指标。其次，结合调查问卷中“您认为关于居民健康贫困评价，保留多少个指标合适”这一问题，综合评价指标的个数，请 15 位专家结合第一轮的评分意见对修改后的问卷进行相关性评分，最终将原始的 69 个指标删减到 37 个。

结合第一轮和第二轮专家咨询意见，形成最终的指标体系（见表 2-4）。

表 2-4　健康贫困评价指标体系

一级指标	权重值	二级指标	权重值	三级指标	权重值	组合权重
健康权利剥夺	0.45733	社会保障公平性指标	0.16857	家庭成员参加基本医疗保险情况	0.15840	0.01221
				家庭成员参加养老保险情况	0.14738	0.01136
				家庭成员参加其他保险情况（商业/补充/大病/医疗救助）	0.11938	0.00920
				大病保险实际报销比例≥60%	0.14922	0.01150
				城镇职工医疗住院实际报销比例≥80%	0.14187	0.01093
				城乡居民医疗住院实际报销比例≥70%	0.14348	0.01106
				医疗救助住院实际报销比例≥70%	0.14027	0.01081

续表

一级指标	权重值	二级指标	权重值	三级指标	权重值	组合权重
健康权利剥夺	0.45733	医疗费用负担性指标	0.17696	年人均医疗支出	0.20090	0.01625
				居民现金卫生支出	0.17165	0.01389
				家庭人均年医疗支出占人均年可支配收入百分比	0.21054	0.01703
				家庭因病致贫发生率	0.21086	0.01706
				灾难性卫生支出发生率	0.20604	0.01667
		医疗服务利用可及性指标	0.15429	住院率	0.11510	0.00812
				门诊率	0.10398	0.00733
				自我就诊率	0.09681	0.00683
				两周患病率	0.11151	0.00786
				慢性病患病率	0.11743	0.00828
				应住院未住院率	0.11008	0.00776
				生病是否能够及时就医	0.11814	0.00833
				到最近医疗机构的距离<5 千米	0.11169	0.00788
				到最近医疗机构就诊时间<30 分钟	0.11527	0.00813
健康能力丧失	0.54267	疾病需求指标	0.16429	家庭中是否有慢性病人	0.12227	0.00862
				家庭中是否有大病病人（恶性肿瘤、心肌梗死、脑溢血、癌症、瘫痪、严重阿尔兹海默病等）	0.13554	0.01208
				家庭中是否有残疾人（损伤、活动受限以及参与限制）	0.13236	0.01180
				家庭中是否有精神疾病人	0.13161	0.01173
				家庭中过去一年是否有住院病人	0.13087	0.01166
				家庭中患病成员的总数量（慢性非传染性疾病）	0.12301	0.01096
				家庭年人均患病次数	0.10151	0.00905
				家庭成员中是否有人需要常年吃药（保健品除外）	0.12283	0.01095
		健康状态指标	0.18857	家庭中是否有 60 岁及以上老年人	0.19058	0.01950
				家庭成员的自评健康状况	0.20507	0.02098
				家庭中是否有成员生活无法自理	0.21232	0.02172

续表

一级指标	权重值	二级指标	权重值	三级指标	权重值	组合权重
健康能力丧失	0.54267	健康状态指标	0.18857	家庭中劳动力丧失百分比	0.21323	0.02182
				家庭成员是否出现抑郁情况	0.17880	0.01829
		贫困测度指标	0.14714	人均年可支配收入	0.33333	0.02661
				家庭支付能力（食品支出是否大于家庭消费性支出）	0.33043	0.02638
				家庭年人均收入是否低于国家贫困线（2300元）	0.00624	0.02684

3. 关键指标筛选结果

从指标的重要性和可行性来看，家庭成员参加基本医疗保险情况（4.929）、灾难性卫生支出发生率（4.579）、家庭因病致贫发生率（4.707）、家庭中是否有残疾人（4.720）、家庭中过去一年是否有住院病人（4.667）、家庭成员的自评健康状况（4.527）、家庭支付能力（4.547）的重要性均在4.500以上，皆为重要性指标。就权重系数而言，灾难性卫生支出发生率（0.20604）、家庭因病致贫发生率（0.21086）、家庭成员的自评健康状况（0.20507）、家庭支付能力（0.33043）的权重系数均在0.200以上，在整个指标体系中具有较高的权重。综合专家小组的修改意见，最终将以上意义重大、权重较高的指标作为健康贫困的关键指标（见图2-4）。

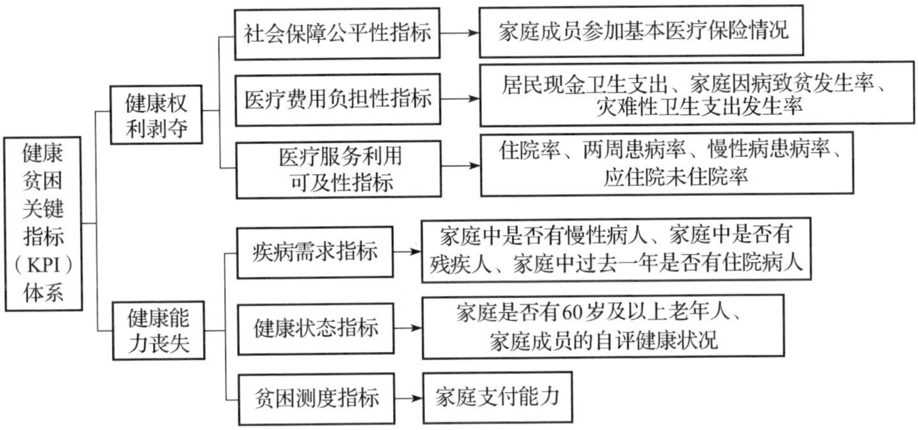

图2-4　拟确定的健康贫困关键指标

二、大病医保评价指标体系

1. 大病医保评价指标体系原始指标库的建立

基于对我国大病医保体系运行状况以及相关文献的梳理，运用文献计量分析法分析不同关键词之间的内在联系和结构关系，统计其共同出现的频次，衡量不同数据之间的相似性，进而将其归纳到不同簇中，最终精确生成致使我国大病医保失效的关键问题簇。经过专题小组讨论的补充，我们将基于理论评价模型的框架作为一级维度，关键问题簇主题词作为二级维度，相应问题作为三级维度，最终形成包含 3 个一级指标、9 个二级指标、30 个三级指标的大病医保效果评价指标库。运用德尔菲专家咨询法和层次分析法，对设置不合理、得分较低等原始指标进行删除，依据专家意见对指标进行修改，最后运用层次分析法构建矩阵获得最终指标权重，建立科学有效的大病医保效果评价指标体系。通过专题小组讨论以及基于关键指标的筛选，综合考虑全面性、科学性，选取兼具重要性和可行性的关键指标，为下一阶段回答“大病医保如何保”问题提供测评工具。

2. 评价指标体系的构建

（1）专家咨询结果的可行性分析

① 专家基本情况。本研究在卫生相关领域选取 10 名专家组成专家组，其中男性 3 名、女性 7 名，正高职称 3 名、副高职称 5 名，最高学历为博士的 8 名，说明所选专家在该领域具有一定的专业基础，权威性较高，咨询结果较为可靠。同时，专家来自卫生行政系统、教学科研单位、公共卫生系统及医疗卫生机构等相关部门，保证了咨询结果的全面性和科学性。

② 专家积极程度。本研究使用专家积极系数来代表专家积极程度。第一轮咨询中共发出问卷 10 份，收回 10 份，专家积极系数为 100%，表明专家对本研究关心程度高，参与的积极程度高。

③ 专家权威程度。专家熟悉程度分为很熟悉、较熟悉、一般、较不熟悉、很不熟悉 5 个等级，等级权重系数见表 2-5。专家对问题的判断依据及其影响程度系数见表 2-6。经统计分析可得，第一轮专家判断依据均值为 0.615，专家熟悉程度均值为 0.859，专家权威系数为 0.737≥0.7，说明本研究结果具有

一定的可信度（见表 2-7）。

表 2-5　专家熟悉程度系数

熟悉程度	很熟悉	较熟悉	一般	较不熟悉	很不熟悉
权重系数	1.0	0.8	0.6	0.4	0.2

表 2-6　专家对问题的判断依据及其影响程度量化

判断依据	对专家判断的影响程度		
	大	中	小
理论分析	0.3	0.2	0.1
实践经验	0.5	0.4	0.3
国内外同行的了解	0.1	0.1	0.1
直觉	0.1	0.1	0.1

表 2-7　专家权威系数

分组项目	专家咨询得分
判断依据（Ca）	0.615
熟悉程度（Cs）	0.859
权威系数（Cr）	0.737

④ 专家协调程度。本研究中，专家协调程度使用变异系数（CV）和肯德尔系数（W）表示，第一轮指标重要性变异系数范围为 0.00~0.50，变异系数大于 0.3 的有 7 个（人均合规医疗费用占人均医疗费用的比例、大病保险经办网点数、灾难性卫生支出发生率、因病致贫发生率、大病服务经办满意度、基本医保基金结余情况、大病保险基金结余情况）。第二轮指标重要性变异系数范围为 0.0319~0.2675，变异系数均小于 0.3，表示专家意见逐渐趋于一致。第一轮肯德尔系数为 0.323，χ^2 值为 93.753，P 值为 $0.000<0.05$，第二轮肯德尔系数为 0.298（见表 2-8）。当和谐系数 P 值小于 0.05 时，表明专家评价结果具有一致性，因此，本研究专家结果协调性好，结果可取。

表 2-8　专家协调程度

轮次	指标数	W	χ^2 值	自由度	P 值
第一轮	30	0.323	93.753	29	0.000
第二轮	27	0.298	69.795	26	0.000

（2）专家咨询结果分析

第一轮专家咨询结果。在专家咨询结果的基础上，综合应用层次分析法对上述指标进行深入分析，以确定指标权重。根据第一轮指标均值、变异系数、满分比，结合专家意见对 13 个指标进行调整，将 5 个设置不合理、均值得分低且变异系数较高的指标删除，并根据专家意见增加“商业保险机构管理经费比例”和“当年大病保险资金使用”2 个指标（限于篇幅，此轮删除与调整指标不进行完整展示）。最终结合指标权重形成第二轮专家咨询表，结合第一轮专家修改意见形成第二轮专家咨询问卷。

第二轮专家咨询结果。调查问卷中“您认为关于大病医保评价指标，保留多少个指标合适”这一问题，80%的专家认为保留 15~20 个指标较为合理。因此，在第二轮专家咨询结果基础上，将可行性较低、变异系数较高（可行性均值得分低于 4，变异系数高于 0.3）的指标予以删除，形成最终大病医保评价指标体系（见表 2-9）。

表 2-9　大病医保评价指标体系

一级指标	权重值	二级指标	权重值	三级指标	权重值	组合权重值
制度层级架构	0.373	制度性质	0.221	大病医保与基本医保制度衔接	0.5258	0.0433
				大病保险功能定位	0.4742	0.0391
		筹资设计	0.282	省级统筹	0.3169	0.0333
				大病保险筹资渠道	0.3391	0.0357
				大病保险人均筹资水平	0.3440	0.0362
		补偿设计	0.284	门诊特殊疾病实际报销比例	0.1713	0.0181
				住院费用大病再次实际报销比例	0.1630	0.0173
		机制设计	0.213	医疗机构、经办机构及政府医保部门大病信息共享平台一体化建设	0.3520	0.0280
制度运行流	0.326	准入管理	0.278	商业保险机构准入标准	0.3100	0.0281
				大病保险参保率	0.3653	0.0331
				商业保险机构管理经费比例	0.3247	0.0294
		基金管理	0.380	大病保险基金年度增长率	0.4631	0.0574
				当年大病保险资金使用率	0.5369	0.0665
		投入管理	0.342	大病保险筹资中政府投入占筹资总额的比例	1.0000	0.1115

续表

一级指标	权重值	二级指标	权重值	三级指标	权重值	组合权重值
非线性效果评价	0.301	受益公平性	0.561	大病保险受益人数占大病保险参保人数的比例	0.2025	0.0341
				大病保险实际补偿比	0.2171	0.0367
				灾难性卫生支出发生率	0.2011	0.0340
				因病致贫发生率	0.1961	0.0331
		基金使用	0.439	基本医保基金结余情况	0.4594	0.0607
				大病保险基金结余情况	0.5406	0.0714

3. 关键指标筛选结果

首先，就指标重要性和可行性进行分析，发现大病保险功能定位、大病保险人均筹资水平、大病保险基金年度增长率、大病保险实际补偿比的重要性和可行性均值均在 4 以上，说明指标兼具重要性和可行性。

其次，就权重系数而言，大病医保与基本医保制度衔接、大病保险基金年度增长率、当年大病保险资金使用率、大病保险基金结余情况的权重系数均在 0.4 以上，说明指标意义重大。

最后，为综合考量大病人群卫生负担现状，依据综合性和科学性的原则，结合专家定性意见，选取大病医保制度的过程性和结果性指标，如因病致贫发生率、门诊特殊疾病实际报销比例、住院费用大病再次实际报销比例等，进行不同维度的综合考量，最终选取可以综合考量大病医保制度设计—运行—效果评价全过程、多环节、多视角的重要指标为关键指标（见图 2-5）。

4. 基于复杂自适应系统视角构建大病医保评价指标体系优势分析

卫生领域对复杂自适应系统的研究处于起步阶段，尚没有将大病医保与复杂自适应系统特征结合起来进行论述。本书在萃取复杂自适应系统特征的前提下，创造性地将大病医保制度设计—运行—效果评价全过程与复杂自适应系统核心理念相结合，作为理论评价模型核心框架。选择在大病医保制度设计和运行过程中涉及公平性、效率性和可行性的关键评价维度，从大病医保制度层级架构维度、大病医保制度运行流维度、大病医保非线性效果评价维度 3 个一级

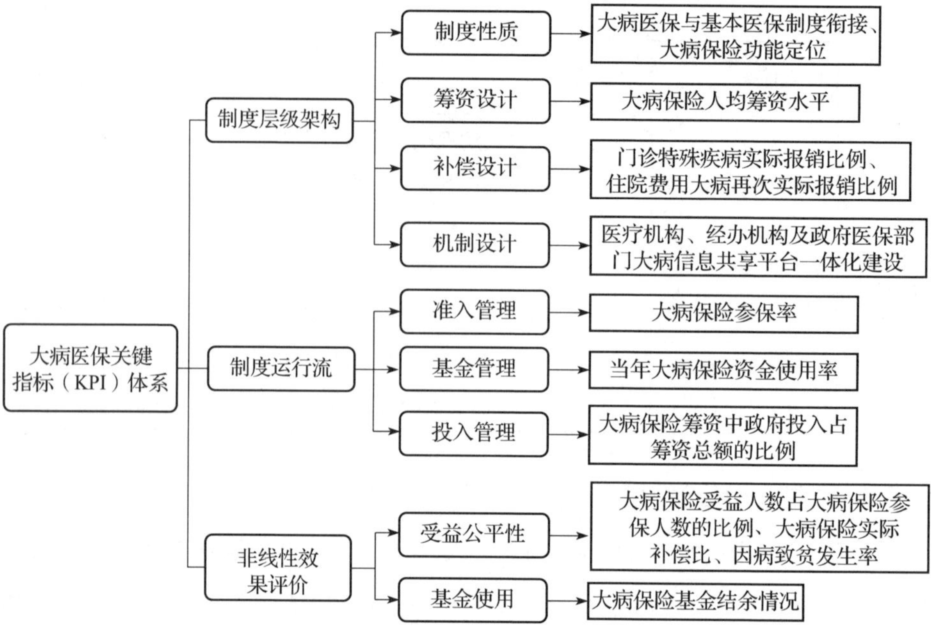

图 2-5　拟确定的大病医保关键指标

维度以及制度全过程涉及的二级指标和三级指标出发，探索性构建大病医保评价指标体系。

（1）基于复杂自适应系统的主体框架构建复杂网络动静融合全过程覆盖指标

将大病医保设计静态制度层级架构指标与动态制度执行指标（如制度周身环绕的各种运行流指标，包括但不限于基金、信息流等）动静结合、交织，构建大病医保评价网络。

（2）兼顾复杂网络多节点、多环节综合考量

大病医保无论是制度设计还是运行过程，均处于复杂的环境之中，各环节均受到综合影响，众多因素互相交织产生复杂作用。我们在指标建设过程中，将大病医保制度设计—运行—效果评价全过程考虑在内，建立起多节点、多环节的大病医保评价指标体系，为大病医保制度实施全过程评价提供了视角全新的工具。

（3）萃取复杂自适应系统核心——多主体视角

在指标遴选过程中，综合考量大病医保这一复杂系统中多主体之间的利益

冲突与平衡，将政府主体（制度设计指标）、商保公司主体（承办相关指标）、参保人主体（满意度指标）等诸多指标考虑在内。

无论是从专家构成还是从德尔菲结果分析涉及的专家积极程度、协调程度和专家权威系数来看，此次构建的大病医保评价指标体系的可信度和专业性都较强，并运用关键指标筛选，综合考量不同维度，最终形成了大病医保关键指标体系。

三、空间视域下灾难性卫生支出评价指标体系

至此，本研究已完成了对灾难性卫生支出测度意义延展的健康贫困评价指标体系与大病医保评价指标体系的构建。在查阅文献的过程中发现，相关研究多集中于二维层面的指标构建，无法针对复杂的区域特异性因素进行兼具空间特征与时间特征的精准刻画。结合第一章对灾难性卫生支出空间分异特征的理论探讨，本节额外补充了以家庭层面灾难性卫生支出评价指标体系为基础延伸出的区域层面灾难性卫生支出评价指标体系，以期为相关灾难性卫生支出空间视域研究提供参考。

1. 家庭层面灾难性卫生支出评价指标体系

以“主题=catastrophic health expenditure”在Web of Science的SCI收录与SSCI收录中不限年份进行检索，共检索到论文945篇；以“主题=灾难性卫生支出”在中国知网不限年份进行检索，共检索到学术期刊论文216篇。首先对这1161篇文献按研究单位进行划分。基于文献研究，对灾难性卫生支出的概念定义、影响因素等关键问题指标进行收集、整理，发现大部分文献对灾难性卫生支出的测算及影响因素分析都是以家庭为单位，这也与灾难性卫生支出的定义相呼应。因此，先对以家庭为研究单位的文献进行筛选，将文献中直接涉及的家庭灾难性卫生支出评价指标、影响因素，以及对灾难性卫生支出有间接影响的因素，以本研究构建的灾难性卫生支出理论评价模型的一级维度为核心，按各属性下的二级维度进行归类，将含义相同或相近的指标合并（例如，家庭收入水平指标，在不同的文献中有多种表现形式，如家庭人均收入、家庭年工资收入、每月工资收入等）。由此，初步得到包含4个一级维度、7个二级维度、19个三级指标的家庭灾难性卫生支出评价指标体系，如表2-10所示

（篇幅所限，仅展示了部分支撑文献）。

表 2-10 家庭灾难性卫生支出评价指标

一级维度	二级维度	三级指标	支撑文献
家庭经济因素	家庭共济	家庭收入水平	Okoroh et al. （2021）；Vahedi et al. （2020）；Moses et al. （2019）；Cheung et al. （2015）；王怡欢等（2021）
		自付费用	Bordonaro et al. （2021）；Sun et al. （2016）；Bao et al. （2018）；Kim et al. （2016）；徐文娟等（2018）
	家庭人口特征	受教育程度	Félicien et al. （2015）；Viramgami et al. （2020）；Huang et al. （2020）；Mondal et al. （2020）；Shi et al. （2020）；顾佳慧等（2020）
		家庭规模	Karan et al. （2017）；Vahedi et al. （2020）；Viramgami et al. （2020）；王怡欢等（2021）
		65 岁以上人口数	Universal Health Coverage Collaborators （2020）；Chen et al. （2020）；Yang et al. （2018）；Tonn et al. （2021）
		婚姻状况	Zhang et al. （2019）；Ta et al. （2020）；Zhao et al. （2020）；Mondal et al. （2020）；Park et al. （2021）；陈鸣声等（2021）；王玲然等（2019）
		户口类别	李涛（2021）；徐新（2014）；方豪（2003）；赵郁馨（2004）；卢雪梅（2017）；高健（2019）
		性别	Mussa et al. （2021）；Ko et al. （2018）；Hamersma et al. （2021）；孙翎等（2022）
健康因素	卫生服务利用	住院次数	Jeon et al. （2017）；Chen et al. （2020）；Zhao et al. （2020）；Chen et al. （2020）；Park et al. （2021）
		门诊次数	Moses et al. （2019）；Zhao et al. （2020）；Jeon et al. （2017）；Ye et al. （2019）；陈鸣声等（2021）
		住院与门诊费用	Karan et al. （2017）；Zhang et al. （2020）；Park et al. （2021）
	疾病需求	自评健康状况	朱铭来等（2017）；李涛（2021）；汪潇（2010）；练乐尧（2008）；孙彦（2019）
		是否患慢性病	Zhang et al. （2019）；Jeon et al. （2017）；Fang et al. （2020）；Zhao et al. （2020）；Huang et al. （2020）；Park et al. （2021）；Okoroh et al. （2021）；王怡欢等（2021）
		是否残疾	Mussa et al. （2021）；Vahedi et al. （2020）；Ye et al. （2019）；李艾春等（2020）；王玲然等（2019）
		吸烟、饮酒	Matzopoulos et al. （2021）

续表

一级维度	二级维度	三级指标	支撑文献
政策因素	保险覆盖率	医保类型	Meng et al. （2015）；Zhang et al. （2020）；Lozano et al. （2020）；Ye et al. （2019）；Fang et al. （2020）；Chen et al. （2020）；陈鸣声等（2021）
		医保参保率	李艾春等（2020）；姚敏（2020）；武兴龙等（2015）；许汝言等（2015）；郭儒雅等（2015）；林玫等（2009）；王亭艳等（2016）；张云娜等（2012）；张文静等（2007）；Chen et al. （2021）
	报销率	报销比例	姚敏（2020）；叶杏等（2019）
环境因素	自然环境	空气质量指数	Dong et al. （2020）；An et al. （2019）；Zeng et al. （2019）；Lu et al. （2021）；Zhang et al. （2021）；Chen et al. （2018）

2. 区域层面灾难性卫生支出评价指标体系

关于区域层面灾难性卫生支出的研究，目前仅有的几篇文献只停留在对区域灾难性卫生支出发生率的测度方面，缺乏基于区域视角的影响因素分析。随着社会的发展与进步，灾难性卫生支出已嵌入社会、经济、文化、卫生、制度与环境等多维属性的开放系统空间。灾难性卫生支出内涵与外延的多维属性决定了在不同时空尺度下，灾难性卫生支出的区域发生率驱动因素、耦合互动过程与驱动传导机制呈现出复杂的非线性动态演化特征。仅仅从家庭层面来研究灾难性卫生支出的干预与阻断机制已无法妥善解决灾难性卫生支出的发生，必须从更宏观的角度，由家庭上升到区域，从卫生服务的需求与利用出发，发挥政府在转移支付、环境治理和卫生预防上的优势，为灾难性卫生支出的发生、识别、干预与阻断制定有针对性的、可持续性的灾难性卫生支出治理策略。极化—涓滴效应理论、区域空间结构理论、空间分异理论为构建区域灾难性卫生支出指标评价体系提供了理论基础。

然而文献研究发现，对于区域灾难性卫生支出，没有成体系的评价工具和评价指标，因此，本部分内容综合考量了本章第一节构建的健康贫困与大病医保制度的理论评价模型、本节前两部分建立的评价指标体系，以及现有研究，针对灾难性卫生支出的驱动因素提取了 4 个维度，以此来构建区域灾难性卫生支出指标评价体系。

（1）社会经济因素

社会经济因素是灾难性卫生支出的元驱动因素。经济条件匮乏的人群获取资本的能力及相应权利的丧失，会促使其经济能力跌至临界点或陷入贫困，经济脆弱又会加强灾难性卫生支出风险，导致该类人群陷入“贫困—疾病”的恶性循环。在个体贫困扩散与集聚的增长极效应下，降低其所在区域的社会环境活力和经济可持续发展性，并在相当大的程度上限制其经济发展方式、束缚其经济发展速度，甚至拖累周边区域陷入相似贫困境地。因此，社会经济层面的要素十分基础，又具备极强的延展性，要素之间的交互影响也会使得灾难性卫生支出的成因盘根错节。

（2）健康因素

随着国家经济的发展和国民生活质量的提高，我国卫生支出总费用不断攀升，表明人们寻求健康的愿望越发强烈，从而引发了更强的医疗卫生服务需求和利用。从空间研究视角来看，卫生服务需求、卫生服务利用、区域医疗资源投入等是灾难性卫生支出发生的关键性区域卫生因素，与此同时，区域医疗技术水平、医疗资源配置等在减少灾难性卫生支出方面又具有溢出效应。

（3）政策因素

在社会经济因素和健康因素的影响下，处于经济和健康脆弱状态的人群，基于自身的卫生服务需求和利用，会进一步陷入“贫困—疾病”的循环之中。当个体无法依靠自身能力来消除其疾病经济风险时，为了保护这部分弱势群体，减少其疾病经济负担，需要政府通过收入再分配来减少脆弱人群的灾难性卫生支出发生风险，尤其是在社会福利方面，医保制度发挥了重要作用。虽然医保制度为大病家庭提供了一定程度的保护，但是个人现金卫生支出和卫生支出负担仍不容小觑。已有研究证实，医保覆盖率能够在一定程度上提升人群卫生服务利用率，增强人群健康，但在医保体系机制和报销框架设计等仍有不足的情况下，高卫生服务需求利用也会带来高医疗成本，从而导致灾难性卫生支出发生。单独以医保覆盖率作为政策因素来评价灾难性卫生支出是不全面、不科学的，需要基于空间层面医保覆盖率与医保报销率、政府卫生支出等的交互作用，来分析其对灾难性卫生支出的影响。

（4）环境因素

灾难性卫生支出的空间聚集、扩散与外溢属性，与所在区域的地缘环境密切相关，并形成了不同程度迭代的窘迫循环。地缘环境下的空气质量、气候温度、降雨量，不仅会对该区域人群的整体健康产生共同作用，形成相似的患病、发病与死亡特征，还会通过区域间的涌动与蔓延，影响相邻区域的卫生服务需求与利用。以空气质量为例，根据城区建设规定，农业、工业驻地基本都在远离城市中心的城市边界、郊区，城市工业污染排放、居民生活废气、烟霾等随空气不断流动、外溢，流动速度还在相当大的程度上受降雨、温度等影响，从而引发所覆盖区域人群健康状况的下降，最终导致灾难性卫生支出的发生。

把文献中直接涉及区域灾难性卫生支出的评价指标、影响因素，以及对区域灾难性卫生支出有间接影响的因素，以本研究构建的灾难性卫生支出理论评价模型的一级维度为核心，按各属性下的二级维度进行归类，并采用聚类分析法把含义相同或相近的指标合并，初步得到区域灾难性卫生支出评价指标体系，包含 4 个一级维度、9 个二级维度、28 个三级指标，如表 2-11 所示。

表 2-11 区域灾难性卫生支出评价指标

一级维度	二级维度	三级指标	指标来源
社会经济	经济发展	人均生产总值	家庭指标映射
		第二产业占比	
		城市化率	
		教育水平	
	社会人口特征	婚姻状况	
		老龄化水平	
		性别比	
健康	医疗服务利用	住院率	
		门诊率	
		住院费用	
		门诊费用	
	疾病需求	残疾率	
		慢病率	
		吸烟率	
		饮酒率	
	卫生资源配置	病床数	Ma et al.（2015）；张伟丽等（2021）；裕玉春等（2010）
		医生数	Ma et al.（2015）；邓峰等（2015）；黄芬（2015）
		医院数	Ma et al.（2015）；邓峰等（2014）；何平等（2005）；陈旻等（2009）

续表

一级维度	二级维度	三级指标	指标来源
政策	医疗保险覆盖率	基本医疗保险覆盖率	Shi（2020）；Zhang et al.（2017）；Cheung et al.（2015）；Lozano et al.（2020）
		大病医疗保险覆盖率	李艾春等（2020）；姚敏（2020）；武兴龙等（2015）；许汝言等（2015）；郭儒雅等（2015）；林玫等（2009）；王亭艳等（2016）；张云娜等（2012）；张文静等（2007）；Chen et al.（2021）
	区域共济	政府卫生支出占比	姚敏（2020）；叶杏等（2019）
环境	空气污染	$PM_{2.5}$	Dong et al.（2020）；An et al.（2019）；Zeng et al.（2019）；Lu et al.（2021）；Zhang et al.（2021）；Chen et al.（2018）
		空气质量指数	王若宇等（2020）；唐颢等（2021）
		工业二氧化硫排放量	Zenget al.（2019）；侯亚冰等（2020）；崔恩慧等（2016）；曲卫华等（2015）
		二氧化碳排放量	Sinha et al.（2018）；Ahmad et al.（2021）；
	自然环境	年降水量	王若宇等（2020）；周芳芳等（2016）
		年均温度	许怀悦等（2021）；Hu et al.（2017）
		公园绿地面积	黄巧玲（2019）；郭庭鸿（2018）

区域灾难性卫生支出评价指标体系中的社会经济因素、健康因素、政策因素由各地家庭层面的数据整合而来，与家庭灾难性卫生支出评价指标体系有承接关系，体现出灾难性卫生支出的空间属性。例如，人均生产总值指标，由家庭灾难性卫生支出评价指标体系中的家庭收入水平映射到地区层面而得，在评价一个地区的人均收入水平时，人均生产总值是一个通用指标；门诊率和慢性病患病率指标，由地区的个人门诊和患慢性病情况汇总而来，是区域层面门诊和慢性病情况的综合展现；基本医疗保险覆盖率指标也是由个体参保情况汇总而来。

区域灾难性卫生支出评价指标中也有并非家庭层面映射而来的指标。例如，病床数、医生数和医院数指标，是衡量区域卫生资源配置的重要指标，直接影响区域居民的卫生服务利用，进而影响居民的疾病经济负担，最终影响居民的灾难性卫生支出；政府卫生支出占比指标，已有研究证实，其对个人卫生支出具有重要影响，政府卫生支出增加会在一定程度上减少个人卫生支出，从而减少灾难性卫生支出的发生。

环境因素对区域灾难性卫生支出的影响是一个渐进的传导机制。环境污染影响生活环境，生活环境变差导致疾病发病率上升，疾病发病率上升导致卫生服务利用上升和卫生支出增加，卫生支出增加进而导致灾难性卫生支出发生。区域灾难性卫生支出评价指标体系中的 $PM_{2.5}$、工业二氧化硫排放量、二氧化碳排放量等环境因素指标，已有研究证实它们会增加区域呼吸道疾病的发病率和死亡率，导致居民卫生服务利用和卫生费用的增加，从而增大灾难性卫生支出的风险；但是现阶段，对环境因素与健康相关的研究，还仅仅停留在环境污染对发病率的影响上，没有深入研究环境因素对卫生支出和灾难性卫生支出产生影响的节点。现行的政策也主要集中在减少环境污染对生活环境的影响，对环境污染影响的深度挖掘还需进一步加强。对经济和健康脆弱的人群来说，环境污染导致家庭成员生病，不仅仅是对家庭成员生理上的伤害，还会给家庭甚至社会造成负担。这种渗透式的传导机制需要政策上的干预。

四、小结

本节以上一节的理论评价模型为基础进行了原始指标库的构建，并在该领域专家的指导下完成了评价指标体系的筛选，最终形成了三套完整的评价指标体系。本节内容旨在为灾难性卫生支出测度意义延展的现实问题，即健康贫困与大病医保制度效果的相关研究提供测度工具参考。此外，本节没有将研究视角局限于二维层面，而是基于现实空间分异特征与空间理论，进行了空间视域下灾难性卫生支出评价指标体系的拓展，首次实现了对灾难性卫生支出研究视角的拓维与升级。

第三章 CHAPTER 3

基于截面数据的我国多维特征人群灾难性卫生支出测度分析

前文已对灾难性卫生支出相关理论、基于灾难性卫生支出测度意义延展出的理论评价模型进行了系统的阐述，后续内容将依托研究难点，通过引入与融合多学科方法学，实现理论模型下沉融合实证研究。通过对多源流数据进行科学测度，剖析我国多维特征人群的灾难性卫生支出发生情况及其驱动机制。本章以截面数据为重点，自全人群开始，逐步聚焦于老年人、农村居民、慢性病患者、大病患者等人群，完成脆弱人群特征刻画与影响因素剥离。

第一节 全人群灾难性卫生支出实证分析

本节为利用截面数据测度实证研究对象的第一个层面，即对全人群灾难性卫生支出发生情况的平面测度，目的在于探析未进行人群划分的情况下，灾难性卫生支出发生的总体脆弱特征与影响因素情况，并与后续人群划分后捕获的特征数据进行对比，为医保制度减贫效应的深度拓维，提供精准靶向循证依据。

一、数据来源、变量选取和研究方法

1. 数据来源

本节主要采用第四次全国卫生服务调查数据进行实证分析。全国卫生服务调查在我国国家卫生健康委员会的指导下每 5 年进行一次，问卷设计和数据收集都经过严格的检验和质量控制。调查采取多阶段分层整群随机抽样的方法，

涉及全国 31 个省（区、市），近 20 万城乡居民，最终形成 56400 户家庭的样本量。清理异常值和不完整数据后，本节研究最终保留 55556 户家庭、175577 名个人的样本量。

2. 变量选取

以灾难性卫生支出为核心刻画指标，基于前文构建的理论评价模型，本节选取的自变量主要包括家庭特征维度、卫生服务需求与利用维度以及制度维度。具体包括户主的性别、教育、就业和参保情况，家庭经济分组（家庭支出分组），家庭规模，家庭是否有成员大于 60 岁或小于 5 岁，是否有成员患有结核病或任何慢性病，是否有住院成员，等等。

3. 研究方法

对清理后的最终数据进行描述性分析，以确定患病率、卫生服务利用率和医疗费用支出情况。之后，使用逻辑回归来预测灾难性卫生支出的影响因素。二元逻辑回归属于一般线性模型，以二值变量（0 和 1）为因变量 y，主要用于预测时间发生的可能性或筛选风险因素。对于二值变量的 y，逻辑回归模型的一般形式如式（3-1）所示：

$$\begin{aligned}\text{logit}\ (y_i=y_1 \mid X_i) &= \text{logit}(p_i)=\log\left[\frac{p_i}{1-p_i}\right] \\ &=\beta_0+\beta_1X_1+\cdots+\beta_jX_j+\cdots+\beta_kX_k=\beta_0+\beta' X_i\end{aligned} \tag{3-1}$$

式中，p_i 为模型的响应概率；β_0 为 y 的截距；β' 为斜率的向量；y_1 为 y 的一阶水平；X_i 为解释变量的向量。

在式（3-1）的逻辑回归方程中，因变量为 $y=1$ 的对数比值比（log）。回归系数为在其他预测变量保持不变时，预测变量一个单位的变化可能引起的因变量对数优势比（OR）的变化。

二、结果

1. 卫生服务需求和利用

调查样本的总体两周患病率为 17.9%，其中农村地区为 17.0%、城市地区为 19.3%。慢性非传染性疾病的总患病率为 15.8%。此外，总样本中有 6.8% 的家庭有成员住院，城市家庭中有住院患者的家庭占比为 7.1%。

总体样本的应住院未住院率为27.9%，此类患者未住院的首要原因是经济困难，占比高达70.2%。此外，经济分组中最贫困组的未住院率最高，为39.1%，是最富裕组的2倍。在参保方面，未参保群体的未住院率最高(35.4%)，其次是参加城镇居民医保（30.5%）和新农合（27.6%）的参保户主。2008年，平均每年住院费用为5013.67元，平均报销率为43.2%，但不同医保报销率不同，其中城镇职工医保的报销率最高（55.0%），其次是城镇居民医保（40.0%）和新农合（30.4%）。

2. 不同人群的灾难性卫生支出

整体趋势显示，灾难性卫生支出发生率与家庭经济水平呈负相关，总体灾难性卫生支出发生率为13.0%。由最贫困组至最富裕组，自付医疗费用与家庭支付能力稳步提升，自付医疗费用金额在支付能力中所占的比例也越来越小。因此，较富裕人群由于支付能力较强，承受的经济负担相对更小（见表3-1）。

表3-1 2008年不同经济分组下我国家庭卫生支出分布情况

变量	家庭经济分组					
	最贫困	较贫困	一般水平	较富裕	最富裕	全样本
居民现金卫生支出/（美元/月）	6.8	11.6	15.7	22.6	50.8	21.7
家庭支付能力/（美元/月）	32.0	56.6	84.2	135.2	327.6	129.2
自付支出占家庭支出的比例/%	12.7	12.0	11.6	11.6	12.3	12.1
居民平均现金卫生支出能力/%	22.2	20.5	18.5	16.6	14.9	18.5
灾难性卫生支出发生率/%	15.8	14.3	12.7	11.3	10.7	13.0

注：货币汇率按6.9451元=1.00美元计算。

3. 灾难性卫生支出发生情况分布

通过对我国东部、中部、西部具有不同健康相关特征的城乡家庭灾难性卫生支出发生率进行比较分析，汇总出表3-2。研究发现，农村家庭灾难性卫生支出风险高于城市家庭；较贫穷地区家庭的灾难性卫生支出风险高于较富裕地区家庭。此外，在所有地区的城乡家庭中，家庭特征都会影响灾难性卫生支出发生风险，如未参保、家中有慢性病患者、家中有老年人或家中有住院成员。在参保类型方面，参加城镇职工和城镇居民医保的家庭，其灾难性卫生支出发生率低于全国平均水平，而参加新农合的家庭，其灾难性卫生支出发生率却高于全国平均水平。

表 3-2　2008 年我国不同家庭和地区的灾难性卫生支出发生情况　　单位：%

指标		区域					
		总体	城镇	农村	东部	中部	西部
家庭特征	有患慢性病成员	23.1	17.1	26.0**	19.8	23.9	25.9**
家庭特征	有 60 岁以上家庭成员	19.7	15.1	21.9**	17.8	20.5	21.0**
家庭特征	有 5 岁以下家庭成员	14.3	7.9	15.8**	13.5	14.6	14.6
家庭特征	有住院成员	32.8	26.6	35.0**	31.9	32.8	33.4**
参保情况	城镇职工医保	9.4	9.2	10.8	8.5	9.6	10.5*
参保情况	城镇居民医保	8.5	8.9	6.4	7.9	12.1	7.2
参保情况	新农合	14.8	9.3	14.9**	13.8	14.1	16.0**
参保情况	其他保险	12.2	11.6	13.6	10.6	18.5	9.5
参保情况	未参保	11.7	10.8	13.0*	8.8	12.5	13.1**

注：* 代表 $P<0.05$；** 代表 $P<0.01$。

若家庭特征风险因素与地区层面因素（如居住在农村地区）叠加，则更弱化了家庭抵御灾难性卫生支出的能力。居住在农村地区且家中有住院成员的家庭灾难性卫生支出发生率最高（35.0%），其次是西部地区有住院成员的家庭（33.4%）。

当多维脆弱性因素叠加在一起时，会显著增加灾难性卫生支出的发生风险。有患慢性病成员和住院成员的家庭，灾难性卫生支出发生率为 39.3%，比有患慢性病成员但没有住院成员的家庭高 2 倍，比这两种特征都没有的家庭高 8 倍。

4. 贫困率与因病致贫发生率

在我们的研究中，贫困线是家庭人均年收入 449.40 美元。在没有支付医疗卫生费用之前，总体贫困率为 18.2%，最贫困家庭组贫困率高达 86%。在发生医疗自付费用之后，7.5%的非贫困家庭变成了贫困家庭。这也印证了我们的假设，医疗支付费用导致的贫困在最贫困家庭中更为常见。并且结果显示，农村家庭的贫困率与因病致贫发生率显著高于城市家庭（见表 3-3），贫困率几乎是城市的 8 倍，因病致贫发生率约为城市地区的 3 倍。

表 3-3　2008 年我国不同家庭区域和经济分组的贫困率和因病致贫发生率

单位：%

特征		贫困率	因病致贫发生率
区域	城镇	3. 1	3. 3
	农村	24. 6	9. 3
	东部省份	11. 3	5. 5
	中部省份	17. 4	7. 9
	西部省份	25. 2	9. 0
家庭经济分组	最贫困	86. 0	10. 6
	较贫困	0. 0	19. 1
	一般水平	0. 0	4. 2
	较富裕	0. 0	2. 2
	最富裕	0. 0	1. 6
合计		18. 2	7. 5

5. 灾难性卫生支出的影响因素

逻辑回归结果展示了与灾难性卫生支出发生风险相关的影响因素（见表 3-4）。其中，户主为女性、失业者或受教育程度低，以及有至少一名老年人、结核病人、慢性病患者、住院病人的家庭，更有可能发生灾难性卫生支出。相较于参加城镇职工和城镇居民医保的家庭，未参保的家庭更容易陷入灾难性卫生支出的困境。经济分组与灾难性卫生支出呈负相关，也就是说，较富裕的家庭灾难性卫生支出发生风险更低。相较于农村家庭，城市家庭更有可能避免灾难性卫生支出。并且，家庭规模扩大和至少有一个年轻家庭成员也是家庭对抗灾难性卫生支出的保护性因素。

表 3-4　灾难性卫生支出的影响因素

影响因素		系数	标准误	Wald 值	*P* 值	OR	95%置信区间（CI）
户主性别	男性	对照组					
	女性	-0. 147	0. 035	17. 278	<0. 0001	0. 863	0. 805～0. 925

续表

影响因素		系数	标准误	Wald 值	*P* 值	OR	95%置信区间(CI)
户主受教育水平	大学或以上	对照组					
	文盲	1.073	0.141	57.600	<0.0001	2.924	2.216～3.857
	小学	0.806	0.139	33.745	<0.0001	2.239	1.706～2.939
	初中	0.488	0.138	12.467	<0.0001	1.629	1.242～2.135
	高中	0.385	0.143	7.251	0.007	1.469	1.110～1.943
	中专	0.385	0.161	5.681	0.017	1.469	1.071～2.016
	大专	−0.090	0.177	0.259	0.611	0.914	0.646～1.292
户主就业情况	失业	对照组					
	在职	−0.567	0.040	206.000	<0.0001	0.567	0.525～0.613
	退休	−0.119	0.068	3.089	0.079	0.888	0.778～1.014
	学生	−0.805	0.376	4.595	0.032	0.447	0.214～0.933
户主参保情况	未参保	对照组					
	城镇职工医保	−0.365	0.075	23.937	<0.0001	0.694	0.600～0.804
	城镇居民医保	−0.462	0.105	19.514	<0.0001	0.630	0.513～0.773
	新农合	0.012	0.057	0.044	0.834	1.012	0.905～1.131
	其他	−0.080	0.194	0.171	0.679	0.923	0.631～1.35
家庭是否有该成员	否	对照组					
	慢性病成员	1.047	0.030	1247.289	<0.0001	2.848	2.687～3.018
	住院成员	1.525	0.032	2248.972	<0.0001	4.597	4.316～4.896
	结核病患者	0.575	0.109	27.697	<0.0001	1.778	1.435～2.203
	60 岁以上成员	0.627	0.033	367.713	<0.0001	1.872	1.755～1.995
	5 岁及以下成员	−0.211	0.064	10.925	0.001	0.810	0.715～0.918
家庭成员数量	≤4 人	对照组					
	≥5 人	−0.728	0.034	448.930	<0.0001	0.483	0.451～0.516
城乡类型	城镇	对照组					
	农村	0.054	0.007	54.468	<0.0001	1.055	1.040～1.070
家庭经济分组	5＝最富裕	对照组					
	4＝较富裕	0.006	0.049	0.015	0.903	1.006	0.914～1.108
	3＝一般水平	0.141	0.051	7.567	0.006	1.151	1.041～1.272
	2＝较贫困	0.269	0.052	27.084	<0.0001	1.309	1.183～1.449
	1＝最贫困	0.306	0.052	34.728	<0.0001	1.358	1.227～1.504

三、讨论

灾难性卫生支出发生率和因病致贫发生率可以帮助我们深入了解医疗保障制度为群众提供经济保护的能力，也反映了家庭承受的医疗负担和家庭成员卫生服务可及性的经济阻碍。在本研究中，灾难性卫生支出和因病致贫的总体发生率分别为13.0%和7.5%，高于低收入国家平均水平。灾难性卫生支出的风险因素可以概括为以下几点。

1. 卫生服务需求、利用和家庭支付能力是影响灾难性卫生支出的关键因素

逻辑回归结果表明，卫生服务需求和利用是影响灾难性卫生支出的关键因素。有慢性病患者的家庭发生灾难性卫生支出的风险是没有慢性病患者家庭的2.8倍，有成员住院的家庭面临灾难性卫生支出的风险是无成员住院家庭的4.6倍，表明目前医保制度提供的经济保护力度尚有不足。

灾难性卫生支出与因病致贫的发生风险和经济状况密切相关。较贫穷家庭更容易遭受灾难性卫生支出，也更容易发生因病致贫，这一结果与其他研究类似。经济分组中最富裕家庭的支付能力约为最贫困家庭的10倍。此外，我国不同地区社会、经济和环境条件的差异也造成了灾难性卫生支出发生风险的不同。

2. 人口特征相关因素会影响灾难性卫生支出发生风险

逻辑回归分析表明，户主的年龄、性别、受教育程度、就业状况，以及家庭规模和所在地区等社会人口学特征对灾难性卫生支出的发生风险有影响。户主为男性、受过高等教育或在业的家庭遭受灾难性卫生支出的风险较低。阿根廷和土耳其的研究报告指出，家庭规模较大和家中有5岁以下成员可以降低灾难性卫生支出发生风险。而鉴于我国老龄化的人口状况，有老年成员的家庭灾难性卫生支出的高发生率更值得关注，需要采取一种综合的、聚焦贫困的社会政策方法来改善这一问题。

3. 全民医保覆盖的深度与宽度仍需加强

首先，不同参保类型家庭的灾难性卫生支出发生率各不相同。户主参加城镇职工医保（9.4%）和城镇居民医保（8.5%）的家庭灾难性卫生支出发生率低于户主参加新农合（14.8%）的家庭。然而，即使是户主参加城镇职工和城镇居民医保的家庭，灾难性卫生支出发生率仍高于其他发展中国家平均水平。这表明，当前我国医保的覆盖深度和宽度仍有不足，服务覆盖面有限，导致部分人群医疗自付费用仍然很高。

其次，一个全面的医保福利方案不仅应包括广覆盖的服务项目，还应包括合理的费用分担机制。我国的医疗保险制度依靠高额共付比来控制参保人承担的经济风险。尽管已有政策规定住院患者的报销率应在60%以上，但城镇职工医保、城镇居民医保和新农合患者的住院净自付率却分别高达45%、60%和70%。

最后，我国的医保制度旨在降低居民利用卫生服务时发生灾难性卫生支出的风险，而不是减少居民卫生服务利用。但由于药品和门诊服务的覆盖范围有限，有些慢性病患者家庭为减少医疗支出可能会避免寻求治疗，直至病情恶化。因此，需要将医保福利包覆盖范围扩大到慢性病患者的长期护理、门诊服务、常规基本药物和康复服务①。

4. 费用控制与风险分担机制仍需完善

2008年，我国医保的主要支付方式是按服务项目付费。在缺乏有效的费用控制和风险分担机制的情况下，经济风险或许转移到了参保人和患者身上。在寻求经济利益最大化的环境下，医院没有进行成本控制的动机。一方面，支付给医务人员的奖金与医院服务数量和医院收入挂钩，占了医疗报酬的很大一部分。这便构成了一个内部激励机制，即医院会最大限度地提高服务量，尤其是高利润服务。另一方面，劳动密集型服务的价格—成本利润率较低，药品和高技术服务的价格—成本利润率较高，进一步加剧了医院对诱导需求收入的依赖。再加上医院的政府资助收入占比还不到8%，种种因素的结合导致医疗费用不断上升。为此，政府开展了一系列支付方式的试点研究，如按病种付费。

---

① 本研究采用的是2008年全国第四次卫生服务调查数据，发表于2012年，当时仅有个别地区探索将慢性病纳入医保门诊保障范围。截至2021年，在省级层面的政策指导文件方面，全国已有25个省（区、市）发布了城镇职工门诊慢特病政策的保障病种，26个省（区、市）发布了城乡居民门诊慢特病的保障病种。

此外，高额自付费用也是导致贫困的一个风险因素。卫生筹资主要依赖自付费用，被认为是一种既低效又不公平的筹资方式。我国的高额自付费用（2008 年自付费用占医疗总支出的 40%）、高灾难性卫生支出和因病致贫发生率都表明，医保提供的保护不足以抵御上涨的卫生服务需求和费用。更令人担忧的是，在没有有效成本控制的情况下，政府增强医保制度经济保护力度的努力，实际上有可能被医院诱导需求增加的服务数量和费用抵消。

5. 医保制度福利方案设计需切实重构

为了降低灾难性卫生支出的发生风险，需要对医保制度设计进行重构，包括补充强制性基本福利包以完善全民医保，扩大覆盖范围，改革费用和风险分担机制。2008 年，医保制度可能利用免赔范围、起付线和封顶线来控制成本，一旦医疗费用超过封顶线，患者将承担剩余的经济负担。这也解释了我国政策中规定的报销比例与实际报销比例之间的差异。在医保制度体系设计中，医院面临的风险主要是医保报销尚未支付的部分，而虽然医保局会承担部分项目风险，但大部分风险仍由参保人承担。因此，符合现实情况的合理风险分担机制仍需由医保局与医院共同商定。

此外，按服务项目付费的支付方式为医疗服务提供者追求经济利益创造了条件，可以在降低单位成本的同时增加服务量，刺激医疗机构提供过度服务和过度处方来诱导需求，从而将财务风险转移给保险公司和患者，对服务质量以及家庭和政府的经济负担产生影响。

四、结论

我国的医改已经取得了前所未有的进展，但保护弱势群体免于因病致贫仍然是一个挑战。这是因为医保制度尚不能完全实现减少健康不平等和增加医疗卫生服务可及性的目标。正如我们的研究显示的，扩大医保覆盖范围并不一定能够达到改善医疗服务可及性或更好抵御疾病经济负担的效果，合理的医保福利包设计方案对改善灾难性卫生支出发生情况同样至关重要；如果福利方案设计面较窄，成本分摊不足，则很难实现全民覆盖。此外，医疗机构采用不同支付方式可能会出现不同的结果；在我国的现实情况下，按服务项目付费的支付方式产生了负向激励，提高了灾难性卫生支出的发生风险。

对灾难性卫生支出进行更系统的监测有助于指导制定卫生筹资政策。应重点解决弱势群体面临的经济困境，并制定有效的费用控制措施。从长远来看，需要将各种医保制度加以协调与整合，以提高保险覆盖的广度、深度和宽度。

第二节　农村中老年人群灾难性卫生支出实证分析

上一节针对第一层面的研究对象即我国全人群进行了灾难性卫生支出测度分析，获得了最大规模研究群体的灾难性卫生支出普遍影响因素，并据此提出了相应的建议。以全人群测度为基础的研究表明，城乡居民间的灾难性卫生支出发生风险存在显著差异。同时，考虑到中老年人群生理脆弱性与社会脆弱性叠加作用下的疾病经济风险，本部分内容将研究对象范围进一步缩小，聚焦于农村中老年人群。

一、数据来源、变量选取和研究方法

1. 数据来源

本部分研究选取了 2015 年我国健康与退休纵向研究（China Health and Retirement Longitudinal Study，CHARLS）的数据。CHARLS 数据库是由国家发展研究院和北京大学社会科学研究中心联合开展的大型跨学科调查项目，是我国最具代表性的中老年研究，并与健康与退休研究（HRS）模式中的国际领先研究相协调。该数据库从个人信息、家庭成员情况、健康状况、医疗保险情况、收入、支出及资产状况七大方面，全面剖析了所调查的 45 岁以上中老年人群的生活状况。全国基线调查开展于 2011 年，覆盖全国 150 个县级单位、450 个村级单位。2015 年，CHARLS 采用多阶段抽样和按规模大小成比例的概率抽样方法（PPS），从全国 28 个省（区、市）150 个县的 450 个社区中随机抽取 45 岁以上的调查对象。经过数据清洗（剔除异常和不完整数据）后，本研究获得的样本量包括 7080 户家庭和 13740 名个人，用于计算灾难性卫生支出。

2. 变量选取

基于前文的理论模型和文献计量分析结果，本研究选取的解释变量主要包

括：①社会人口因素，包括户主的年龄、受教育程度、职业，家庭规模和家庭所在地区。②卫生服务需求和利用因素，包括户主自评健康状况、家庭在过去一个月中是否有门诊患者、在过去一年中是否有住院患者、是否有残疾家属、是否有65岁以上的老人。③社会保障因素，即户主参加医疗保险的情况，包括城镇职工基本医疗保险、城镇居民基本医疗保险、新型农村合作医疗保险、城乡居民基本医疗保险以及其他医疗保险或未参保。

3. 研究方法

采用处理效应模型（treatment effect model）和工具变量（instrumental variable，IV）来识别农村中老年人灾难性卫生支出的影响因素。由于医疗保险与灾难性卫生支出之间具有联立因果关系，参考现有研究，我们假设户主是否参保是一个内生变量。为了进一步验证该变量是否真正内生，使用DWH（Durbin-Wu-Hausman）检验（因为数据具有异方差性$P=0.000<0.05$），结果$P=0.0493<0.05$，说明户主是否参保确实是内生变量。为了解决这种内生性，我们将工具变量与处理效应模型一起应用。基本思想是确定一个与内生变量（户主是否参保）相关但与结果变量（灾难性卫生支出）的扰动项无关的工具变量。根据以往的文献，选取区域医疗保险参保率和家庭所在省份作为潜在工具变量，并通过以下3个步骤进一步筛选了强工具变量：使用过度识别检验确认变量是外生的，且与结果变量的扰动项无关；进行F检验以识别工具变量与内生变量之间的相关性；采用冗余检验来检查工具变量是否冗余（检验结果见表3-5）。最后，确定“区域医疗保险参保率”作为有效的工具变量进入处理效应模型。

表3-5 有效性检验与相关性检验结果

内生变量	DWH检验	工具变量	过度识别检验	F检验	冗余检验
户主是否参保	Chi2(1)=3.88075 ($P=0.0493<0.05$)**	区域医疗保险参保率	Chi2(1)=0.0311 ($P=0.86>0.05$)	$F=138>10$	Chi-sq(1)=0.0000**
		家庭所在省份			Chi-sq(1)=0.9071

注：①DWH检验H_0：所有解释变量均为外生。②过度识别检验H_0：所有工具变量都是外生的。③冗余检验H_0：指定的工具变量是冗余的。**代表$P<0.05$。

二、结果

1. 样本特征

总样本共包括 7080 户家庭和 13740 名个人，样本的总体参保率为 85. 8%(见表 3-6)。53. 1%的户主是男性，约 33%的家庭有 65 岁以上的成员。66. 5%的户主受教育程度为小学和初中学历，一半以上（62. 5%）的中老年人患有慢性疾病。

表 3-6　变量的选择与描述　　单位：%

变量		占比
灾难性卫生支出	未发生	78. 2
	发生	21. 8
户主是否参保	0＝未参保	14. 2
	1＝参保	85. 8
户主的性别	1＝男性	53. 1
	2＝女性	46. 9
户主受教育程度	1＝文盲	24. 7
	2＝小学和初中	66. 5
	3＝高中	8. 6
	4＝大学及以上	0. 1
户主的职业	1＝农业	54. 1
	2＝工业	20. 9
	3＝失业	19. 5
	4＝退休	5. 5
家庭是否有 65 岁以上成员	1＝是	32. 7
	2＝否	67. 3
家庭是否有残疾成员	0＝否	66. 9
	1＝是	33. 1
家庭是否有住院病人	1＝是	12. 5
	2＝否	87. 5
家庭是否有成员患有慢性病	0＝否	37. 5
	1＝1 种	35. 3
	2＝2 种	20. 0
	3＝3 种及以上	7. 2

续表

变量		占比
家庭规模	1=1人	61.8
	2=2人	35.7
	3=3人	2.4
	4=4人及以上	0.1
家庭所在地区	1=东部	34.7
	2=中部	42.0
	3=西部	23.3

2. 总体患病率、卫生服务利用情况

在有慢性病患者的家庭中（见表3-7），罹患3种慢性病的家庭患病率最高，为17.2%。同时，高卫生服务需求意味着高卫生服务利用，家庭成员患有3种慢性病的家庭住院率也最高，为15.1%，而住院病人的报销比例却仅有45.8%，比家庭成员患有2种慢性病的家庭低近7个百分点。有65岁以上成员的家庭卫生服务需求与利用较高，住院病人的报销比例为53.7%，是没有65岁以上成员家庭的1.3倍。并且，有残疾成员的家庭也显示出同样的特征。此外，患病率随着受教育程度的升高而降低，与户主为高中学历的家庭相比，户主为文盲家庭的卫生服务利用率，即住院率和门诊率均较高。

表3-7　卫生服务需求和利用情况　　单位：%

变量		患病率	住院率	门诊率	住院病人的报销比例
是否参保	是	14.8	13.2	20.4**	45.5
	否	15.9	12.5	16.6	—
家庭是否有65岁以上成员	是	16.4**	15.3**	21.0	53.7**
	否	14.2	12.1	19.6	39.9
家庭成员患慢性病种类	0种	13.4**	11.2**	18.8	43.0
	1种	15.6	13.8	20.8	45.1
	2种	16.0	14.9	21.0	52.7
	3种	17.2	15.1	19.6	45.8

续表

变量		患病率	住院率	门诊率	住院病人的报销比例
户主受教育程度	文盲	16.0	14.3	20.6	44.5**
	小学和初中	14.8	13.1	20.2	44.6
	高中	13.0	12.1	19.2	45.2
	大学及以上	12.5	22.2	11.1	30.5
家庭规模	1人	15.1	13.4	19.7	47.9
	2人	15.1	12.5	20.2	42.8
	3人	13.9	14.0	22.0	43.5
	4人及以上	—	25.0	25.0	—
家庭是否有成员残疾	是	17.2**	14.9**	20.5	47.8
	否	13.8	12.2	19.7	45.2
家庭是否有住院病人	是	23.8**	100.0**	34.9**	46.2
	否	13.9	—	17.8	—
家庭所在地区	东部	10.6**	10.7**	18.0**	44.3
	中部	15.6	13.2	19.9	44.6
	西部	20.6	16.4	23.2	50.4

注：＊＊代表 $P<0.01$。

与中部地区相比，西部地区的卫生服务需求和利用率都较高，患病率、住院率和门诊率分别为20.6%、16.4%和23.2%。同时，西部地区住院病人的报销比例在三个地区中也最高。虽然未参保家庭的患病率（15.9%）高于参保家庭（14.8%），但与参保家庭相比，未参保家庭的住院率和门诊率均较低，两者的支付能力几乎相同。

3. 不同家庭灾难性卫生支出和因病致贫情况

表3-8显示，灾难性卫生支出发生率较高的家庭具有以下特征：家中成员罹患3种慢性病（38.0%）、有住院成员（31.0%）或有65岁以上成员（30.5%）。同时，有65岁以上成员的家庭因病致贫发生率（11.1%）比没有65岁以上成员的家庭高4.7个百分点。另外，因病致贫发生率随着受教育程度的升高而降低，文盲人群的因病致贫发生率较高（10.3%），比受过

高中教育水平的家庭高 4.3 个百分点。地区层面，东、中、西部地区的灾难性卫生支出发生率均超过了 20%，其中中部地区灾难性卫生支出发生率最高，达 22.6%。令人惊讶的是，参保家庭的灾难性卫生支出发生率（21.9%）比未参保家庭（20.6%）高 1.3 个百分点，因病致贫发生率也较高，为 8.0%。

表 3-8 不同特征家庭的灾难性卫生支出和因病致贫分布 单位：%

变量		自付医疗费用/家庭支付能力	灾难性卫生支出发生率	因病致贫发生率
是否参保	是	19.0	21.9	8.0
	否	19.9	20.6	7.7
家庭是否有65岁以上成员	是	25.9**	30.5**	11.1**
	否	16.9	17.6	6.4
家庭成员患慢性病种类	0种	15.7**	16.1**	5.6**
	1种	19.3	21.7	7.6
	2种	23.2	26.5	10.6
	3种	34.1	38.0	14.8
户主受教育程度	文盲	21.5**	26.2**	10.3**
	小学和初中	20.3	21.6	7.7
	高中	14.9	17.0	6.0
	大学及以上	5.6	0.0	0.0
家庭规模	1人	23.0*	24.6**	9.0**
	2人	15.3	17.1	6.3
	3人	16.1	16.5	6.1
	4人及以上	38.7	25.0	—
家庭是否有成员残疾	是	26.0**	27.3**	10.2**
	否	16.7	19.0	6.9
家庭是否有住院病人	是	29.7**	31.0**	11.0**
	否	17.6	20.4	7.6

续表

变量		自付医疗费用/家庭支付能力	灾难性卫生支出发生率	因病致贫发生率
家庭所在地区	东部	17.8	20.8	7.8
	中部	20.8	22.6	8.4
	西部	18.5	21.5	7.5

注：＊代表 $P<0.05$，＊＊代表 $P<0.01$。

4. 不同家庭特征下，参保与未参保家庭卫生服务需求与利用情况对比

参保家庭的灾难性卫生支出和因病致贫发生率均高于未参保家庭，为分析其原因，我们利用不同特征分析了不同类型参保家庭的卫生服务需求、卫生服务利用情况和居民现金卫生支出情况，发现了两个结果，如表 3-9 所示。

表 3-9　不同参保类型下卫生服务利用情况

变量	参保				未参保			
	患病率/%	住院率/%	门诊率/%	居民现金卫生支出/元	患病率/%	住院率/%	门诊率/%	居民现金卫生支出/元
家庭规模 1 人	14.8	13.5*	20.1	310.46	16.9	12.3	16.2	330.35
家庭规模 2 人	15.0	12.4	20.5	332.16	16.2	13.3	17.7	421.50
家庭规模 3 人	14.6	14.2	22.8	343.22	8.0	11.8	15.7	392.24
家庭规模 4 人及以上	—	33.3	33.3	138.00	—	—	—	417.00
有 65 岁以上成员家庭	16.6**	15.3**	21.6*	321.13**	14.7	15.5	17.1	368.12
无 65 岁以上成员家庭	14.0	12.2	20.0	323.00	16.3	10.8	16.8	349.33
无慢性病家庭	13.11	11.1	19.1	306.69	14.8	11.7	16.2	319.49
患有 1 种慢性病家庭	15.7**	14.8**	21.3	322.50	16.6	13.5	17.6	342.64
患有 2 种慢性病家庭	15.8	13.8	21.6	343.78	16.7	13.8	17.6	500.61
患有 3 种慢性病家庭	16.9	15.6	20.5	409.75	17.6	9.5	11.7	310.44
无残疾患者家庭	13.6	12.3	20.2*	304.34	15.0	11.4	15.4	352.03
有残疾患者家庭	17.1**	14.9**	20.8*	349.58**	17.7	14.7	18.8	391.15
有住院患者家庭	23.4**	100.0**	34.5**	536.26**	27.3	100.0**	38.6**	467.06
无住院患者家庭	13.8	0.0	18.3	289.03	14.7	0.0	13.5	354.54

续表

变量	参保				未参保			
	患病率/%	住院率/%	门诊率/%	居民现金卫生支出/元	患病率/%	住院率/%	门诊率/%	居民现金卫生支出/元
文盲	15.5	13.1	20.2	276.49	16.0	17.0	16.5	406.03
小学和初中	14.6	13.4	20.6	317.94	16.8	10.3	16.2	356.10
高中	13.1	12.1	19.8	367.78	12.7	11.4	14.6	412.58
大学及以上	12.5	22.2	11.1	115.47	—	—	—	312.50
最贫困	14.6	13.3	20.7	58.38**	17.6	10.8	12.9	54.09**
较贫困	14.8	13.1	19.7	129.18	15.6	11.3	17.9	121.97
一般水平	14.5	12.4	20.7	216.97	14.9	11.5	14.3	192.09
较富裕	15.5	12.4	19.8	393.53	17.7	13.0	17.0	369.30
最富裕	14.8	15.3	21.3	1131.39	13.6	17.6	22.9	1158.42

注：*代表 $P<0.05$，**代表 $P<0.01$。

首先，结果显示，对于患有3种慢性病、有住院患者、家庭经济水平低于平均水平的家庭，医疗保险增加了居民对医疗服务的使用，同时增加了居民现金卫生支出。在有慢性病患者的家庭中，参保家庭的患病率（15.7%~16.9%）低于未参保家庭（16.6%~17.6%）。患有3种慢性病且有保险的家庭住院率最高（15.6%），比未参保的家庭高6.1个百分点。保险覆盖率的提高增加了医疗服务的利用率，患有3种慢性病的参保家庭的居民现金卫生支出是未参保家庭的1.3倍。然而，在患有1种或2种慢性病的家庭中，参保家庭的居民现金卫生支出却要比未参保家庭低很多。对于经济水平中等或低于平均水平的家庭，参保显著提高了其卫生服务利用率。其中，最贫困参保家庭门诊率（20.7%）比最贫困未参保家庭高出7.8个百分点，但参保家庭的居民现金卫生支出（58.38~216.97元）普遍高于未参保家庭（54.09~192.09元）。

其次，对于有残疾成员、户主为小学以下文化程度、家庭规模在2人以下的家庭，参保增加了他们对医疗服务的使用，却没有增加其居民现金卫生支出。在有残疾人的家庭中，参保家庭的患病率（17.1%）低于未参保家庭（17.7%），参保家庭的住院服务和门诊服务利用率都高于未参保家庭，特别是门诊率（20.8%），比未参保家庭高 2 个百分点。参加医疗保险降低了卫生服务利用的门槛，并为其提供了相应的经济保障，居民现金卫生支出比未参保家庭低 41.57 元。由此可以看出，在 2 人以下的家庭中，新农合保障了医疗卫生服务需求较低的参保家庭获得更高的医疗服务利用率，门诊率（20.1%）比未参保家庭高 3.9 个百分点。户主受教育程度较低的家庭也表现出同样的特点。从卫生服务利用情况来看，参保的文盲人口的居民现金卫生支出（276.49 元）远远低于未参保家庭（406.03 元）。在最富裕群体中，尽管未参保家庭的居民现金卫生支出（1158.42 元）高于参保家庭，但卫生服务利用率也更高。最富裕群体中未参保家庭住院率（17.6%）高于同组参保家庭，表明医疗费用会随着卫生服务可及性的提高而增加。

5. 不同参保类型下的灾难性卫生支出和因病致贫

考虑到不同的医保类型（见图 3-1），除了较贫困人群、未患慢性病和富裕（较富裕和最富裕）家庭，参保家庭的灾难性卫生支出和因病致贫发生率都高于未参保家庭。风险最高的 3 类参保家庭分别是患有 3 种慢性病（39.44%）、有住院患者（32.64%）、有 65 岁以上成员（30.9%）的情况。在患有 3 种慢性病的家庭中，参保家庭的灾难性卫生支出发生率比未参保家庭高 8.58 个百分点。在有住院患者的家庭中，参保家庭的灾难性卫生支出发生率是未参保家庭的 1.4 倍。在有 65 岁以上成员的家庭中，参保家庭的灾难性卫生支出发生率比未参保家庭高 2.82 个百分点。

然而，有 65 岁以上成员但未参保家庭的灾难性卫生支出发生率是有 2 种慢性病参保家庭的 1.2 倍。此外，对于较贫困家庭，无论是否参保，因病致贫发生率都很高（参保家庭为 22.97%，未参保家庭为 22.74%）。但值得注意的是，较贫困家庭的灾难性卫生支出发生率并非最高（23.93%、26.96%）。因病致贫的第二高发率出现在患有 3 种慢性病的家庭中，参保家庭为 15.08%，未参保家庭为 13.58%。有住院患者的参保家庭的因病致贫发生率（11.71%）比有住院病人未参保的家庭（7.95%）高 1.4 倍。如果户主受过大学教育，则灾难性卫生支出和因病致贫发生率均为 0。显然，灾难性卫生支出和因病致贫发生风险随着受教育程度的提高都有所下降。

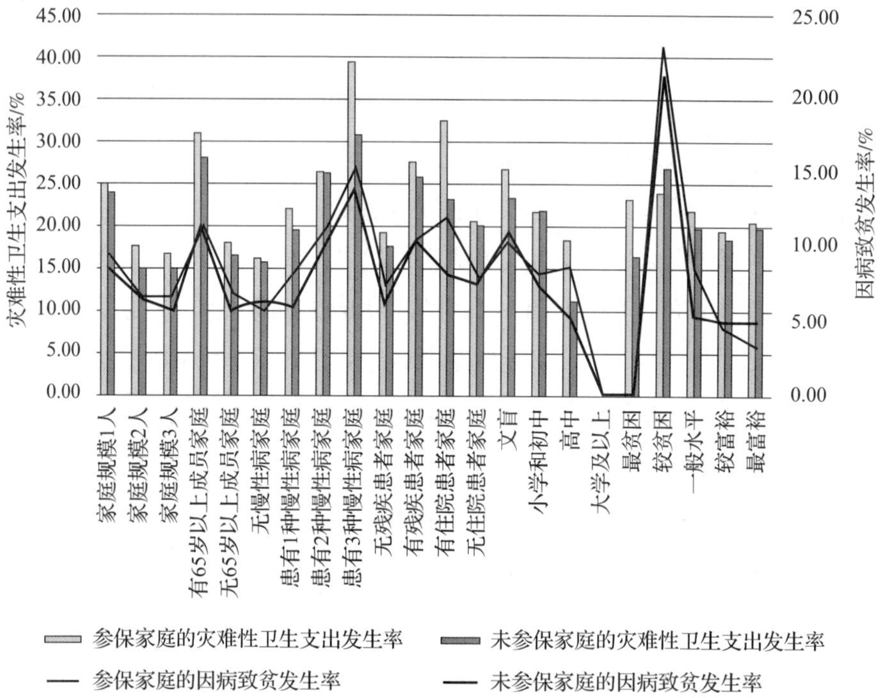

图 3-1　不同参保类型下灾难性卫生支出和因病致贫分布

资料来源：Wang N, Xu J, Ma M, et al. Targeting vulnerable groups of health poverty alleviation in rural China-what is the role of the new rural cooperative medical scheme for the middle age and elderly population? [J]. International Journal for Equity in Health, 2020, 19(1): 1-13.

6. 处理效应模型的结果

从处理效应模型的结果可以看出（见表 3-10），户主受教育程度、是否有住院患者、是否有 65 岁以上成员、是否有残疾成员、家庭规模、疾病类型以及是否参保，都是本研究中中老年人群发生家庭灾难性卫生支出的影响因素。其中，有住院患者、有 65 岁以上成员、有残疾成员和有慢性病成员是影响家庭灾难性卫生支出的最重要因素。在我国农村，中老年人收入似乎与灾难性卫生支出和因病致贫发生率无显著相关性。

表 3-10　处理效应模型的结果

变量	系数	标准误	Z 值	P 值
户主性别	0.0044	0.0137	0.32	0.74
户主的婚姻状况	−0.0003	0.0183	−0.02	0.98

续表

变量	系数	标准误	Z值	P值
家庭收入对数	0. 0124	0. 0160	0. 78	0. 43
户主受教育程度	-0. 0305	0. 0124	-2. 45	0. 01
住院病人	-0. 0722	0. 0350	-2. 00	0. 03
住院次数	0. 0435	0. 0217	2. 01	0. 04
地区	-0. 0119	0. 0086	-1. 38	0. 16
工作类型	0. 0045	0. 0032	1. 40	0. 16
有 65 岁以上成员家庭	-0. 0802	0. 0145	-5. 50	0. 00
家庭规模	-0. 0379	0. 0120	-3. 15	0. 00
慢性病的类型	0. 0553	0. 0072	7. 65	0. 00
有残疾成员的家庭	0. 0450	0. 0141	3. 19	0. 00
参保	0. 1558	0. 0686	2. 27	0. 02

随着户主受教育程度的提高，灾难性卫生支出发生风险下降了 3. 05%，说明户主受教育程度的提高可以辅助家庭抵御疾病经济负担。家庭中有住院患者使灾难性卫生支出发生风险增加了 7. 22%。家庭有 65 岁以上成员使灾难性卫生支出发生风险增加了 8. 02%。家庭规模越大，家庭发生灾难性卫生支出的可能性越小；家庭规模的扩大使灾难性卫生支出的发生风险降低了 3. 79%。家庭有残疾成员使灾难性卫生支出的发生风险增加了 4. 5%。然而，参保增加了灾难性卫生支出的发生风险，与未参保家庭相比，参保家庭的灾难性卫生支出发生风险增加了 15. 58%。

三、讨论

2010 年，全球有超过 8. 08 亿人发生了灾难性卫生支出，占全球人口的 11. 7%。2015 年的数据显示，我国农村中老年人灾难性卫生支出的总发生率为 21. 8%，因病致贫发生率为 8. 0%。其中，患有 3 种慢性病的家庭的灾难性卫生支出发生率为 38. 09%，因病致贫发生率为 14. 84%，高于我国城镇地区，且远远超过其他发展中国家的灾难性卫生支出发生率和因病致贫发生率。研究发现，参保家庭的因病致贫发生率远远高于未参保家庭，其中较贫困家庭的因病致贫发生率最高，达到22.97%。对于有残疾成员、户主为小学和初中文化程度与2人及以下人口的家庭而言，新农合降低了他们使用卫生服务的门槛，并减少了其现金卫生支出。然而，在某些方面，它仍然不能有效降低家庭陷入因病致贫的总体风险。因此，我们锁定了新农合的薄弱环节进行讨论。

1. 新农合对高卫生服务需求家庭的保障不足

新农合对卫生服务需求和利用高的家庭的报销率不够，特别是患3种慢性病和受教育程度低的家庭。慢性病治疗和住院带来了人们对医疗服务的高需求，导致这些家庭的卫生服务利用率提高。但与其他家庭相比，其支付能力较弱。虽然新农合降低了卫生服务利用的门槛，但没有有效控制医疗费用，反而增加了成员患有3种慢性病、有65岁以上老年人和住院患者家庭的经济负担，从而增加了他们陷入因病致贫的风险。这也意味着新农合只是扩大了覆盖面，但在费用报销和福利方案的设计上相对不足。有研究指出，新农合覆盖面的扩大伴随着住院服务利用率的提高，报销比例的上调难以适应医疗总费用和居民现金卫生支出的增长速度。

新农合对患有一两种慢性病的家庭保障效果更好，但对有多种慢性病叠加家庭的保护仍然不足。多种慢性病叠加家庭的灾难性卫生支出发生率是无慢性病家庭的2.64倍。中老年人群的生理脆弱性与多种慢性病耦合，再加上新农合倾斜设计不足，增加了这些弱势群体发生灾难性卫生支出的风险。一项研究表明，有老年成员和慢性病患者的家庭对卫生服务和卫生支出的需求更高。此外，还有研究表明，这种家庭所获保护不足更有可能发生因病致贫。

要真正通过新农合为我国农村中老年人提供经济保障，需要将政策覆盖面扩大到慢性病患者、住院患者和有65岁以上成员的高危家庭，提高报销比例并扩大福利包的覆盖面。此外，福利包设计不仅要考虑直接医疗费用，还应考虑因慢性病需要长期护理而造成的时间损失等间接医疗费用。

2. 新农合对社会经济属性脆弱家庭倾斜不足

新农合的设计并不倾向于照顾社会经济属性脆弱的群体，这也是支付能力低的残疾人或文盲家庭陷入因病致贫的原因之一。随着受教育程度的提高，家庭支付能力也会提高，从而使灾难性卫生支出发生率和因病致贫发生率降低。在户主受教育程度为大学及以上的家庭中，没有发生灾难性卫生支出或因病致贫的情况。由此可见，受教育程度高可以更好地规避贫困，这与现有的其他研究结论一致。同时，这也表明，与高文化水平的家庭相比，低文化水平的家庭发生灾难性卫生支出的风险更高。

与没有残疾成员的家庭相比，有残疾成员的家庭支付能力更弱，也更有可能发生灾难性卫生支出。并且，残疾人家庭的灾难性卫生支出发生率还高于未参保家庭。世界上6.5亿残疾人中，至少有5亿人处于贫困状态。此外，残疾属于一种较为复杂的脆弱特征，不仅影响个人，还会影响家庭，进而使个人和家庭的可支配收入都相应减少。因病致贫和灾难性卫生支出的发生风险都会随着家庭规模的增加而下降，说明成员较少的家庭在获得优质有效的卫生资源和社会保障福利方面能力有限，风险共济能力也相对较弱。同时，已有一系列研究证实，家庭规模大，意味着更多的家庭成员可以进入劳动力市场，从而获得更多的收入，这进一步降低了家庭陷入因病致贫的风险。但一旦户主失业，家庭抵抗疾病经济风险的能力就会下降，进而可能发生因病致贫。

3. 新农合需强化精确识别与锁定贫困人口特征的能力

根据以上内容可以看出，新农合经济保障能力的关键薄弱环节在于其并没有准确地识别和评估贫困人群的特征并将其纳入制度设计。健康扶贫是我国精准扶贫的重要领域，通过基本医疗保险、大病医疗保险、医疗救助自下而上的设计，层层保障，环环相扣，搭建了促进健康扶贫的制度性手段。然而，健康扶贫只是建立在对贫困人口的原始定义上，而忽略了其他潜在的贫困人口。基于经济水平来衡量贫困似乎是最常见的方式，但上述研究发现，农村贫困人口并不是唯一处于经济弱势的群体。当家庭附带有健康服务需求高、经济水平和受教育程度低以及互助风险低的特征时，就可能会因难以负担的医疗费用而由“非贫困”陷入贫困。精准定位贫困人口，对于新农合最大限度地发挥健康扶贫效果具有重要意义。下一阶段，医保政策需要更精确地定位易陷入因病致贫与多种慢性病共存的脆弱家庭，同时逐步提高报销额度，以确保给予慢性病患者更好的保障。

四、结论

健康扶贫是一项综合战略，需要将不同的医疗体系融合在一起，关键是要准确捕捉贫困人群的脆弱特征。我们的研究通过多维度分析，识别并定位弱势群体的特征，以期为精准扶贫提供方向。新农合作为基本医疗保险，必须在早期阶段精准、全面地识别贫困人口特征，全面覆盖因病致贫的弱势人群，并在基本医疗保险阶段将疾病的经济负担降到最小，以此降低人们因病致贫的风险。对于已陷入因病致贫且无力承担高额医疗费用的人群，应通过大病保险和医疗救助为其提供深入的保障。目前，医疗救助已经形成了一个识别贫困人群的总体框架，即经济弱势群体、有特殊需要者以及中老年人。然而，农村地区的中老年人可能会面临多种高风险因素耦合交互的情况。因此，医疗救助中对贫困的界定标准，仍需结合实际情况向更详细和准确的方向完善。然而，现有医保制度只关注低收入、特困和大病人群，对弱势人群的定义只是从单一的经济维度来衡量，导致有些承受慢性病和重大疾病负担的人群往往不符合医疗救助的基本条件，难以获得经济保护。

综上所述，在医保制度日益完善的进程中，不仅要关注贫困户和“五保户”，还要关注因年龄、受教育程度、家庭规模、慢性病、残疾、住院等因素而存在贫困风险的家庭。结合以上研究数据，户主为文盲的家庭、成员患有3种慢性病的家庭、有65岁以上成员的家庭、有住院病人的家庭、规模小的家庭都应纳入我国农村中老年人群医疗救助制度政策的重点帮扶对象。

第三节　大病人群灾难性卫生支出实证分析

重大疾病患者为治疗和长期康复支付了高额医疗卫生费用，成为灾难性卫生支出和因病致贫的高危人群。为帮助此类人群减轻疾病经济负担，我国于2012年正式建立了城乡居民大病保险制度。本节便以大病人群为主体进行实证分析，以期探究此类人群疾病负担的主要影响因素，进而为医保制度实现多维度精准干预，阻断大病人群致贫风险提供参考。

一、数据来源、变量选取和研究方法

1. 数据来源

本研究的数据来源为2018年CHARLS数据库，2018年该数据库调查的受访人数为19817人。本部分内容基于理论研究选取大病人群，综合利用数据库中研究对象基本信息、健康状况和功能、医疗保健和保险情况、卫生服务需求与利用情况、医疗卫生费用、灾难性卫生支出与因病致贫的影响因素分析等信息，根据数据库中个人编码，确定编码尾数“01”的为户主（主要受访者），整合户主的家庭信息，形成以户主为核心、家庭（户）为样本最小单位的家庭信息数据库。进一步清理包含缺失值的样本，最终得到容量为9190户家庭的样本数据库。

2. 变量选取

本研究主要纳入以下变量。卫生服务需求因素：多种慢性病（心血管、癌症等）、参保类型；经济因素：经济水平分组；地域因素：东部、中部、西部地区；居民受益结果性指标：因病致贫、实际补偿比、住院门诊服务利用情况。

3. 研究方法

研究使用广义矩估计（generalized method of moments，GMM）模型和工具变量法对大病人群灾难性卫生支出的影响因素进行研究。

GMM为参数估计的一种原理。1982年，汉森提出关于GMM的一般表述，其最大优点是仅需要一些矩条件而不是整个密度。传统的统计方法，如最小二乘法或极大似然法都有其局限性，即参数估计量必须满足某些假设才能得到可靠的估计量，如模型随机误差是否满足正态分布等。而GMM不需要知道随机误差项的准确分布信息，允许随机误差项存在异方差和序列相关，得到的参数估计量比其他参数估计方法更有效，因此在模型参数估计中得到广泛应用。

由于医疗保险与灾难性卫生支出之间存在联立因果关系，结合以往的研究，在本研究的数据库中，我们选择区域参保率作为内生变量。使用DWH检验进一步检验该变量（因为数据具有异方差性 $P=0.000<0.05$），结果 $P=$

0.000<0.05，说明区域参保率这一变量确实具有内生性。之后，本研究使用了与上一节内容相同的3个步骤进一步筛选了强工具变量，即过度识别检验、F检验以及工具变量冗余检验。最后，确定“城乡”与“自评是否健康”作为有效的工具变量进入广义矩估计模型（详细检验结果见表3-11）。

表3-11 有效性检验与相关性检验结果

内生变量	DWH检验	工具变量	过度识别检验	F检验	冗余检验
区域参保率	Chi2(1)=24.8238 (P=0.000<0.05)**	城乡	Chi2(1)=2.97715 (P=0.0844>0.05)	F=26.7876>10	Chi-sq(1)=0.0000**
		自评是否健康			Chi-sq(1)=0.0005**

注：①DWH检验H_0：所有解释变量均为外生。②过度识别检验H_0：所有工具变量都是外生的。③冗余检验H_0：指定的工具变量是冗余的。** 代表P<0.05。

二、结果

1. 调查对象的基本情况

基于世界卫生组织针对灾难性卫生支出的算法所需变量，以及对大病人群疾病经济负担影响因素的探究，对2018年CHARLS数据库进行数据清理和合并，最终得到有效家庭样本9190户。样本中，大病的总体发生率为19.28%，54.10%的家庭户主为女性，大多数户主的受教育程度为小学（42.75%），初中及以上次之（34.18%），96.88%的居民参加了医疗保险，未参加保险的仅占3.12%，83.98%的家庭规模为2~3人，患慢性病的家庭占比达到44.59%，具体情况见表3-12。

表3-12 调查对象家庭特征基本情况

基本情况		频数	构成比/%
是否发生大病	是	1772	19.28
	否	7418	80.72
户主性别	男	4219	45.90
	女	4971	54.10
户主受教育程度	文盲	2120	23.07
	小学	3929	42.75
	初中及以上	3141	34.18

续表

基本情况		频数	构成比/%
婚姻状况	配偶在世（包括离异）	7549	82.14
	配偶离世（包括未婚）	1641	17.86
家庭规模	1人	1075	11.70
	2~3人	7718	83.98
	>3人	397	4.32
是否参保	否	287	3.12
	是	8903	96.88
家中是否有65岁以上老人	否	5123	55.75
	是	4067	44.25
家庭是否有残疾人	否	7383	80.34
	是	1807	19.67
患有几种慢性病	无	5092	55.41
	1种	2519	27.41
	≥2种	1579	17.18
过去一个月是否门诊	否	7633	83.06
	是	1557	16.94
过去一年是否住院	否	7642	83.16
	是	1548	16.84
总计		9190	100.00

2. 不同家庭特征的疾病经济负担分析

由表3-13可知，调查样本中超过一半人患慢性病（54.26%），整体住院率为33.93%，住院报销比例为46.54%，门诊率为27.40%，门诊报销比例为27.75%。进一步汇总不同家庭特征人群发现，该样本人群具有以下脆弱性特征：高卫生服务需求、高卫生服务利用、低报销比。数据趋势显示，家庭规模较小（1人）、残疾、患有慢性病和西部地区人群的卫生服务需求和利用相对更高。其中，首先，卫生服务需求最高的是残疾群体，慢性病患病率高出未残疾人群13.81个百分点，进而引发了较高的卫生服务利用，无论是住院率（43.88%）还是门诊率（31.83%）均高于后者（31.81%、26.45%）。但就住院报销比例来看，残疾群体却低于未残疾群体 3.58 个百分点。其次，只有 1 名成员的家庭的卫生服务需求和利用均高于 2~3 人家庭，但门诊报销比例却低 7.36 个百分点。患有慢性病的人群的住院报销比例和门诊报销比例呈现“双低”的趋势，慢性病患者住院率是没有慢性病人群的 1.78 倍，但其住院报销比例却低于后者 2.66 个百分点，门诊也是如此。

表 3-13　卫生服务需求、利用、补偿基本情况　　单位：%

基本情况		慢性病患病率	住院率	门诊率	住院报销比例	门诊报销比例
整体		54.26	33.93	27.40	46.54	27.75
户主受教育程度	文盲	55.69	34.04	26.23	48.25	38.33
	小学	55.26	34.49	26.88	43.75	22.18
	初中及以上	50.81	32.79	29.66	49.44	27.07
家庭规模	1=1 人	58.20	42.62	32.79	43.81	20.44
	2=2~3 人	54.17	33.31	26.94	46.84	27.80
	3=3 人以上	46.88	30.21	27.08	41.54	39.49
家庭经济分组	最贫困	50.29	24.19	20.38	75.38	43.96
	较贫困	53.21	32.07	23.91	54.84	31.10
	一般水平	54.85	36.16	27.69	53.04	38.80
	较富裕	56.10	37.34	31.69	53.01	28.18
	最富裕	57.31	40.94	34.21	41.68	25.96
是否参保	否	43.94	22.73	28.79	—	—
	是	54.48	34.17	27.37	46.91	27.87
家中是否有65 岁以上老人	否	51.37	28.60	29.29	42.75	23.97
	是	56.32	37.73	26.05	48.82	32.58
家庭是否有残疾人	否	51.84	31.81	26.45	47.41	27.01
	是	65.65	43.88	31.83	43.83	30.04
是否患有慢性病	否	—	23.88	22.02	48.69	35.03
	是	—	42.41	31.94	46.03	23.89
过去一个月是否门诊	否	50.87	31.17	—	49.24	—
	是	63.25	41.24	—	40.33	27.85

续表

基本情况		慢性病患病率	住院率	门诊率	住院报销比例	门诊报销比例
过去一年是否住院	否	47.30	—	24.37	—	25.85
	是	67.81	—	33.30	46.54	29.79
家庭所在区域	东部	52.39	30.09	25.87	42.90	33.58
	中部	55.31	34.66	25.42	54.87	22.24
	西部	55.18	37.16	30.81	41.95	25.91

我国医疗保障制度在初中以上文化水平、最贫困组、65 岁以上老人和中部地区实现了较好的保护效果，上述人群相较而言卫生服务的利用较低，但报销比例却更高。以最贫困家庭为例，其住院率较最富裕群体低 16.75 个百分点，门诊率低 13.83 个百分点，但住院报销率却达到 75.38%，高于最富裕群体的 41.68%，高出整体 28.84 个百分点，可以看出，大病人群中最贫困群体得到了较好的保护。进一步对家庭的卫生支出负担进行分析，结果显示（见表 3-14），大病家庭整体卫生支出负担为 70.13%，因病致贫发生率为 24.89%，大病人群中卫生支出负担最为沉重的是未参加保险的群体，可见我国医疗保障制度在缓解大病人群卫生支出负担方面发挥了应有的制度作用。进一步对家庭特征进行锁定，发现：

社会经济地位较低的人群卫生支出负担沉重。相较于初中及以上文化水平的群体，文盲人群卫生支出负担增加 4.41 个百分点，因病致贫发生率（31.11%）是前者的 1.77 倍。家庭中有 65 岁及以上成员的卫生支出负担为 72.58%，高出整体平均水平 2.45 个百分点，高出没有 65 岁以上成员家庭 4.89 个百分点，因病致贫发生率为 26.48%。残疾家庭的卫生支出负担同样沉重，有残疾成员家庭的卫生支出负担高出没有残疾成员家庭 2.71 个百分点，因病致贫发生率也更高（25.10%）。大病家庭中患有多种慢性病显著增加了家庭卫生支出负担（1.62 个百分点）。

出乎意料的是，在经济五分组中，最贫困家庭的卫生支出负担并不是最沉重的，最富裕家庭和较富裕家庭的卫生支出负担更加沉重，但最贫困家庭因病致贫发生率是最富裕家庭的 3.04 倍，较贫困家庭因病致贫发生率最高，达到

56.10%，高出整体平均水平31.21个百分点。在对东部、中部、西部三个地域进行分析的过程中发现，中部地区因病致贫发生率高出东部地区4.57个百分点。

表3-14 不同大病家庭特征疾病经济负担现状

基本情况		个人卫生现金支付/元	家庭支付能力/元	自付费用与家庭支付能力的比例/%	因病致贫发生率/%
整体		2541.13	3623.59	70.13	24.89
户主受教育水平	文盲	1983.98	2713.92	73.10	31.11
	小学	2349.91	3371.25	69.70	24.60
	初中及以上	3606.21	5249.73	68.69	17.56
家庭规模	1=1人	1469.03	2088.01	70.36	20.08
	2=2~3人	2699.67	3824.59	70.59	2.57
	3=3人以上	3078.76	5149.18	59.79	21.57
家庭经济分组	最贫困	302.61	502.28	60.25	24.81
	较贫困	691.30	1150.26	60.10	56.10
	一般水平	1169.34	1871.77	62.47	20.32
	较富裕	2218.27	3475.38	63.83	10.96
	最富裕	8111.48	10910.71	74.34	8.16
是否参保	否	3441.78	4465.64	77.07	28.95
	是	2521.39	3605.14	69.94	24.80
家中是否有65岁以上老人	否	3083.70	4555.35	67.69	22.49
	是	2180.94	3005.04	72.58	26.48
家庭是否有残疾人	否	2420.00	3491.23	69.32	24.81
	是	2865.29	3977.84	72.03	25.10
患有几种慢性病	无	2560.67	3635.04	70.44	25.71
	1种	2120.23	3071.47	69.03	26.22
	2种及以上	3065.34	4338.83	70.65	21.50
过去一个月是否门诊	否	2304.89	3263.54	70.63	25.95
	是	3128.93	4519.48	69.23	22.24

续表

基本情况		个人卫生现金支付/元	家庭支付能力/元	自付费用与家庭支付能力的比例/%	因病致贫发生率/%
过去一年是否住院	否	2465.06	3510.64	70.22	24.57
	是	2688.22	3842.02	69.97	25.50
家庭所在区域	东部	2428.66	3437.29	70.66	22.88
	中部	2654.13	3806.01	69.74	27.45
	西部	2550.20	3643.09	70.00	24.54

3. 不同医保类型疾病经济负担分布情况

由表3-14可知，参加医疗保险缓解了居民卫生支出负担，因病致贫发生率也相应下降。对不同类型保险的保护力度进行分析发现（见表3-15），城镇职工医疗保险的卫生支出负担并不是最低的（69.07%），但其因病致贫发生率最低（9.83%），低于第二位城镇居民医疗保险（19.67%）9.84个百分点。城乡居民医疗保险卫生支出负担最为沉重，为73.42%。因病致贫发生率最高的是新农合，达到28.21%，高出整体人群3.32个百分点。

表3-15　不同保险卫生负担现状

医保类型	个人卫生现金支付/元	家庭支付能力/元	卫生支出负担/%	因病致贫发生率/%
城镇职工	4235.56	6132.53	69.07	9.83
城乡居民	2551.02	3474.44	73.42	20.73
城镇居民	3244.78	5556.24	58.40	19.67
新农合	2229.61	3159.93	70.56	28.21
其他	3156.94	4374.54	72.17	23.19

对不同保险的前五大负担因素进行测算发现，高卫生服务需求利用人群卫生支出负担沉重（见表3-16）。对不同医保制度下卫生支出负担特征进行深度分析发现，城镇职工基本医疗保险卫生支出负担最沉重的分别是残疾人、65岁以上家庭成员、最富裕家庭、糖尿病患者以及癌症患者，其中残疾人卫生支出负担最为沉重（75.68%）。城乡居民医疗保险制度卫生支出负担的前五位影响因素为癌症患者、住院患者、发生门诊、慢性呼吸道系统疾病患者、残疾群

体，其中癌症患者的卫生支出负担（98.33%）高出残疾群体31.01个百分点。城镇居民医保对大病群体的保护力度较好，前五位卫生支出负担均不超过70%，即便是卫生支出负担最沉重的心血管患者也低于其他保险制度排名末位的因素。新型农村合作医疗制度对癌症患者（77.19%）、最富裕群体（75.02%）、65岁以上家庭成员（73.88%）、残疾人（71.94%）、心血管疾病患者（69.57%）的保护力度最弱。

表3-16　不同保险维度下大病家庭前五位卫生支出负担

基本情况		个人卫生现金支付/元	家庭支付能力/元	自付费用与家庭支付能力的比例/%
城镇职工医保前五位	残疾	6568.40	8679.42	75.68
	65岁以上老人	4957.22	6772.77	73.19
	最富裕组	8760.15	12078.69	72.53
	患糖尿病	4080.73	5687.96	71.74
	患癌症	6156.25	8594.95	71.63
城乡居民医保前五位	患癌症	26366.67	26815.58	98.33
	使用住院服务	3679.49	4628.94	79.49
	使用门诊服务	4838.26	6121.13	79.04
	患慢性呼吸道系统疾病	2430.46	3568.83	68.10
	残疾	2099.57	3119.00	67.32
城镇居民医保前五位	患心血管疾病	2864.58	4290.60	66.76
	残疾	2148.44	3221.65	66.69
	65岁以上老人	1743.33	2741.65	63.59
	使用住院服务	2400.07	3825.59	62.74
	较贫困组	726.33	1162.96	62.46
新农合前五位	患癌症	6848.29	8872.40	77.19
	最富裕组	7611.13	10145.25	75.02
	65岁以上老人	1833.33	2481.53	73.88
	残疾	2531.33	3518.60	71.94
	患心血管疾病	2211.66	3179.02	69.57

续表

基本情况		个人卫生现金支付/元	家庭支付能力/元	自付费用与家庭支付能力的比例/%
其他前五位	最富裕组	8538.33	11171.44	76.43
	患心血管疾病	2335.71	3141.30	74.35
	65岁以上老人	3561.56	4819.00	73.91
	使用门诊服务	2854.55	3900.67	73.18
	残疾	2370.83	3544.49	66.89

从上述数据还可以发现，虽然医疗保障制度为大病家庭提供了一定程度的保护，但是个人现金卫生支出和卫生支出负担仍不容小觑。对前五位因素进行总结与横向对比不难发现，容易发生高卫生服务需求和利用的群体，卫生支出负担沉重，如残疾、老龄、患慢性病的群体均为卫生服务需求利用高敏感人群，同时也是卫生负担沉重的群体。

研究表明，较贫困家庭处境堪忧。继续对不同医保制度下大病家庭因病致贫前五位因素进行分析发现（见图3-2），除城镇职工基本医疗保险外，较贫困家庭均为因病致贫发生率最高的群体，发生率最高的为其他保险制度（73.33%），其次为新型农村合作医疗制度（60.00%），高于城镇职工医疗保险排名首位的最贫困家庭（57.14%）。除去较贫困家庭，高卫生服务需求利用的易感人群仍是因病致贫的高发人群。不难看出，各保险制度前五位因素中多为慢性病患者、老龄、残疾等脆弱群体，且因病致贫发生率均在20%左右。城乡居民医疗保险除较贫困家庭外，前两位因素包括心血管疾病（24.39%）和老龄群体（22.82%）。新型农村合作医疗制度除较贫困家庭外，前四位因素中最高的为老年群体（30.79%）。不难看出，较贫困家庭和高卫生服务需求利用易感人群仍为大病人群中需要高度关注的群体。

4. GMM模型大病人群影响因素分析

通过工具变量的一系列相关性检验，最终将“城乡”和“自评是否健康”作为模型的有效工具变量，将其与各维度变量一并纳入GMM模型中进行影响因素分析。数据显示，参保率每升高1%，大病的发生率便降低6.10%（见表3-17）。

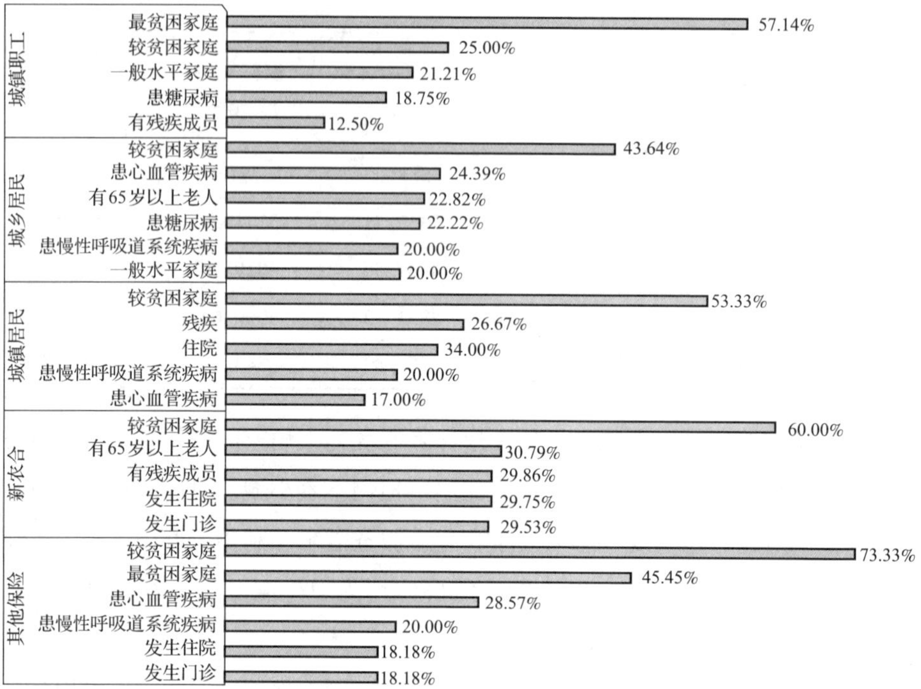

图 3-2　不同医保制度中因病致贫风险前五位因素分析

表 3-17　模型估计结果

变量		OLS	2SLS	LIML	GMM
省份参保率		0.000 (0.001)	−0.061*** (0.014)	−0.064*** (0.015)	−0.061*** (0.015)
户主参保类型	城乡居民	对照组			
	城镇职工	−0.086*** (0.015)	−0.056*** (0.019)	−0.054*** (0.019)	−0.055*** (0.019)
	城镇居民	−0.059*** (0.020)	−0.054** (0.023)	−0.054** (0.024)	−0.053** (0.023)
	新农合	−0.008 (0.012)	−0.023 (0.016)	−0.024 (0.016)	−0.023 (0.016)
	其他	−0.067*** (0.020)	−0.329*** (0.068)	−0.342*** (0.073)	−0.325*** (0.068)
户主是否患有心血管疾病		0.040** (0.016)	0.041** (0.019)	0.041** (0.020)	0.041** (0.019)

续表

变量		OLS	2SLS	LIML	GMM
户主是否患有慢性呼吸系统疾病		0. 018 (0. 020)	-0. 006 (0. 024)	-0. 007 (0. 025)	-0. 007 (0. 024)
户主是否患有癌症		0. 142*** (0. 041)	0. 099** (0. 047)	0. 097** (0. 048)	0. 097** (0. 047)
户主是否患有糖尿病		0. 026 (0. 021)	0. 051** (0. 025)	0. 052** (0. 026)	0. 051** (0. 025)
户主婚姻状况		0. 108*** (0. 013)	0. 150*** (0. 020)	0. 152*** (0. 021)	0. 149*** (0. 020)
户主患多种慢性病		-0. 002 (0. 006)	-0. 001 (0. 007)	-0. 001 (0. 007)	-0. 001 (0. 007)
户主年龄		0. 004*** (0. 001)	0. 005*** (0. 001)	0. 005*** (0. 001)	0. 005*** (0. 001)
家中是否有残疾成员		0. 045*** (0. 011)	0. 039*** (0. 013)	0. 038*** (0. 014)	0. 039*** (0. 013)
家庭规模	1 人	对照组			
	2~3 人	-0. 057*** (0. 015)	-0. 084*** (0. 020)	-0. 086*** (0. 020)	-0. 084*** (0. 020)
	3 人以上	-0. 072*** (0. 022)	-0. 164*** (0. 038)	-0. 169*** (0. 040)	-0. 166*** (0. 038)
家中是否有 65 岁以上老人		0. 033** (0. 014)	0. 033** (0. 017)	0. 033* (0. 017)	0. 033** (0. 017)
户主过去一个月是否门诊		0. 131*** (0. 012)	0. 115*** (0. 016)	0. 115*** (0. 016)	0. 115*** (0. 016)
户主过去一年是否住院		0. 187*** (0. 013)	0. 192*** (0. 016)	0. 192*** (0. 016)	0. 192*** (0. 016)
户主受教育水平	文盲	对照组			
	小学	-0. 021* (0. 011)	-0. 004 (0. 015)	-0. 003 (0. 015)	-0. 004 (0. 015)
	初中及以上	-0. 046*** (0. 012)	0. 007 (0. 020)	0. 01 (0. 021)	0. 007 (0. 020)

续表

变量		OLS	2SLS	LIML	GMM
家庭经济水平	最贫困	对照组			
	较贫困	0.004 (0.013)	−0.004 (0.016)	−0.004 (0.016)	−0.003 (0.016)
	一般水平	−0.019 (0.013)	−0.041** (0.016)	−0.043*** (0.016)	−0.041** (0.016)
	较富裕	−0.027** (0.013)	−0.040** (0.016)	−0.041** (0.016)	−0.040** (0.016)
	最富裕	0.015 (0.014)	0.007 (0.016)	0.007 (0.017)	0.008 (0.016)
N		9190	9190	9190	9190

注：* 代表 $P<0.5$，** 代表 $P<0.10$，*** 代表 $P<0.05$。括号内数值为标准误。

进一步根据不同特征进行分析发现，首先是社会经济特征低下群体，包括老年人群体、残疾群体、家庭规模较小的群体等。在这部分群体中，残疾和家庭中有 65 岁以上老人会显著增加家庭大病风险，其中残疾导致大病发生率增加 3.9%，后者会导致增加 3.3%；对比 1 人家庭，家庭人数越多，发生大病的风险越低，3 人以上家庭 1%水平下大病风险将降低 16.60%。其次是对卫生服务需求利用的易感人群，包括各种慢性病患者以及门诊住院利用者等。慢性非传染性疾病的发生导致大病发生率随之增加，其中，癌症是导致大病发生率最高的疾病，即癌症患病率提高 1%，大病发生率相应增加 9.7%；糖尿病导致大病发生率增加 5.1%；心血管疾病也会导致大病发生率增加 4.1%。门诊和住院服务利用的增多也会增加大病的风险。数据显示，门诊、住院每上升 1%会分别导致大病风险增加 11.50%和 19.20%。

对户主参保类型进行分析发现，以城乡居民整合医疗保障制度作为对照组，城镇职工、城镇居民参保率每上升 1%，大病的发生率分别降低 5.50%、5.30%，可以看出，城镇职工医保对大病人群的保护力度相对更强，新农合则无显著意义。对家庭经济五分组进行对比发现，以最贫困家庭为对照组，一般水平和较富裕家庭的大病发生率均有所降低，两者都在 4%左右，对最富裕家庭无显著意义。

三、讨论

2017 年大病医保制度实现全民覆盖的制度目标，在减轻居民疾病经济负担、降低居民卫生服务利用门槛方面卓有成效。但在时代背景特征改变、居民卫生服务利用重点改变、政策诉求转变的前提条件下，大病医保制度却没有很好地因时而变、随事而制，无法精准锁定脆弱人群，隐形群体难以被重视，在对整体大病人群实现保护的基础上，难以精准覆盖上述边缘脆弱群体卫生服务需求利用的差异性。对我国大病人群进行多维度、全方位的三维立体式扫描发现，我国大病脆弱人群特征如下：

1. 社会经济属性脆弱群体

多种慢性病叠加家庭的因病致贫发生率高出未患慢性病家庭 4.21 个百分点，卫生支出负担也相对更高。残疾群体、65 岁以上与文化水平较低的群体难以进一步获得健康权利，一旦发生大病极易陷入健康贫困的陷阱。以残疾群体为例，残疾群体卫生支出负担为 72.03%，因病致贫发生率达到 25.10%，远高于未发生残疾家庭（69.32%、24.81%）。同时，在城镇职工医疗保险前五位卫生支出负担分析中，残疾群体负担最为沉重，高出末尾因素 8.21 个百分点。同样，研究证实，即便是在高收入国家，长期慢性病患者或社会经济地位较低的群体，卫生支出负担也很沉重。

2. 卫生服务需求利用易感群体

大病群体中罹患癌症、心血管疾病、慢性呼吸道疾病等卫生服务需求与利用的易感人群，卫生支出负担尤为沉重，因病致贫发生率也相对更高。以癌症为例，城乡居民医保中癌症患者个人现金卫生支出高达 26366.67 元，新农合医保中，癌症患者卫生支出负担也位于首位，GMM 模型结果显示，癌症导致大病发生风险增加 39.7%。显然，随着卫生服务利用率的提高，家庭卫生支出负担越发沉重。无论是城镇职工医保，还是城乡居民医保，抑或城镇居民医保，在卫生支出负担测算中，门诊率、住院率均处于前五位。数据测算同样显示，门诊率、住院率每上升 1%，会导致大病风险分别增加 11.50%和 19.20%。同样，研究证实，无论何种经济水平或保险类型，多种慢性病共患显著提高了卫生费用，这也与门诊率、住院率提高有关。由此可见，我国大病人群中的慢性非传染性疾病患者，因其生理脆弱性而对卫生服务需求利用高度敏感，在大病医保制度难以对其实现制度倾斜的情况下，较高的自付费用导致的家庭卫生支出负担将使其难以承受。

因此，针对我国大病人群中卫生服务需求利用的易感人群，要想真正发挥大病医保制度的经济保护作用，必须对癌症患者、心血管疾病患者、慢性呼吸道疾病患者以及门诊住院病人等高卫生服务需求人群给予进一步的政策倾斜，提高报销比例，扩大卫生福利包的覆盖范围，不仅对直接医疗费用进行风险共济，还应考虑对因慢性病长期照顾而产生的误工费等间接医疗费用进行一定程度的补偿。

3. 大病人群仍是难以得到重视的隐形群体

我国大病保险制度在设计之初，对大病的界定采取高额医疗费用的形式，以个人年度累计负担的合规医疗费用是否超过该地上一年度人均可支配收入为测算依据。此外，对于重点贫困人群，大病保险实行制度倾斜，起付线降低一半，逐步取消封顶线以及提高报销比例等。此举措全面解决了贫困人口难以负担高额医疗费用的窘境。但相比之下，另一部分群体——较贫困家庭却陷入了尴尬的境地。该部分家庭既难以触摸大病保险起付线又无法达到贫困人口标准，当自付费用过高时，极易陷入因病致贫的窘境。数据显示，较贫困家庭因病致贫发生率达到56.10%，高出最贫困家庭31.29个百分点，相当于最富裕家庭的6.88倍。如此沉重的家庭卫生支出负担极易使较贫困家庭陷入“贫困—疾病”陷阱，如此往复只会导致我国贫困人口不断增多。较贫困人口能否真正脱离因病致贫，不单是大病医保政策的努力方向，也关乎我国巩固脱贫攻坚成果、建立解决相对贫困长效机制的政策诉求。

还有对家庭规模较小群体的忽视。数据显示，家庭规模与大病发生率成反比，也就是说，家庭规模越大，越不容易发生大病。GMM模型数据显示，相较于最小家庭规模，2~3人家庭大病发生率明显降低8.4%，而3人以上则会使大病发生率降低一半。相关研究显示，家庭规模关系到家庭中进入劳动市场的人数，进入劳动市场人数越多，致贫的风险越低，而一旦失去进入劳动市场的机会，就会延长贫困时间，加快贫困速度。由此可见，家庭成员越多，家庭风险共济能力越强，抵挡大病风险的能力越强，家庭陷入贫困的风险越低。

四、结论

在理论研究回答“大病医保保什么”的基础上，结合 GMM 和工具变量法，利用 2018 年 CHARLS 数据库，从家庭、疾病等多维度视角综合测评，以锁定影响大病家庭卫生支出负担的敏感因素及脆弱人群。不难发现，我国中老年大病群体个人自付为 2541. 13 元，家庭卫生支出负担达到 70. 13%，因病致贫发生率为 24. 89%，参加医疗保险在一定程度上降低了大病人群卫生支出负担和因病致贫发生率。进一步分析发现，大病人群中的弱势群体仍然是因病致贫的高发人群，对一部分群体的忽视加剧了消除相对贫困的难度，医保制度保护力度精准性不足；老龄化社会叠加多种慢性病的冲击，卫生服务需求利用的高发降低了家庭风险共济性，医保制度全民覆盖的红利被冲散；区域间因病致贫发生率并无空间规律，因此地区的经济实力并不是该地区中老年群体因病致贫的主要风险因素。

第四节　慢性病人群灾难性卫生支出实证分析

现阶段，我国医保制度已初步实现了针对大部分人群发挥普适性风险抵御效果的预期目标，降低了居民使用卫生服务的门槛及医疗费用负担。在此基础上，下一阶段医保制度完善的重点需有所倾斜，聚焦普适性福利方案未能识别的脆弱群体，并落实脆弱属性筛选机制，实现制度优化目标。在前述内容中，我们完成了对全人群、农村中老年人群以及大病人群发生灾难性卫生支出的影响因素探讨。在各层级人群多维特征捕捉过程中均发现，慢性病是每一群体分析中都筛选出的脆弱特征与风险因素。慢性病的疾病经济负担不同于大病，并非短期内遭受的高额费用，而是迁延不愈的漫长病程带来的累积医疗费用。本节将从慢性病入手，由多种慢性病过渡到具有代表性的特定病种，以此来分析慢性病人群发生灾难性卫生支出的影响因素。

一、五大高病死率慢性病患者的灾难性卫生支出测度研究

1. 数据来源、变量选取及研究方法

（1）数据来源

本研究中使用的数据来源于 2018 年 CHARLS 数据库。我们以“医生是否曾告诉你患有以下慢性病?”为标准来选择慢性病样本人群。这个问题包含 14 个子问题，包括高血压、血脂异常、糖尿病、恶性肿瘤、慢性肺病、肝病、心脏病、中风、肾病、胃病或其他消化道疾病、情绪和精神问题、记忆相关疾病、关节炎或风湿病、哮喘。如果个人对 14 个小问题中的任何一个回答“是”，则被认为患病，如果对所有 14 个问题回答“否”，则被认为未患病。最后，根据家庭 ID，对患有慢性病的个人进行了汇总，结果有 4097 户家庭有慢性病成员。

（2）变量选取

研究聚焦 2019 年 WHO 提出的全球前十大死因中的 5 种慢性病——心脏病、中风、慢性肺部疾病、恶性肿瘤以及糖尿病。根据文献计量分析和专家组讨论的结果，解释变量包括以下内容：①社会人口学因素，包括户主的年龄、性别、婚姻状况、受教育程度，家庭主要居住地（城市或农村），区域，家庭经济水平（根据样本户的人均家庭支出进行排序，并分为五等份），家庭规模以及户主是否参加劳动。②卫生服务需求和利用因素，包括户主自评健康状况、户主在过去一个月中是否有门诊就诊、在过去一年中是否使用过住院服务、家庭是否有残疾成员、家庭中是否有 65 岁以上的老人等。③社会保障公平因素，即户主参加医疗保险的情况，包括城镇职工医保、城镇居民医保、新农合、城乡居民整合医保以及其他医保或未参保。具体的变量描述见表 3-18。

（3）研究方法

本研究采用二元逻辑回归模型来分析灾难性卫生支出的影响因素。根据逻辑回归结果，结合对数据库的描述性分析，可以初步识别出中老年慢性病人群中灾难性卫生支出发生高发人群的脆弱性特征，可为医保体系的完善提供参考。

表 3-18 变量选取与描述

<table>
<tr><th colspan="3">变量</th><th>描述</th></tr>
<tr><td colspan="2">因变量</td><td>灾难性卫生支出</td><td>0=家庭未发生灾难性卫生支出；
1=家庭发生灾难性卫生支出</td></tr>
<tr><td rowspan="23">自变量</td><td rowspan="9">社会人口学因素</td><td>户主性别</td><td>1=女性；2=男性</td></tr>
<tr><td>户主年龄</td><td>数值变量</td></tr>
<tr><td>户主婚姻状况</td><td>1=单身（包括离婚、丧偶和未婚）；2=已婚</td></tr>
<tr><td>家庭主要居住地</td><td>1=农村；2=城镇</td></tr>
<tr><td>户主受教育程度</td><td>1=文盲；2=小学；3=初中及以上</td></tr>
<tr><td>家庭规模</td><td>1=1 人；2=2 人；3=3 人及以上</td></tr>
<tr><td>区域</td><td>1=东部；2=中部；3=西部</td></tr>
<tr><td>家庭经济水平</td><td>1=最贫困；2=较贫困；3=一般水平；4=较富裕；5=最富裕</td></tr>
<tr><td>户主是否参加劳动</td><td>0=否；1=是</td></tr>
<tr><td>社会保障公平因素</td><td>户主参保类型</td><td>1=城乡居民整合医保；2=城镇职工医疗保险；
3=新型农村合作医疗；4=城镇居民医疗保险；
5=其他医疗保险（包括未参保）</td></tr>
<tr><td rowspan="13">卫生服务需求和利用因素</td><td>户主自评健康状况</td><td>1=健康水平良好；2=健康水平不好</td></tr>
<tr><td>户主过去一个月是否利用过门诊服务</td><td>0=否；1=是</td></tr>
<tr><td>户主过去一年是否利用过住院服务</td><td>0=否；1=是</td></tr>
<tr><td>家庭是否有残疾成员</td><td>0=否；1=是</td></tr>
<tr><td>家庭是否有65 岁以上成员</td><td>0=否；1=是</td></tr>
<tr><td>患慢性病种数</td><td>1=患有 1 种慢病；2=患有 1 种以上慢病</td></tr>
<tr><td>心脏病</td><td>0=未患此病；1=患有此病</td></tr>
<tr><td>中风</td><td>0=未患此病；1=患有此病</td></tr>
<tr><td>恶性肿瘤</td><td>0=未患此病；1=患有此病</td></tr>
<tr><td>慢性肺病</td><td>0=未患此病；1=患有此病</td></tr>
<tr><td>糖尿病</td><td>0=未患此病；1=患有此病</td></tr>
</table>

2. 结果

（1）样本特征

描述性统计结果见表 3-19。样本中共有 4097 个家庭有成员患有慢性病。统计结果显示，灾难性卫生支出发生率在户主年龄、家庭主要居住地、户主受教育程度、家庭规模及户主参保类型等变量分组中存在显著关联。聚焦于不同特征下家庭的灾难性卫生支出发生率可以发现，户主 65 岁及以上的家庭的灾难性卫生支出发生率（30.24%）明显高于户主 65 岁以下的家庭（17.89%）。农村家庭的灾难性卫生支出发生率高于城镇家庭，相差 8.80 个百分点。随着户主受教育程度的提高，灾难性卫生支出的发生率明显下降了 14.43 个百分点。此外，独居人群比有 3 人及以上成员家庭的灾难性卫生支出风险高 10.73 个百分点。就参保类型而言，户主参加城乡居民整合医保的家庭灾难性卫生支出发生率最高，为 27.46%。

表 3-19　不同样本特征家庭的频数、构成比及灾难性卫生支出发生率

变量		频数	构成比/%	灾难性卫生支出发生率/%
户主性别	男性	1864	45.50	23.07
	女性	2233	54.50	23.96
户主年龄	<65 岁	2219	54.16	17.89**
	≥65 岁	1878	45.84	30.24
家庭主要居住地	城镇	1240	30.27	17.42**
	农村	2857	69.73	26.22
户主受教育程度	文盲	978	23.87	30.67**
	小学	1783	43.52	25.18
	初高中及以上	1336	32.61	16.24
户主婚姻状况	已婚	3199	78.08	23.94
	单身（包括离婚、丧偶和未婚）	898	21.92	22.16
家庭规模	1 人	522	12.74	27.01**
	2 人	2930	71.52	24.54
	3 人及以上	645	15.74	16.28

续表

变量		频数	构成比/%	灾难性卫生支出发生率/%
区域	东部	1309	31.95	25.44
	中部	1380	33.68	22.32
	西部	1408	34.37	23.01
户主参保类型	城乡居民整合医保	477	11.64	27.46**
	城镇职工医保	623	15.21	17.66
	新农合	2602	63.51	25.37
	城镇居民医保	192	4.69	17.19
	其他保险（包括未参保）	203	4.95	15.27

注：** 代表 $P<0.01$。

（2）不同经济分组下中老年家庭和中老年慢性病家庭的灾难性卫生支出发生情况比较

本研究计算并比较了不同经济分组下中老年家庭和中老年慢性病家庭的平均月收入和灾难性卫生支出发生率，如图 3-3 所示。

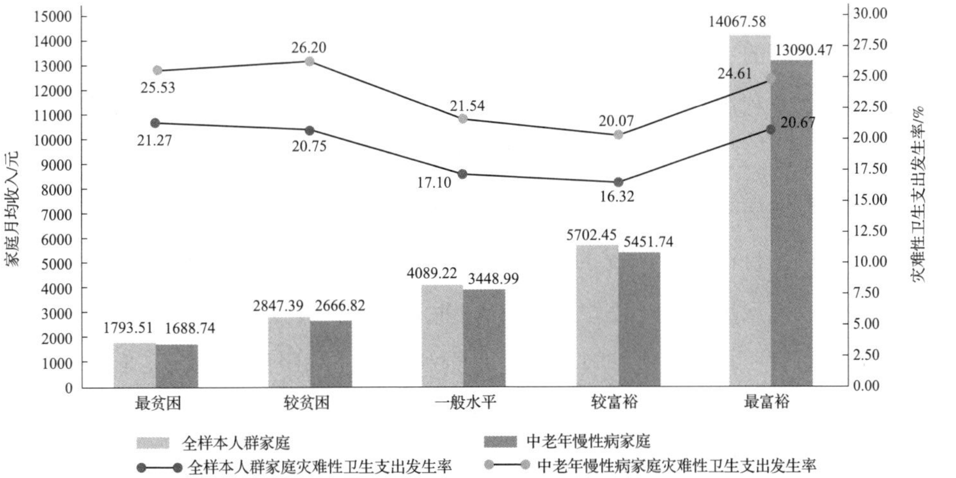

图 3-3　不同经济分组下中老年家庭和中老年慢性病家庭的平均月收入和灾难性卫生支出发生率

统计检验结果显示，患有慢性病的中老年家庭平均月收入之间的差异具有统计学意义（$P<0.05$）。如图 3-3 所示，中老年全人群家庭的平均月收入明

显高于中老年慢性病家庭，尤其在最富裕的经济分组中，中老年全人群的家庭平均月收入比中老年慢性病家庭高约1.07倍。此外，不同经济分组下，中老年慢性病家庭与中老年全人群的灾难性卫生支出发生率也呈现出显著的差异（$P<0.05$）。由图3-3中线图的整体位置可以看出，在所有经济分组中，中老年慢性病家庭的灾难性卫生支出发生率均明显高于中老年全人群家庭。较贫困群体在所有经济分组中的灾难性卫生支出发生率差距最大，相差5.45个百分点。中老年慢性病家庭的灾难性卫生支出发生率从高到低依次为较贫困（26.20%）、最贫困（25.53%）、最富裕（24.61%）、一般水平（21.54%）和较富裕水平（20.07%）的家庭。然而，中老年全人群的灾难性卫生支出发生率在最贫困家庭中最高（21.27%），在较富裕家庭中最低（16.32%）。

（3）不同卫生服务需求和利用情况下的灾难性卫生支出发生率对比

我们首先比较了不同慢性病患者利用住院服务和门诊服务的灾难性卫生支出发生率（见表3-20），进而分析了不同人群利用不同医疗服务时的灾难性卫生支出发生率，以确定目前医保制度的脆弱群体。

根据本研究关注的5种慢性病对样本家庭进行分层，比较了不同卫生服务需求和利用条件下的家庭灾难性卫生支出发生率。结果显示，慢性病家庭和未患慢性病家庭的灾难性卫生支出发生率差异具有统计学意义（$P<0.05$）。在不同的卫生服务利用下，未患慢性病家庭的灾难性卫生支出发生率都明显低于有慢性病的家庭。特别是当户主在过去一个月内曾利用过门诊服务时，慢性病家庭与未患慢性病家庭的灾难性卫生支出发生率差异最大，相差7.88个百分点。此外，当户主自评健康状况为“良好”时，患慢性病与未患慢性病家庭之间的灾难性卫生支出发生率差距最小（3.88个百分点）。

具体而言，自评健康和过去一年是否利用过住院服务是影响灾难性卫生支出发生风险的重要因素（$P<0.01$）。户主患有恶性肿瘤并在过去一年中利用过住院服务的灾难性卫生支出发生率最高，为66.1%。同样，在过去一年中利用过住院服务的患有慢性肺病的户主灾难性卫生支出发生率（44.6%）也高于其他患有此类疾病的人。除恶性肿瘤外，其他4种疾病的灾难性卫生支出发生率在家庭成员超过65岁且在过去一个月利用过门诊服务的情况下显示出明显的差异（$P<0.05$）。在此基础上，当户主患有中风并且在过去一个月内利用过门

诊服务时，灾难性卫生支出的发生率最高（47.6%）。此外，患有心脏病（40.6%）或糖尿病（38.4%）的户主在过去一个月利用过门诊服务时，与患有其他疾病的户主相比，灾难性卫生支出的发生率也最高。

表 3-20　不同卫生服务需求和利用条件下不同患病类型家庭的灾难性卫生支出发生率

单位：%

变量		未患病家庭	患慢性病家庭					
			合计	心脏病	中风	恶性肿瘤	慢性肺部疾病	糖尿病
区域	好	13.6##	17.5	17.7**	23.4**	28.5**	21.8**	18.0**
	差	27.0##	33.8	36.7	42.5	55.2	36.7	37.0
家庭是否有65岁以上人口	是	22.2##	29.9	29.7*	38.7**	50.7	33.0*	31.0**
	否	11.5##	17.1	21.9	25.5	32.6	24.6	19.6
家庭是否有残疾成员	是	23.2##	29.4	29.1	40.2	48.7	34.2	32.2
	否	14.4##	21.6	25.2	31.1	40.4	26.7	23.1
慢性病种类	1种	—	21.9	24.2	31.3	36.3	27.0	22.4
	≥1种	—	26.1	27.5	36.2	46.8	30.0	27.1
户主过去一个月是否利用过门诊服务	是	28.0##	35.9	40.6**	47.6**	53.3	41.2**	38.4**
	否	13.9##	20.1	21.9	30.2	39.7	23.1	21.9
户主过去一年是否利用过住院服务	是	34.8#	41.2	36.1**	46.3**	66.1**	44.6**	35.1**
	否	13.5##	17.8	22.0	24.4	19.6	20.9	22.0

注：*代表 $P<0.05$，**代表 $P<0.01$，表示每种疾病在不同变量特征下的组内比较；#代表 $P<0.05$，##代表 $P<0.01$，表示在不同变量特征下患病家庭与未患病家庭的整体比较。

（4）不同参保类型下户主患不同疾病境况下的灾难性卫生支出发生情况

本研究比较了户主参加不同类型医保时的灾难性卫生支出发生率（见图 3-4）。一般而言，户主参加其他医保（包括未参保）时，灾难性卫生支出的发生率最低（15.3%），户主参加城乡居民整合医保时，灾难性卫生支出的发生率最高（27.5%）（$P<0.05$）。从患病类型来看，我们发现户主患有心脏病（30.9%）或慢性肺病（32.6%）且参保新农合的家庭灾难性卫生支出发生率最高（$P<0.05$）。当户主患有中风时，参加城乡居民整合医保的家庭灾难性卫生支出发生率（41.0%）明显高于其他医疗保险（包括未参保）（23.5%）（$P<0.05$）。此外，当户主患有恶性肿瘤时，参加城乡居民整合医保的家庭灾难性卫生支出发生率（38.0%）明显低于新农合（44.8%）（$P<0.05$）。

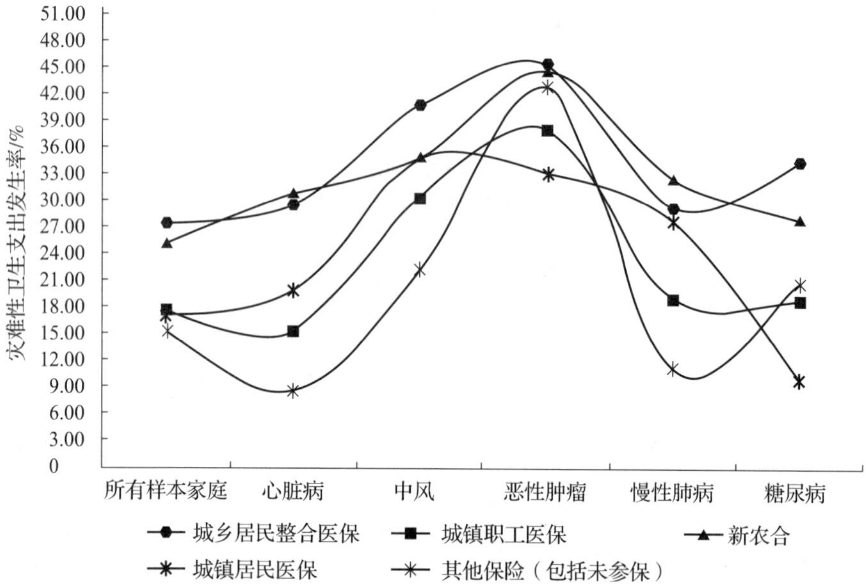

图 3-4　不同类型医疗保险下不同慢性病患者灾难性卫生支出发生率的比较

（5）患病家庭灾难性卫生支出发生风险的影响因素分析

在表 3-21 中，用 Hosmer & Lemeshow 检验来判断模型的拟合效果。$\chi^2(8)=2.85$，$P=0.94$，表明该模型具有较高的拟合度。

一方面，根据表 3-21 的逻辑回归结果，我们发现了灾难性卫生支出高发的风险因素：有住院病人的家庭比没有住院病人的家庭发生灾难性卫生支出的可能性高 2.73 倍（95%CI：2.30~3.24）。此外，过去一个月利用过门诊服务的家庭发生灾难性卫生支出的可能性比未利用的家庭高 2.16 倍（95%CI：1.81~2.57）。患有恶性肿瘤的户主发生灾难性卫生支出的概率是没有恶性肿瘤的 2.02 倍（95%CI：1.35~3.00）。有 65 岁以上成员的家庭发生灾难性卫生支出的可能性是没有老年成员家庭的 1.43 倍（95%CI：1.11~1.84）。此外，患中风比未患中风的户主面临灾难性卫生支出的概率高 1.32 倍（95%CI：1.04~1.66）。

另一方面，表 3-21 显示，在以下情况下灾难性卫生支出的发生率较低：在参保类型方面，除了新农合，其他三种参保类型的灾难性卫生支出发生率都比城乡居民整合医保低。参加城镇职工医保比参加城乡居民整合医保户主的灾难性卫生支出发生率低 0.49 倍（95%CI：0.36~0.67）。参加城镇居民医保的户主灾难性卫生支出发生率比参加城镇职工医保的户主低 0.65 倍（95%CI：0.36~0.89）。参加其他医疗保险（包括无保险）的户主比参加城乡居民整合医保的户主发生灾难性卫生支出的可能性低 0.45 倍（95%CI：0.28~0.70）。在家庭规模方面，有 3 人及以上成员家庭的灾难性卫生支出发生率比单人家庭低 0.70 倍（95%CI：0.51~0.95）。此外，从家庭经济分组来看，最富裕的家庭比最贫穷的家庭灾难性卫生支出发生率低 0.87 倍（95%CI：0.67~1.12）。最后，居住在中部地区的家庭比居住在东部地区的家庭发生灾难性卫生支出的可能性低 0.77 倍（95%CI：0.63~0.93）。居住在西部地区的家庭面临灾难性卫生支出的可能性比生活在东部地区的家庭低 0.78 倍（95%CI：0.65~0.95）。

表 3-21　逻辑回归结果

变量		OR	95%CI	*P* 值
户主年龄		1.01	0.10~1.02	0.15
区域	东部	对照组		
	中部	0.77	0.63~0.93	0.00**
	西部	0.78	0.65~0.95	0.01*
家庭经济分组	最贫困	对照组		
	较贫困	1.00	0.78~1.27	0.97
	一般水平	0.83	0.65~1.07	0.15
	较富裕	0.69	0.53~0.89	0.00**
	最富裕	0.87	0.67~1.12	0.27
家庭规模	1 人	对照组		
	2 人	1.08	0.85~1.36	0.53
	3 人及以上	0.70	0.51~0.95	0.02*
户主是否参加劳动	否	对照组		
	是	0.82	0.69~0.98	0.03*
家庭是否有 65 岁以上成员	否	对照组		
	是	1.43	1.11~1.84	0.00**
户主过去一个月是否利用过门诊服务	否	对照组		
	是	2.16	1.81~2.57	0.00**

续表

变量		OR	95%CI	*P* 值
户主过去一年是否利用过住院服务	否	对照组		
	是	2.73	2.30~3.24	0.00**
户主是否患心脏病	否	对照组		
	是	1.12	0.92~1.38	0.27
户主是否患中风	否	对照组		
	是	1.32	1.04~1.66	0.02*
户主是否患恶性肿瘤	否	对照组		
	是	2.02	1.35~3.00	0.00**
户主是否患慢性肺病	否	对照组		
	是	1.14	0.91~1.43	0.27
户主是否患糖尿病	否	对照组		
	是	1.13	0.89~1.43	0.31
户主参保类型	城乡居民整合医保	对照组		
	城镇职工医保	0.49	0.36~0.67	0.00**
	新农合	0.92	0.73~1.16	0.47
	城镇居民医保	0.56	0.36~0.89	0.01*
	其他保险（包括未参保）	0.45	0.28~0.70	0.00**
常数项		0.14	—	0.00
Hosmer & Lemeshow 检验		Chi-square		2.85
		P 值		0.94

注：*代表 $P<0.05$，**代表 $P<0.01$，样本量为4097。

3. 讨论

（1）中老年人群相对富裕的经济情况并不能显著降低灾难性卫生支出风险

中老年人群的健康特点主要包括两个方面：一是老年人对卫生服务的利用率较高，同时由于社会经济能力脆弱等原因，未被满足的卫生服务需求也很高。二是中老年慢性病患者具有多病共患、病情迁延不愈、出现并发症或器官衰竭等特点。生理和社会双重脆弱特征耦合，中老年群体一直是卫生领域重点关注的脆弱人群。2018 年的调查结果显示，我国 65 岁及以上人群的两周就诊率和年住院率分别为 42.6%和 27.2%，远远高于其他年龄段的人群。在所有居民中，老年人消耗的医疗资源更多，且门诊利用率会随着年龄的增长而增加，医疗费用也随之增加。

本研究结果表明，在中老年慢性病家庭中，最富裕组家庭的灾难性卫生支出发生率为 24.4%，并不是预期中灾难性卫生支出发生率最低的组。此外，最贫穷组的慢性病家庭的灾难性卫生支出发生率也不是最高的（25.2%）。这表明，对于患有慢性病的中老年人群来说，相对富裕的经济状况在抵御疾病经济负担方面并没有很大的优势。

上述结论不仅适用于不同经济水平的家庭，也适用于不同经济发展程度的地区。表 3-21 的回归结果显示，中部和西部地区的灾难性卫生支出风险低于东部地区（分别为 0.77 倍和 0.78 倍）。东部地区是沿海地区，经济水平远远高于中部和西部地区。2019 年，东部、中部和西部地区的地区生产总值分别为 5.1 亿元、2.2 亿元和 2.1 亿元。同年，东部地区住院人数为 84.25 万人，是中部地区的 1.29 倍、西部地区的 1.35 倍。根据统计数据推断，这是因为东部地区卫生服务利用率较高，灾难性卫生支出的风险也较高。可以看出，对于患有慢性病的中老年人群，其灾难性卫生支出发生风险的主要影响因素并不是经济水平，而是卫生服务利用。换言之，即使是相对富裕的中老年人，一旦患了慢性病，在使用医疗服务后仍有很大的风险陷入灾难性卫生支出。对于此结果，有学者提出，另一个可能原因是，低收入群体缺乏必要的经济条件来获得卫生服务，因此卫生服务的利用率相对较低。

（2）医保政策对中老年慢性病患者的保障虽有一定效果，但尚有进步空间

在我国，大约有超过 3 亿的城乡居民患有高血压和糖尿病（以下简称“两病”）这两种最常见的疾病。为减轻城乡居民患“两病”的门诊用药负担，2019 年政府工作报告提出“将高血压、糖尿病用药纳入医保范围”。根据住院情况，患者门诊降血压、降血糖的药物费用在政策范围内的报销比例为 50%以上。这表明，我国目前的医保制度已经开始关注慢性病患者的用药负担问题。但是，目前的医保制度仍是对全体居民的“一刀切”，并没有识别出具

有不同弱势特征的群体。相关研究表明，这种医保设计导致了不同人群的权益不平等。例如，调查显示，65 岁以上的老年糖尿病患者的人均医疗费用为 2551. 97 元，高于全人群的平均值。此外，我们的研究结果与 Ahmed 等（2022）的结果一致，当家中有老年成员时，灾难性卫生支出发生风险更高。因此，虽然我国目前的医保政策重点关注患病人群急需的门诊药费，但并没有关注到多种弱势群体。因此，根据不同的弱势特征设计出差异化的报销制度，应是进一步深化医保制度改革的重点。

聚焦于医保角度，对于本研究的样本人群，我们发现参加城乡居民整合医保的人群灾难性卫生支出发生率最高（见图 3-4）。城乡居民整合医保是国务院于 2016 年提出的整合城镇居民医保和新农合的医疗保险制度。目前，许多省份在推进整合医保时，仍使用现行的新农合和城镇居民医保的筹资机制，导致筹资规模较低。此外，一些学者表示，由于卫生服务资源匮乏，农村居民的平均就诊次数、门诊费用和住院费用都低于城镇居民。高收入人群可以消耗更多的医疗资源，导致了农村居民支持城镇居民的反向再分配现象。城乡居民整合医保虽然消除了户籍差异，但尚不能消除该体系内不同形式的筹资与待遇水平，由此导致了较差的保障效果。除上述情况外，我们还得到一个意外的结果：其他保险（包括未参保）人群的灾难性卫生支出发生率是最低的。这一发现与 Wang 等（2018）的研究结果一致。原因可能是，当个人参保时，他们更愿意去使用医疗服务来改善健康。因此，户主参加医疗保险后，使用门诊和住院服务的频率明显增加，导致疾病经济风险有所提高。

对于不同疾病类型（见图 3-4），5 种参保类型下恶性肿瘤的灾难性卫生支出发生率都较高。表 3-21 显示，患有恶性肿瘤的户主发生灾难性卫生支出的风险是未患恶性肿瘤的户主的 2. 02 倍。2019 年，因恶性肿瘤死亡的人数占我国总死亡人数的 25. 73%，人均住院医疗费用达 29737. 8 元，远高于同年其他疾病。Liu 等（2020）表明，药品费用是恶性肿瘤住院费用的主要负担。在此背景下，医保部门通过三轮医保药品谈判，成功将 40 多种抗癌药纳入医保乙类药品目录，减轻了癌症患者的用药负担。医保局的谈判药品落地监测结果显示，谈判药品的实际报销比例在 60%以上。以甲磺酸伊马替尼为例，国家药品监督管理局的信息显示，国产伊马替尼（昕维）的价格仅为进口伊马替尼

（格列卫）（1 万多元）的 1/9，但目前的医保药品目录对二者仍按照同样的标准进行报销。2019 年，我国居民人均可支配收入为 30732. 8 元。按照每月两盒的标准，进口药品报销后的自付费用与国产药品报销后仍有较大差距，患者自付费用负担较重。综上所述，由于药物负担重、医保报销水平低，恶性肿瘤患者家庭疾病费用负担重，导致灾难性卫生支出高发。这提示我国现行医保政策应扩大抗癌药品覆盖面，区分进口药品与国产药品的报销标准。令人欣慰的是，2022 年最新医保药品报销调整取得了重大进展。

（3）少量多次累计的门诊费用是医保完善下一阶段需关注的重点

我们的研究发现，住院和门诊服务是影响灾难性卫生支出最为关键的两个因素。近年来，我国医保改革开始注重提高住院费用的报销比例，但目前门诊费用的报销仍然不足。近年来，我国居民的门诊费用负担逐步加重，居民的门诊平均医疗费用已从 2010 年的 166. 8 元上升到 2019 年的 290. 8 元，增长了 74. 34%。此外，现有研究表明，对于患慢性病的中老年人群，门诊费用带来的负担尤为沉重。越南的一项家庭保健费用研究发现，门诊费用长期累积的负担甚至超过了住院费用负担。此外，Goeppel 等（2016）在评估全球多个国家的中老年慢性病患者的全民健康覆盖（universal health coverage，UHC）时，也更加关注门诊服务的使用。刘晓云等（2016）也指出，由于老年慢性病患者的收入较低，门诊费用虽然大多不高，但仍会产生灾难性卫生支出。这表明，老年人口的门诊服务利用率很高，费用负担也很重。

2019 年，我国医保制度覆盖的住院医疗费用统筹基金达到 70%左右，而门诊医疗费用的报销比例只有 50%左右。此外，李超凡（2017）提到，当病人在一年内有第二次住院治疗时，住院治疗的免赔额就会取消，进一步降低了一年内多次住院的费用负担。至于门诊费用，由于门诊服务的报销比例和报销上限较低，患者在使用门诊服务时需要支付较高的自付费用。因此，在减轻居民住院负担的同时，医保制度也应考虑门诊费用的报销，尤其是对于慢性病患者、中老年人等特殊群体。

（4）灾难性卫生支出高风险人群的脆弱特征锁定

本部分的研究重点是患有慢性病的中老年人，因此，可以初步识别并总结此类人群灾难性卫生支出高发的脆弱性特征。就社会人口学特征而言，有残疾成员或65岁以上老年成员的家庭更容易发生灾难性卫生支出。与其他经济水平的家庭相比，较贫困家庭发生灾难性卫生支出的可能性最高，而较富裕家庭发生灾难性卫生支出的可能性最低。家庭规模方面，独居、缺乏家人互助共济的中老年人更容易面临灾难性卫生支出风险。此外，东部地区经济发达，卫生服务利用率高，医疗费用负担沉重。就患病类型而言，患有恶性肿瘤的中老年人发生灾难性卫生支出的可能性高于患有其他慢性疾病的人。此外，患有慢性病的中老年人群卫生服务利用率较高。除了高昂的住院费用外，高频率的门诊服务使用也会导致高昂的医疗负担。图3-5总结了上述高灾难性卫生支出发生率的脆弱性特征。

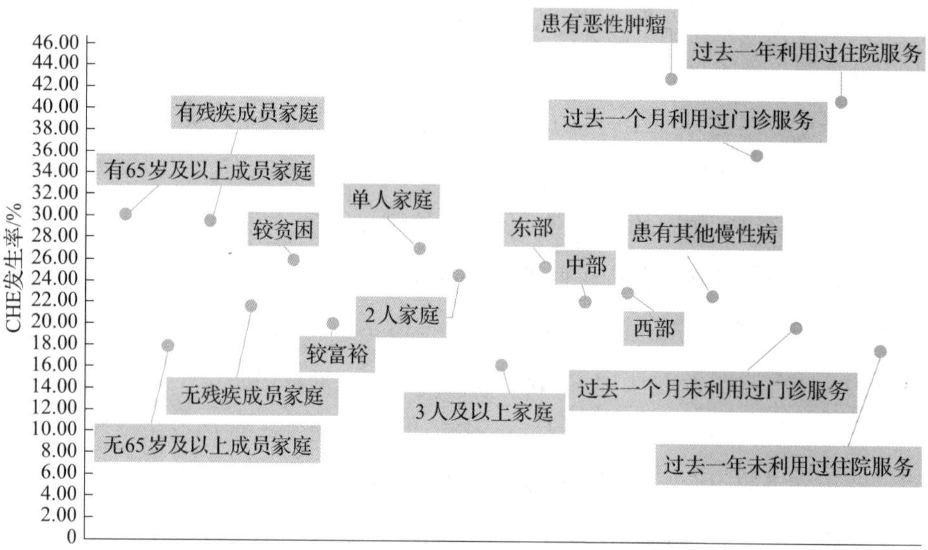

图3-5　灾难性卫生支出高危人群的脆弱性特征总结

由于人口脆弱性特征的多样性，我国医保制度需要关注以下几个方面。对于患病种类多、病情重、卫生服务利用率高的中老年人，可以根据其患病种数、疾病严重程度和卫生服务使用频率进行登记和分类，对不同群体实行分级补偿和差别化报销政策。此外，还应完善社会保障政策，对患有慢性病的独居和低收入的中老年人给予经济补贴。

4. 结论

本研究从世界卫生组织2019年公布的全球十大死因中选取了5种主要的

慢性病，并对45岁以上的中老年患者进行了分析，可以得出以下结论：医保制度的实施需要根据不同的人群进行区分，特别是对于灾难性卫生支出高发的人群，可以采取适当的方式降低保费或提高报销比例。如果家庭的疾病经济负担较重，其经济条件已经不能帮助家庭降低灾难性卫生支出的风险，就更加需要医保政策的精准识别。我国目前的医保制度对恶性肿瘤进口药品的报销覆盖率不够，有必要扩大药品覆盖面，控制药品价格，适当提高报销水平。门诊费用的报销被现行医保制度忽视。慢性病的用药负担主要来自门诊费用，因此，医保政策需要适当提高报销比例，提高门诊费用的最高支付限额。

二、心血管疾病患者的灾难性卫生支出测度研究

1. 数据来源、变量选取及研究方法

（1）数据来源

本部分研究重点关注心血管疾病（cardiovascular disease，CVD）患者的疾病经济负担情况。用于计算因病致贫和灾难性卫生支出的数据来自2015年CHARLS数据库，清理完异常和不完整的数据之后，最终样本库共纳入5610人（2507户）。

（2）变量选取

本研究纳入的因变量主要包括：①社会人口学特征，主要包括户主的年龄、性别、婚姻状况、受教育程度，家庭规模，家庭是否有65岁以上老年人；②家庭成员的健康状况，包括家庭是否有至少1名慢性病患者、家庭是否有住院患者、家庭是否有残疾成员；③户主对卫生服务的需求和利用情况，主要包括住院率、门诊率和应住院未住院率（定义为需要住院但未住院患者的百分比）。

（3）研究方法

以往研究通常使用逻辑回归来研究灾难性卫生支出的影响因素，忽略了潜在不可观测变量与内生变量之间的联立因果关系。为了获得更多的解释结果，我们采用处理效应模型和工具变量方法来探讨灾难性卫生支出影响因素。

处理效应模型包括两阶段回归。在第一阶段，用协变量对结果变量进行回归。异方差检验结果显示 $P=0.000<0.05$，因此使用GMM作为回归方程。根据第一阶段的结果，添加工具变量，对结果变量进行二次回归。好的工具变量

应该满足两个条件：相关性和有效性。也就是说，好的工具变量应该与内生变量相关，而与误差项不相关。本研究选取“社区参保率”和“自评健康”作为工具变量，并进行了相关检验（见表3-22）。

表3-22　有效性检验和相关性分析

工具变量	DWH检验	过度识别检验	F检验	冗余检验
社区参保率	$Chi^2(1)=4.5588^{**}$ ($P=0.0327<0.05$)	$Chi^2(1)=1.6578^{**}$ ($P=0.1979>0.05$)	$F=24.3034>10$	$Chi^2(1)=0.0000^{**}$
自评健康				$Chi^2(1)=0.3873$

注：①DWH检验 H_0：所有解释变量均为外生。②过度识别检验 H_0：所有工具变量都是外生的。③冗余检验 H_0：指定的工具变量是冗余的。**代表 $P<0.05$。

2. 结果

（1）样本特征

表3-23总结了2015年心血管疾病患者家庭与人口统计学特征。总样本包括2507户家庭、5610人，其中50.2%患心血管疾病的户主为男性，年龄小于64岁的户主约占65.7%，59.4%的户主具有小学至初中文化水平，只有23.3%的心血管疾病患者自评健康满意度为“好”及以上，60.4%的患者同时患有其他慢性病，97.1%的心血管疾病患者参加了医疗保险。

表3-23　心血管疾病患者人口统计学特征

单位：%

变量		占比
灾难性卫生支出	否	80.1
	是	19.9
是否参保	否	2.9
	是	97.1
户主性别	女性	49.8
	男性	50.2
户主婚姻状况	其他	15.0
	已婚	85.0
户主受教育水平	文盲	21.5
	小学至初中	59.4
	高中及以上	15.4

续表

变量		占比
家庭规模	1人	62.6
	2~3人	31.9
	3人以上	5.5
户主年龄	45~54岁	32.5
	55~64岁	33.2
	65~74岁	23.5
	75岁以上	8.7
是否有65岁以上成员	否	44.2
	是	55.8
同时患有其他慢性病	否	39.6
	1种	35.5
	2种	21.3
	3种	3.6
是否有住院成员	否	87.1
	是	12.2
是否有残疾成员	否	3.1
	是	92.3
自评健康	非常好	4.2
	好	19.1
	一般	48.8
	差	20.5
	非常差	6.8
经济分组	最贫困	20.7
	较贫困	21.3
	一般水平	19.9
	较富裕	20.2
	最富裕	17.9
居住区域	东部	33.7
	中部	46.3
	西部	20.0

续表

变量		占比
城乡	农村	75.1
	城镇	24.9

（2）卫生服务需求与利用率

对中老年心血管疾病患者卫生服务利用情况进行分析后发现，样本人群的月总患病率为11.4%。14.8%的心血管疾病患者使用过住院服务，超过19.8%的受访者过去一个月使用过门诊服务。上述指标在家庭特征不同的心血管疾病患者中呈现出不同的趋势（见表3-24）。

表3-24　户主卫生服务需求、利用和报销比

单位：%

变量		患病率	住院率	门诊率	应住院未住院率	住院报销比例
家庭规模	1人	14.1	15.6	19.8	6.3	41.1
	2~3人	13.6	13.5	19.3	5.7	52.8
	3人以上	13.8	14.7	24.0	8.3	49.1
是否有住院成员	是	24.7	—	34.2	13.1	44.6
	否	12.3	—	17.3	5.0	—
是否有残疾成员	是	21.7	17.2	21.8	9.9	40.3
	否	13.4	14.6	19.6	5.8	46.0
是否同时患有其他慢性病	否	12.0	13.3	17.7	5.3	45.3
	1种	14.0	15.3	20.8	6.0	46.8
	2种	16.6	14.6	20.0	7.4	49.1
	≥3种	13.8	23.5	24.5	9.8	48.5
参保类型	城镇职工医保	8.6	20.4	20.0	3.3	69.8
	城镇居民医保	15.5	18.4	19.1	8.5	52.0
	新农合	14.3	13.7	20.5	6.6	39.7
	城乡居民整合医保	14.7	16.3	23.3	4.7	54.2
	其他或未参保	13.0	13.5	14.3	7.2	59.2

续表

变量		患病率	住院率	门诊率	应住院未住院率	住院报销比例
家庭经济分组	最贫困	13.1	14.9	19.9	6.3	41.8
	较贫困	12.4	14.8	19.5	6.2	42.5
	一般水平	14.2	13.4	19.6	5.2	38.3
	较富裕	15.8	14.8	19.6	6.8	42.7
	最富裕	14.0	16.4	20.9	6.5	49.2
合计		11.4	14.8	19.8	6.2	44.5

心血管疾病患者对卫生服务的需求水平较高，但卫生服务利用率较低，报销率偏低。例如，同时患有心血管疾病和3种其他慢性疾病的家庭对卫生服务有很高的需求，患病率和住院率分别为13.8%和23.5%，但卫生服务利用率（应住院未住院率为9.8%）和报销水平（48.5%）却低于未同时有其他慢性病的心血管疾病患者。

从家庭经济水平和参保类型来看，参加新农合的户主心血管疾病患病率（14.3%）和门诊率（20.5%）较高，但住院报销比例（39.7%）较参加城镇职工医保的心血管疾病患者住院报销比例（69.8%）低近30个百分点，较参加城镇居民医保（52.0%）的心血管疾病患者低12.3个百分点。值得注意的是，在最富裕的心血管疾病患者家庭中，住院率和门诊率分别为16.4%和20.9%，但住院报销比例仅为49.2%，不到50%。

（3）不同家庭灾难性卫生支出和因病致贫发生情况

我们进一步测算了中老年心血管疾病患者的灾难性卫生支出和因病致贫发生率。样本中19.9%的心血管疾病患者发生了灾难性卫生支出，7.6%的样本人群发生因病致贫（见表3-25）。此外，研究结果还显示，随着心血管疾病患者家庭规模的增加，家庭陷入灾难性卫生支出和因病致贫的风险将会降低。例如，1人家庭的灾难性卫生支出发生率为22.6%，而3人以上家庭的灾难性卫生支出发生率仅为14.4%。此外，有住院成员或残疾成员的心血管疾病患者家庭会有更大的经济负担，灾难性卫生支出发生率分别为29.3%和31.1%，比没有住院成员和残疾成员的心血管疾病患者家庭（分别为18.6%和19.5%）高出 10 个百分点以上。

表 3-25　不同家庭特征的灾难性卫生支出和因病致贫情况　单位：%

变量		灾难性卫生支出发生率	因病致贫发生率	医疗自付占家庭支付能力的比例
家庭规模	1 人	22. 6	8. 6	21. 1
	2~3 人	15. 6	6. 2	13. 7
	3 人以上	14. 4	3. 6	12. 8
是否有住院成员	是	29. 3	8. 7	28. 4
	否	18. 6	7. 5	15. 6
是否有残疾成员	是	31. 1	10. 3	35. 6
	否	19. 5	7. 4	16. 7
自评健康	非常好	17. 1	4. 1	17. 0
	好	17. 3	5. 8	17. 5
	一般	17. 5	7. 7	14. 1
	差	24. 4	8. 5	21. 7
	非常差	30. 5	10. 0	25. 3
是否同时患有其他慢性病	否	14. 7	6. 1	14. 6
	1 种	20. 2	6. 8	18. 8
	2 种	27. 0	10. 5	19. 2
	≥3 种	31. 8	14. 2	22. 8
参保类型	城镇职工医保	13. 3	3. 1	13. 0
	城镇居民医保	15. 1	4. 5	13. 8
	新农合	21. 6	9. 0	19. 7
	城乡居民整合医保	20. 5	5. 1	6. 1
	其他或未参保	16. 3	3. 8	15. 3
家庭经济分组	最贫困	19. 3	8. 3	17. 9
	较贫困	22. 5	10. 1	22. 1
	一般水平	20. 4	7. 8	18. 4
	较富裕	19. 5	5. 9	16. 2
	最富裕	17. 5	5. 5	13. 6
合计		19. 9	7. 6	17. 2

家庭经济水平并不是心血管疾病患者灾难性卫生支出发生率高的主要影响因素。其中，较贫困组的心血管疾病患者家庭灾难性卫生支出发生率（22.5%）最高、卫生支出负担（22.1%）最重，均高于最富裕组的心血管疾病患者家庭。在参保类型方面，三种基本医疗保险中，参加新农合的心血管疾病患者家庭的经济负担（19.7%）最重，灾难性卫生支出风险（21.6%）最高，比城镇职工医保（13.3%）高出8.3个百分点。

（4）处理效应模型结果

将社区参保率作为处理效应模型的有效工具变量，结果如下：家庭规模、自评健康、同时患有其他慢性病、家庭有住院成员、家庭有残疾成员和参保均与心血管疾病患者家庭发生灾难性卫生支出的风险显著相关（$P<0.05$），见表3-26。

社会人口学视角：灾难性卫生支出的发生率和患有心血管疾病家庭的规模负相关，随着心血管疾病患者家庭规模的扩大，灾难性卫生支出的发生风险降低了4.99个百分点。

卫生服务需求和利用视角：同时患有其他慢性病时，自评健康、家庭有住院成员、家庭有残疾成员与心血管疾病患者家庭的灾难性卫生支出发生风险呈正相关。同时患有其他慢性病或住院成员增加，家庭发生灾难性卫生支出的风险将分别增加4.68个百分点和10.01个百分点。

医保视角：心血管疾病患者参保增加了灾难性卫生支出发生的风险，陷入灾难性卫生支出的风险增加了28.95个百分点。

表3-26 心血管疾病患者的处理效应模型结果

变量	系数	标准误	z	$P>\|z\|$	95%CI
户主婚姻状况	0.0129	0.0233	0.53	0.599	-0.0335~0.0581
区域	-0.0209	0.0116	-1.79	0.073	-0.0438~0.0019
户主性别	0.0081	0.0174	-0.47	0.640	-0.0424~0.0261
户主受教育程度	0.0016	0.0151	0.11	0.915	-0.0281~0.0313
家庭经济分组	-0.0069	0.0061	-1.12	0.262	-0.0190~0.0052
家庭规模	-0.0499	0.0138	-3.61	0.000	-0.0770~-0.0227
城镇或农村	-0.0379	0.0203	-1.86	0.063	-0.0779~0.0019

续表

变量	系数	标准误	z	P>|z|	95%CI
自评健康	0.0246	0.0093	2.64	0.008	0.0063~0.0429
是否有残疾成员	0.0961	0.0473	2.03	0.042	0.0033~0.1889
是否有65岁以上成员	0.0129	0.0171	0.76	0.450	-0.0206~0.0465
是否同时患有其他慢性病	0.0468	0.0088	5.32	0.000	0.0296~0.0641
是否有住院成员	0.1001	0.0252	3.97	0.000	0.0506~0.1495
参保	0.2895	0.1454	1.99	0.047	0.0044~0.5745
社区参保率	0.0571	0.0056	10.08	0.000	0.0460~0.0682

（5）参保水平

参保水平如图3-6所示，在心血管疾病患者中，农村人口占样本的75.1%，参加新农合的心血管疾病患者家庭的灾难性卫生支出风险最大，为21.6%。此外，处理效应模型表明，与未参保相比，参保的心血管疾病患者灾难性卫生支出发生率增加了28.9个百分点。因此，为了确定新农合的关键“瓶颈”，我们进行了特异性影响因素分析。患心血管疾病以及同时患3种以上其他慢性病（38.88%）是新农合中灾难性卫生支出高发的主要原因。75岁以上（33.33%）、残疾成员（33.33%）、住院成员（32.41%）和同时患2种其他慢性病（30.74%）是影响参加新农合的心血管疾病家庭灾难性卫生支出的第二至第五大因素。具体结果如图3-6所示。

3. 讨论

中老年心血管疾病患者家庭发生灾难性卫生支出和因病致贫的占比分别为19.9%和7.6%，高于发达国家，但低于低收入国家。参保的家庭发生因病致贫的比例比未参保的家庭高3.6个百分点。有心血管疾病患者的家庭发生因病致贫的风险明显高于无心血管疾病患者的家庭（7.0%）和整体人口（7.2%）。心血管疾病患者的风险抵御能力低于国内平均水平。同时研究还发现，有慢性病患者的心血管疾病患者家庭、有住院成员和有残疾成员的家庭陷入因病致贫的风险更大。

心血管疾病患者作为集生理、社会和健康因素于一体的高危群体，精准识别其危险因素，对于更好地发挥医保制度的经济保护作用具有重要作用。尽管

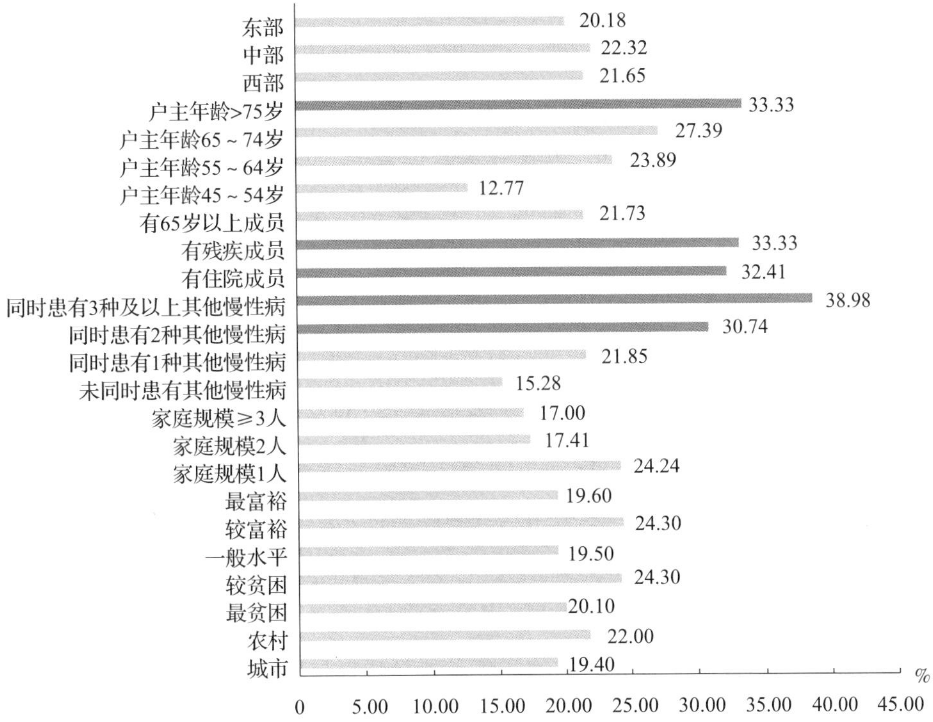

图 3-6　不同家庭特征下新农合参保家庭的灾难性卫生支出发生率对比

资料来源：Ma M，Tian W，Kang J，et al. Does the medical insurance system play a real role in reducing catastrophic economic burden in elderly patients with cardiovascular disease in China? Implication for accurately targeting vulnerable characteristics[J]. Globalization and Health，2021，17(1)：1-13.

政府已经作出诸多努力，但仍有许多脆弱群体尚未被纳入提高福利的目标人群。通过综合分析，我们发现有健康问题的弱势中老年人群具有以下特征：

（1）老年群体由于特殊的生理脆弱性更容易发生灾难性卫生支出

首先，随着年龄增长，健康资本丧失和身体素质下降是不可避免的。然而，老年人在资源获取中处于劣势，不能公平地享受社会福利政策。例如，在参加新农合的人群中，75 岁以上老年人的灾难性卫生支出发生率为 33. 33%，仅次于同时患有 3 种慢性疾病的人群（38. 88%）。根据世界卫生组织报告，全球 23%的疾病负担落在了老年人身上，而在这一负担中，慢性非传染性疾病占了大部分。此外，老年心血管疾病患者病情迁延不愈及并发症最终可能导致残疾和过早死亡，长期的医疗费用、药品费用和康复费用大大增加了灾难性卫生支出风险。我们的结果显示，同时有 3 种以上慢性病患者的住院率（23. 5%）、门诊率（24.5%）和灾难性卫生支出发生率（31.8%）远高于非慢性病患者（分别为13.3%、17.7%、14.7%）。处理效应模型显示，同时患其他慢性病会使灾难性卫生支出发生风险提高4.68个百分点。现有研究也表明，在患慢性病或多种疾病共存的情况下，患者寻求医疗服务（如住院治疗）的可能性会增加。随着罹患慢性病种数的增加，在单一疾病的基础上，叠加有其他慢性病会延长患者的住院时间，导致心血管疾病患者在承受心血管疾病负担的同时还合并了来自其他疾病的负担。研究发现，全球范围内1/3的成年人患有多种慢性病，而发达国家老年人的这一比例已达到3/4。因此，慢性病已成为老年人的主要健康问题，大大增加了其灾难性卫生支出的发生风险。

（2）现阶段医保政策虽提高了中老年心血管疾病患者卫生服务利用的可及性，但尚缺乏对高卫生服务利用人群的倾斜保护

现有的医保制度降低了弱势群体（如心血管疾病患者）利用卫生服务的门槛，但只实现了医保的第一个目标——确保所有人都能获得高质量的服务。研究结果表明，高卫生服务需求的住院患者与残疾患者的灾难性卫生支出发生率均明显高于普通人群。在我们的研究中，有残疾成员家庭的患病率（21.7%）和门诊率（21.8%）高于无残疾成员家庭（分别为13.4%和19.6%），然而其住院报销比例却仅为40.3%，远低于总体水平（44.5%）。另外，有残疾成员家庭自付医疗费用占家庭卫生总报销费用的35.6%，大大高于OECD国家水平。韩国的一项研究显示，残疾家庭比非残疾家庭面临更高的灾难性卫生支出，自付医疗费用高出1.2~1.4倍。这可能是因为残疾人存在身体或精神障碍导致其失业或收入减少，同时残疾导致的高卫生服务需求也增加了其医疗费用负担。因此，即使是相对较小的支出，对贫困家庭来说也可能造成灾难性卫生支出，而过高的自付医疗费用更可能导致因病致贫。

（3）医保制度需提高识别脆弱群体特征的靶向性，从而更好地发挥其经济保护能力

我国的医保制度旨在解决因病致贫的问题，并确保大多数人不会因健康及相关问题而陷入贫困。然而，我们的研究结果显示，参保的心血管疾病患者的灾难性卫生支出发生风险反而增加了28.9个百分点，其中参保新农合的灾难性卫生支出发生率最高。这表示，医保制度在减少居民利用医疗服务的经济负

担、维护居民的健康权利和健康等方面，保障力度仍然不足。现阶段，我国的医疗卫生体制改革已经取得了前所未有的进展，但在保护弱势群体免于因病致贫方面仍然存在挑战。目前，全民医保的目标已经实现，新农合的筹资水平也有所提高，参保费由 2003 年的 30 元/人增加到 2019 年的 740 元/人，其中中央和地方政府支付 520 元，家庭居民仅需支付 220 元。新农合尽管报销比例在各县，特别是各省有所不同，但自实施以来，报销水平已显著提高。然而，对于贫困人口、老年人、心血管疾病患者或多重脆弱性群体，新农合基金池的扩大和政府补贴的增加可能会被不断增长的医疗费用抵消。一些学者呼吁采取更有力的方案来提高新农合的保护力度，寻求在短期内减少灾难性卫生支出和因病致贫发生风险的有效方法。但是，从长远来看，仅仅提高报销比例是不可行的，甚至会导致医保基金破产，并对参保人产生更长期的负面影响。因此，医保制度的完善需要采取全面的治理战略，包括更合理地搭建福利制度、优化设计社会医疗保险制度、控制医疗服务价格，以进一步保护弱势群体，比如患有心血管疾病的老年人群。

此外，城乡二元结构导致我国不同医保类型之间仍存在不平等，户籍制度直接影响了居民获得各种医疗福利的能力。在我们的研究中，参加城镇职工医保的心血管疾病患者的住院报销比例为 69. 8%，而新农合患者的住院报销比例仅为 39. 7%，仅相当于城镇职工医保的一半。我们推测，这可能是由于城镇居民对自己的健康有更准确的认识，并能及时参保，因此更有可能获得医保的有效保护。而农村居民由于收入水平较低、医疗价格较高、资金不足，医疗需求无法及时转化为有效的医疗服务，因此承担了更大的灾难性卫生支出风险。正因如此，有研究发现，新农合或许并不能预防贫困家庭的灾难性卫生支出，而只能降低其在富裕家庭中的发生率。基于城乡二元结构的医保制度设计的差异有时会导致社会不平等——患有同一种疾病时，社会经济地位较高的患者通常享有更好的医保制度保障和卫生服务利用。因此，在农村地区，应进一步提高心血管疾病老年人口在各类医院接受治疗时的门诊和住院费用报销比例。

（4）家庭规模的扩大可以抵御灾难性卫生支出发生风险

第一，研究结果显示，家庭规模是一个保护性因素，即家庭规模越大，遭受灾难性卫生支出的风险就越低。这一发现与其他研究结果相一致。心血管疾病患者可能会因病丧失劳动能力，难以从事社会劳动，因此家庭会因劳动力的减少削弱抵御经济风险的能力，并进一步导致灾难性卫生支出的发生。此外，患有慢性病的弱势群体不仅经济能力较差，还会给家庭造成疾病经济负担。但家庭规模的扩大，可以使个人承受的负担相对减轻。第二，家庭和孝道的观念深深植根于我国的传统文化，赡养老年人是我国法律规定的责任和义务。这种社会文化深刻地影响着我国家庭的经济决策。若家庭拥有更多成员，将集聚更多的社会和经济支持，从而增强抵御灾难性卫生支出的能力。

（5）同一参保类型中不同经济水平家庭灾难性卫生支出发生风险仍有差异

研究表明，心血管疾病患者中较贫困家庭的灾难性卫生支出发生率（22.5%）比最富裕家庭高 5.0 个百分点，自付医疗费用占家庭支付能力的 22.1%，这表明其疾病经济负担比最富裕家庭要高出近 10 个百分点。在这种情况下，疾病带来的重大经济负担可能导致低收入群体的家庭生活越发艰难，陷入“贫困—疾病”的恶性循环。

贫困家庭比较富裕家庭及获得更多卫生费用补贴的最富裕家庭遭受灾难性卫生支出的风险更大，显然，无差别筹资水平和福利包覆盖的政策对贫困家庭而言是不公平的。因此，不同经济水平家庭的支付能力应作为制定补偿战略时的一个重要考量。在医保制度设计的关键环节应倾向于贫困人群，如降低贫困人群使用门诊和住院服务时的自付比例，扩大重大疾病和慢性病的医保福利包覆盖面，或通过医疗救助来帮助贫困家庭支付参保费用。因此，无论何种医保类型，在医疗保险制度的顶层设计中，都应优先考虑对不同经济水平家庭的补偿和福利覆盖范围上的差异。

（6）不同医保制度设计的差异诱发了对个人与家庭经济风险保护的盲点

我国已经建立了基本医疗保险、大病医保、商业医疗保险、社会医疗救助、慈善援助等多种医疗保障制度。然而，心血管疾病的复杂性和人口收入的差异表明，各种制度间还没有编织出一个标准、统一的安全网来防止因病致贫。这主要体现在以下两点。

第一，心血管疾病的特殊性会导致劳动力流失、护理费用、交通费及其他间接费用，且长期的药品费用也会增加患者的经济负担。这些被忽视的间接费用和药品费用已成为基本医保制度经济保护的盲点。在我们的研究中，老年心血管病患者在通过基本医保报销后，仍需支付一半以上（55.5%）的医疗费用。此外，目前还没有有效的机制将基本医保、大病医保和医保救助联系起来，导致患者容易陷入因病致贫。

第二，研究结果还显示，较贫困家庭的灾难性卫生支出发生率最高，为22.5%，自付医疗费用占家庭支付能力的比例为22.1%，明显高于最贫困家庭。对于没有经济来源或“最贫困”的家庭，相关部门已经推出了一系列措施，包括降低起付线、提高报销比例，以及提高或取消封顶线。而经济收入略高于最贫困家庭的边缘贫困人群，因未达到补充医疗援助的标准，没有得到多层次医疗保障体系的覆盖，更容易发生灾难性卫生支出。

由此可见，探索多层次医保制度的整合，促进多层次医保制度的互补和耦合，共同解决心血管疾病患者的贫困问题，已成为当前慢性病防治过程中的重要任务。

4. 结论

研究结果显示，中老年心血管疾病患者的灾难性卫生支出发生率和因病致贫发生率相对较高。自评健康较差的中老年人、同时患有其他慢性病、家庭有住院患者或残疾人是灾难性卫生支出高发人群的突出特征。医保并没有显著降低灾难性卫生支出的发生风险或减轻心血管疾病患者的经济负担，特别是对于参加新农合的中老年人。因此，针对中老年心血管疾病患者的脆弱性特征，相关部门也应同步提高医保政策的精准性。此外，在改善心血管疾病患者的卫生服务可及性方面，下一步应专注于提供最大化的经济保护，从而减少他们陷入因病致贫的风险。

三、慢性呼吸道疾病患者的灾难性卫生支出测算与影响因素研究

1. 数据来源、变量选取及研究方法

（1）数据来源

数据来源于2015年CHARLS数据库，于2019年7月对数据库进行整理筛选，最终得到慢性呼吸道疾病（chronic respiratory disease，CRD）患者样本

920 户家庭、2106 人。以问卷中“是否有医生曾经告诉过您患有慢性肺部疾患如慢性支气管炎或肺气肿、肺心病（不包括肿瘤或癌）”这一问题作为调查对象是否患有慢性呼吸道疾病的筛选标准。

（2）变量选取

基于前文构建的理论模型和文献分析，本研究最终选取的被解释变量为是否发生灾难性卫生支出。解释变量主要有社会人口学因素，包括户主性别、户主年龄、户主婚姻状态、户主受教育程度、家庭规模、地区、居住地、自评健康状况、经济分组情况；卫生需求因素（健康状态因素），包括家庭是否有住院患者、家庭合并其他慢性病种类（CRD 患者合并心血管疾病、癌症、精神类疾病、糖尿病）、家庭是否有残疾人；社会保障公平性因素，即户主参加保险类型，如城镇职工医疗保险、城镇居民医疗保险、新型农村合作医疗保险及其他和未参保；卫生利用因素（疾病需求因素），将过去一个月去看门诊和最近一年接受住院治疗分别作为“就诊”和“住院”，过去一个月患病作为“患病”，将过去一年有医生说应该住院而没有住院的情况作为“应住院而未住院”；医疗费用负担性因素，即过去一年住院医保报销费用（过去一年住院总费用-住院自付费用）与住院总费用的比值，即住院报销比例。

（3）研究方法

本研究采用 SPSS 24.0 统计软件对数据进行统计分析，计数资料采用相对数表示，组间比较采用χ^2 检验，采用 Logistic 回归分析中老年 CRD 患者发生灾难性卫生支出的影响因素。$P<0.05$ 代表差异有统计学意义。

2. 结果

（1）基本情况

920 户家庭中，58.70%（540：920）为男性户主；63.91%（588：920）的户主年龄≤64 岁；65.33%（601：920）的户主自我感觉健康状况不好；有住院患者家庭占 12.72%（117：920）；62.83%（578：920）的家庭发生了合并其他慢性病种类的现象，其中合并 1 种慢性病家庭最多，占样本量的 39.78%（366：920）；有残疾人家庭占 3.15%（29：920）；就参保情况而言，户主参保新型农村合作医疗保险的占比最高，为 78.04%（718：920），城镇居民医疗保险占比最低，为 4.67%（43：920）。总体灾难性卫生支出发生率为 20.65%（190：920）。户主性别、户主受教育程度、自评健康状况、家庭是否有住院患者、家庭合并其他慢性病种类、户主参加保险类型的灾难性卫生支出发生率差异有统计学意义（$P<0.05$，见表 3-27）。

表 3-27　不同变量特征下家庭灾难性卫生支出发生情况比较

基本情况		户数/户	发生灾难性卫生支出/户	占比/%	χ^2 值	P 值
户主性别	男	540	100	18.52	3.02	<0.001
	女	380	90	23.68		
户主年龄	45~54 岁	304	46	15.13	4.89	0.18
	55~64 岁	284	60	21.13		
	65~74 岁	246	57	23.17		
	75 岁以上	86	27	31.40		
户主婚姻状态	已婚	773	162	20.96	0.33	0.56
	其他	147	28	19.05		
户主受教育程度	文盲	233	48	20.60	4.92	<0.01
	小学到初中	595	117	19.66		
	高中及以上	92	25	27.17		
家庭规模	1 人	549	120	21.86	0.88	0.64
	2 人	309	60	19.42		
	≥3 人	62	10	16.13		
地区	东部	219	45	20.55	0.13	0.93
	中部	414	80	19.32		
	西部	287	65	22.65		
居住地	农村	782	167	21.36	2.14	0.14
	城镇	138	23	16.67		
自评健康状况	很好	20	7	35.00	8.21	<0.01
	好	58	9	15.52		
	一般	241	56	23.24		
	不好	351	65	18.52		
	很不好	250	53	21.20		

续表

基本情况		户数/户	发生灾难性卫生支出/户	占比/%	χ^2 值	P 值
经济分组情况	最贫困	228	40	17.54	4.82	0.30
	次贫困	179	42	23.46		
	一般水平	203	43	21.18		
	较富裕	159	31	19.50		
	最富裕	151	34	22.52		
家庭是否有住院患者	有	117	32	27.35	3.36	<0.01
	无	803	157	19.55		
家庭合并其他慢性病种类	无	342	49	14.33	10.43	<0.01
	1 种	366	79	21.58		
	2 种	187	51	27.27		
	≥3 种	25	11	44.00		
家庭是否有残疾人	有	29	7	24.14	0.45	0.50
	无	891	183	20.54		
户主参加保险类型	城镇职工医疗保险	58	5	8.62	7.06	<0.01
	城镇居民医疗保险	43	9	20.93		
	新型农村合作医疗保险	718	150	20.89		
	其他和未参保	101	26	25.74		

（2）不同基本情况人群的卫生需求、利用及费用情况

慢性呼吸道疾病中老年患者的总体患病率、就诊率、住院率、应住院未住院率分别为 14.25%（300：2106）、20.70%（436：2106）、16.67%（351：2106）、7.55%（159：2106）。有住院患者的家庭，过去一个月的患病率为 16.81%（59：351），应住院而未住院率高达 12.54%（44：351），住院报销比例为 43.14%。参加城镇居民医疗保险的家庭就诊率和住院率分别高达 23.23%（33：142）和 20.42%（29：142），住院报销比例为 43.75%。其他类型患者卫生需求、利用及费用情况见表 3-28。

表 3-28　不同基本情况 CRD 患者的卫生需求、利用与费用情况

基本情况		户数/户	患病情况		就诊情况		住院情况		应住院而未住院情况		住院报销比例/%
			户数/户	占比/%	户数/户	占比/%	户数/户	占比/%	户数/户	占比/%	
户主性别	男	1147	157	13.69	250	21.80	196	17.09	91	7.93	44.62
	女	959	143	14.91	186	19.40	155	16.16	68	7.09	43.55
家庭是否有住院患者	有	351	59	16.81	118	33.62	—	44.00	12.54	43.14	—
	无	1755	241	13.73	318	18.12	—	115.00	6.55	—	—
家庭合并其他慢性病种类	无	363	49	13.50	76	20.94	63	17.36	27	7.44	47.00
	1 种	892	122	13.68	188	21.08	142	15.92	61	6.84	40.84
	2 种	676	107	15.83	130	19.23	103	15.24	55	8.14	42.29
	≥3 种	175	22	12.57	42	24.00	43	24.57	16	9.14	51.67
家庭是否有残疾人	有	1000	151	15.10	220	22.00	178	17.80	83	8.30	47.71
	无	1106	149	13.47	216	19.53	173	15.64	76	6.87	40.75
参加保险类型	城镇职工医疗保险	185	23	12.43	42	22.70	30	16.22	8	4.32	53.28
	城镇居民医疗保险	142	20	14.08	33	23.24	29	20.42	19	13.38	43.75
	新型农村合作医疗	2526	229	15.01	317	20.77	257	16.84	114	7.47	44.36
	其他和未参保	253	28	11.07	44	17.39	35	13.83	18	7.11	28.07

注："—"代表无相应数据。

（3）不同基本情况户主或家庭的因病致贫发生情况

中老年 CRD 家庭患者的因病致贫发生率为 7.83%（72∶920）。户主为女性的家庭因病致贫发生率为 8.42%（32∶380）；有住院患者的家庭因病致贫发生率为 10.26%（12∶117）；合并 3 种及以上慢性病的家庭因病致贫发生率最高，为 24.00%（6∶25）；有残疾人家庭因病致贫发生率为 13.79%（4∶29）；就不同参保家庭而言，城镇居民参保家庭的因病致贫发生率最高，为 9.30%（4∶43），见表 3-29。

表 3-29　不同基本情况户主或家庭的因病致贫发生情况

基本情况		户数/户	发生因病致贫的户数/户	占比/%
户主性别	男	540	40	7. 40
	女	380	32	8. 42
家庭是否有住院患者	有	117	12	10. 26
	无	803	60	7. 47
家庭合并其他慢性病种类	无	342	18	5. 26
	1 种	366	32	8. 74
	2 种	187	16	8. 56
	≥3 种	25	6	24. 00
家庭是否有残疾人	有	29	4	13. 79
	无	891	68	7. 63
参加保险类型	城镇职工医疗保险	58	3	5. 17
	城镇居民医疗保险	43	4	9. 30
	新型农村合作医疗保险	718	62	8. 64
	其他和未参保	101	3	2. 97

（4）中老年 CRD 患者灾难性卫生支出发生情况影响因素的多因素 Logistic 回归分析

将单因素分析有统计学意义的影响因素作为协变量［赋值：户主性别（男=0，女=1）、户主受教育程度（文盲=0，小学到初中=1，高中及以上=2）、自评健康状况（很好=0，好=1，一般=2，不好=3，很不好=4）、家庭是否有住院患者（无=0，有=1）、家庭合并其他慢性病种类（无=0，1 种=1，2 种=2，≥3 种=3）、参加保险类型（城镇职工医疗保险=0，城镇居民医疗保险=1，新型农村合作医疗保险=2，其他和未参保=3）］，将是否发生灾难性卫生支出作为结果变量（未发生=0，发生=1）进行多因素 Logistic 回归。结果显示，户主性别、户主受教育程度、家庭是否有住院患者、家庭合并其他慢性病种类、参加保险类型是发生灾难性卫生支出的影响因素（$P<0.05$），见表 3-30。

表 3-30　中老年 CRD 患者发生灾难性卫生支出影响因素 Logistic 回归分析

自变量		系数	标准误	Wald χ^2 值	*P* 值	OR	95%CI
户主性别	男	−0.39	0.19	4.03	0.045	0.67	0.37~0.90
	女	对照组					
户主受教育程度	文盲	−0.77	0.35	4.95	0.026	0.47	0.23~0.91
	小学到初中	−0.58	0.30	3.79	0.051	0.56	0.31~1.00
	高中及以上	对照组					
自评健康状况	很好	0.67	0.53	1.58	0.209	1.95	0.69~5.55
	好	−0.63	0.46	1.86	0.172	0.53	0.22~1.31
	一般	0.18	0.25	0.52	0.471	1.20	0.73~1.95
	不好	−0.24	0.23	1.07	0.302	0.78	0.49~1.24
	很不好	对照组					
家庭是否有住院患者	无	−0.61	0.26	5.48	0.019	0.53	0.38~0.90
	有	对照组					
家庭合并其他慢性病种类	无	−1.61	0.47	11.46	0.001	0.20	0.07~0.51
	1 种	−0.93	0.46	4.06	0.044	0.39	0.16~0.97
	2 种	−0.70	0.48	2.16	0.141	0.49	0.19~1.26
	≥3 种	对照组					
参加保险类型	城镇职工医疗保险	−2.92	1.05	7.77	0.005	0.05	0.07~0.42
	城镇居民医疗保险	−0.45	0.50	0.82	0.364	0.63	0.24~1.70
	新型农村合作医疗保险	−0.29	0.27	1.13	0.287	0.74	0.43~1.28
	其他和未参保	对照组					

3. 讨论

研究发现，45 岁以上 CRD 患者的灾难性卫生支出发生率是 20.65%（190：

920)，高于45岁以上中老年人的整体水平（16.5%）。精准锁定CRD中老年患者的风险特征，对最大限度地发挥医保政策的红利效应至关重要。经过多维度分析与精准锁定，发现CRD中老年患者的致贫脆弱性特征及薄弱环节如下：

（1）多重健康脆弱性叠加，健康贫困的发生风险大

CRD患者自身健康能力的缺失，叠加住院、合并其他慢性病等多种健康脆弱性，会加大灾难性卫生支出发生风险。随着年龄的增长，健康资本流失，生理功能衰退，慢性疾病几乎不可避免。通常，健康能力缺失会影响中老年人的经济收入，收入水平的下降反过来会使患者的卫生服务和健康权利得不到满足，进一步影响自身健康水平，极易陷入“健康缺失—贫困—健康恶化”的循环之中。研究结果显示，CRD患者的患病率为14.25%（300：2106）、就诊率为20.70%（436：2106）、住院率为16.67%（351：2106），均远超45岁以上中老年人整体水平。

可见，自身健康脆弱性是影响卫生需求的重要因素。家庭有住院患者、合并不同慢性病种类会增加中老年CRD患者的医疗负担。相关研究表明，慢性阻塞性肺部疾病（COPD）合并1种慢性病的人均费用为22873元，较COPD合并3种慢性病人均费用（32224元）低9351元，可见随着患慢性病数量的增加，在原先单一病种的基础上附加其他慢性病，会延长住院时间，导致CRD患者在承担呼吸系统疾病带来的经济压力时，还要叠加其他疾病费用负担。可见，罹患多种慢性病已成为中老年人群的主要健康困扰，极大地加大了其发生灾难性卫生支出的风险。

虽然老年人健康能力脆弱常被当作一种内在属性，但是个体可以通过利用医疗服务和相应的社会支持等外界条件，减少健康权利风险暴露，改变健康能力和健康权利的脆弱性，进而提高经济风险抵御能力。但现有医保制度仅保障了老年CRD患者进入卫生领域的权利，降低了其获取健康权利的门槛，部分实现了医保制度扩大卫生服务利用可及性这一目标。然而，医保制度的保障力度不足，反而会加重CRD患者卫生服务利用后的经济负担，极易陷入健康贫困。

（2）医保减贫效应有待提高，制度设计尚未精准锁定核心脆弱人群的致贫特征

医保制度的目的是最大限度地提高居民的健康能力和获得健康的权利。

2009 年医保改革至今，基本上实现了人口全覆盖，参保率稳定在 97%左右，在一定程度上降低了患者的健康不平等。但是，我国依旧有 17.7%的人口将其家庭预算的 10%以上用于自付医疗费用，远远高于 OECD 国家的水平。可见，医保制度减贫效应仍有待提高，特别是针对健康脆弱人群，普惠性的制度设计已不足以满足其经济保护需求。具体问题如下：首先，医保制度的设计差异，使参保城镇职工、城镇居民医保的患者在医保制度的补偿上更有优越性。研究发现，新型农村合作医疗家庭灾难性卫生支出发生率约为城镇职工医保家庭的 5 倍。并且，城市家庭具有高水平支付能力，对于卫生支出负担的承受能力远高于农村家庭。可见，不同医保制度对于居民疾病风险的分担和健康能力的保障具有差异性。其次，三大基本保险对高卫生服务利用人群的保障力度不足。其中，城镇居民医保住院报销比例仅有 43.75%，低于 45 岁以上中老年人的整体水平（49.7%），是导致 CRD 患者高医疗费用负担的主要原因之一。住院报销比例较低，会削弱医疗保险对健康能力缺失患者的财务保障，加大 CRD 患者获得健康权利的难度，使其极易陷入因病致贫。研究发现，患有 COPD 等疾病的居民的自付医疗费用要比健康人群高出 109%。对于多种慢性病并患的情况，新疆等地区提出了门诊特殊慢性病政策，即每位患者可报销 2 种门诊慢性病，最高支付限额为 2 种限额之和的慢性病门诊报销政策，在一定程度上减轻了患者门诊负担。但是对于合并 2 种及以上的多种慢性病的群体来说，费用分担比依旧较低。此外，医保福利包设计有待拓展。2018 年国家基本药物目录中呼吸系统疾病药物只有 16 种，仅占总数量的 3.8%，低于心血管疾病药物（49 种）、抗肿瘤药物（36 种）。并且，我国大部分地区没有将 CRD 门诊治疗纳入基本医疗报销范围，部分地区也仅将 CRD 纳入城镇职工医保，而对于新农合和城镇居民医保参保家庭，依然无法通过医疗保险享受到常规的门诊报销服务。

与此同时，我们发现，即使是经济水平最高的城镇职工家庭也会发生灾难性卫生支出，可见单一的基本保险并不能完全解决 CRD 患者的经济负担，必须统筹基本医保、大病保险、医疗救助、疾病应急救助等多路径健康保障体系，加强医保制度衔接机制，发挥协同互补作用，多维度提高健康保障水平，切实降低 CRD 患者医疗自付费用和疾病经济负担。

第四章 CHAPTER 4

基于时空视域的我国灾难性卫生支出全景测度的技术实现路径与实证案例

灾难性卫生支出的发生是一个具有时空双维属性的复杂系统，社会发展的区域特征、地理邻近的资源禀赋、制度叙事逻辑的动态演化效应均会对居民的健康行为、健康结果产生影响，进而带来不同程度的疾病经济负担。现阶段对于灾难性卫生支出的测度，仅关注家庭层面的脆弱特征，多采用截面数据进行某一时间切片下的现状诊断。然而，面对贫困问题、人口结构与疾病需求的变化，既往的家庭特征捕捉与截面证据，不足以实现对灾难性卫生支出的有效干预，亟待拓展研究维度与视角、刻画时空作用带来的动态演化效应，进一步厘清这些因素与灾难性卫生支出高发之间的因果关系。

研究维度与视角的拓展极大程度上依托于方法学的更新迭代。目前，关于灾难性卫生支出的研究在时序分析上取得了长足的进展，但在空间维度涉猎不多。因此，本章重点着墨于我国灾难性卫生支出时间/空间/时空全景测度的技术实现路径，通过案例讲解，依托空间分析技术，以期为未来研究提供新视角。

第一节 时序追踪下我国特定人群灾难性卫生支出全景测度

一、实例研究：一项针对我国中老年人群的 5 年间灾难性卫生支出全景测度追踪

1. 数据来源、变量选取和研究方法

（1）数据来源

本研究根据 CHARLS 提供的个人 ID 和家庭 ID 对 5 年内（2011—2015 年）

的数据进行合并，消除了异常值与缺失值，最终保留了 2011 年的 8579 户数据、2013 年的 8120 户数据以及 2015 年的 9795 户数据。

（2）变量选取

根据文献分析，确定固定效应的标准是影响灾难性卫生支出的主要因素，确定随机效应的标准是混杂因素。根据模型的适用性，影响灾难性卫生支出（$\boldsymbol{Y}$）的因素（$\boldsymbol{X}$）随时间固定（即固定效应）。因此，本研究选定城乡类型、性别、婚姻状况、受教育水平、医疗保险情况、残疾情况、慢性病情况、住院治疗情况、家庭经济分组和家庭规模等变量以捕捉其固定效应，选定年份（2011—2015 年）作为随机变量以捕捉年度固定效应不可察觉的时间变化特征，如老年疾病诊疗技术的改进、政府政策的变化和经济条件的改善。

（3）研究方法

广义线性混合模型（GLMM）是广义线性模型和混合线性模型的延伸，可用于处理分层数据，与本研究的目的较为符合。在模型中加入随机效应可以解决数据之间相关性、过度分散性和异质性的问题。GLMM 对缺失数据不敏感，减小了数据的偏差。GLMM 包括系统部分、随机部分和连接函数。

系统部分 $\mu=\boldsymbol{X}\beta+\boldsymbol{Z}\alpha$，其中 $\boldsymbol{X}$ 为固定效应矩阵，$\boldsymbol{Z}$ 为随机效应矩阵，α 和 β 为参数向量；随机部分（$\boldsymbol{Y}|\alpha$）服从指数族分布，有 $E(\boldsymbol{Y}|\alpha)=\mu'$；连接函数 $g^{-1}(\cdot)$ 连接前两部分，有 $E(\boldsymbol{Y}|\alpha)=\mu'=g^{-1}(\boldsymbol{X}\beta+\boldsymbol{Z}\alpha)$。

2. 结果

（1）家庭卫生服务需求和利用情况

表 4-1 显示，患病率由 2011 年的 8.8%到 2013 年和 2015 年分别上升到 11.3%和 14.2%。相较于 2013 年（20.6%），2015 年的就诊率下降了大约 3 个百分点，但相较于 2011 年仍高出近 4 个百分点。

表 4-1 家庭卫生服务需求和利用　　单位：%

变量	2011 年	2013 年	2015 年
患病率	8.8	11.3	14.2**
就诊率	18.6	20.6	17.9**
住院率	8.6	11.8	12.0**

注：** 代表 $P<0.05$。

（2）家庭的医疗支出、灾难性卫生支出和因病致贫情况

表 4-2 显示，门诊费用从 2011 年到 2013 年增加了 1.8 倍；住院费用从 2013 年到 2015 年增加了 2.4 倍。同期，家庭支付能力（CTP）也有所增加，2015 年的 CTP 达到了 2011 年的 1.2 倍；医疗自付费用（OOP）占家庭支付能力的比例（OOP/CTP）由 2011 年的 7.1%增加到 2015 年的 17.4%。灾难性卫生支出的发生率由 2011 年的 10.5%上升至 2015 年的 19.7%，因病致贫发生率也由 2011 年的 4.3%上升到 2013 年的 7.1%，到 2015 年降至 7.0%。

表 4-2　家庭医疗支出、灾难性卫生支出和因病致贫发生率

变量	2011 年	2013 年	2015 年
住院费用/元	220.5	197.3	474.8**
门诊费用/元	32.5	57.3	110.5**
医疗自付费用/元	115.4	327.5	353.0**
家庭支付能力/元	1635.9	2029	2029.7**
OOP/CTP/%	7.1	16.1	17.4**
家庭 CHE 发生率/%	10.5	17.5	19.7**
家庭 IME 发生率/%	4.3	7.1	7.0**

注：＊＊代表 $P<0.05$。

（3）5 年内不同家庭的灾难性卫生支出

如表 4-3 所示，由慢性病、残疾或住院治疗引起的家庭灾难性卫生支出发生率显著增加。2011 年，慢性病家庭的灾难性卫生支出发生率为 12.4%，2013 年上升至 19.9%，而到 2015 年几乎翻了一番（24.0%）。残疾家庭的灾难性卫生支出发生率也呈现出相同趋势，2011 年仅为 13.7%，到 2015 年已达 26.7%。2011 年，利用住院服务导致的家庭灾难性卫生支出发生率为 13.7%，到 2013 年增长到 37.9%，增长了 2.7 倍，但在 2015 年下降了 8.3 个百分点（29.6%）。

表 4-3　5 年间不同家庭的灾难性卫生支出发生率

变量	2011 年		2013 年		2015 年	
	发生率/%	标准误	发生率/%	标准误	发生率/%	标准误
家庭是否有慢性病患者	12.4**	0.33	19.9**	0.40	24.0**	0.43
家庭是否有残疾人	13.7**	0.34	21.9**	0.41	26.7**	0.44

续表

变量		2011 年		2013 年		2015 年	
		发生率/%	标准误	发生率/%	标准误	发生率/%	标准误
家庭是否有住院患者		13.7*	0.34	37.9**	0.49	29.6**	0.46
家庭经济分组	最贫困	17.5**	0.38	24.7**	0.43	21.9**	0.41
	较贫困	15.5	0.36	21.0	0.41	23.2	0.42
	一般水平	10.8	0.31	14.2	0.35	19.5	0.40
	较富裕	6.3	0.24	12.8	0.33	17.0	0.38
	最富裕	2.9	0.17	14.8	0.36	17.2	0.38
参保类型	城镇职工医保	7.0**	0.26	11.0**	0.31	17.3**	0.38
	城镇居民医保	11.4	0.32	17.2	0.38	16.3	0.37
	城乡居民整合医保	12.1	0.33	8.3	0.28	18.7	0.39
	新农合	11.2	0.31	19.2	0.39	21.7	0.41
	未参保	9.7	0.30	15.2	0.36	15.5	0.39

注：* 代表 $P<0.10$，** 代表 $P<0.05$。

灾难性卫生支出发生率随经济水平的提高而增加。对于最富裕人群，灾难性卫生支出的发生率在 5 年内增长了 14.3 个百分点，而最贫困人群则仅增长了 4.4 个百分点。然而，较富裕家庭灾难性卫生支出发生率的强劲增长并没有使其高于平均水平。对于参加城镇职工医保和新农合的家庭，灾难性卫生支出的发生率从 2011 年到 2015 年增加了大约 10 个百分点。而参与城镇居民医保家庭的灾难性卫生支出发生率则在 2015 年略有下降，从 17.2%下降到 16.3%，增幅仅为参与城镇职工和新农合保险家庭的一半。

（4）5 年内不同家庭的因病致贫发生情况

表 4-4 结果显示，2015 年，残疾家庭中因病致贫发生率比 2011 年增加了 1 倍。在慢性病患者家庭中，2011 年因病致贫发生率为 4.9%，在 2015 年上升到 24.0%。对于利用住院治疗服务的家庭，因病致贫发生率从 2011 年到 2013

年增加了 17 个百分点，但从 2013 年到 2015 年却由 37.9%下降到 29.6%。最贫困家庭在调查的 5 年中没有遭受因病致贫，而其他家庭，包括最富裕家庭的因病致贫发生率都表现出了不同程度的增加。例如，最富裕家庭在 2011 年因病致贫发生率为 2.9%，而到 2015 年因病致贫发生率已经达到 17.2%。三种参保类型下，因病致贫发生率都有所上升。尽管参与城镇居民医保和城镇职工医保的家庭 2011 年的因病致贫发生率与未参保居民相似，但到 2015 年未参保家庭的因病致贫发生率达到 15.5%，而参与城镇居民医保和城乡居民整合医保家庭的因病致贫发生率增长较小。

表 4-4　5 年内不同家庭因病致贫发生率

变量		2011 年		2013 年		2015 年	
		发生率/%	标准误	发生率/%	标准误	发生率/%	标准误
家庭是否有慢性病患者		4.9**	0.33	19.9**	0.40	24.0**	0.43
家庭是否有残疾人		4.9	0.34	21.9**	0.41	26.7**	0.44
家庭是否有住院患者		4.7	0.34	37.9**	0.49	29.6**	0.46
家庭经济分组	最贫困	—	0.38	24.7**	0.43	21.9**	0.41
	较贫困	15.9**	0.36	21.0	0.41	23.2	0.42
	一般水平	4.3	0.31	14.2	0.35	19.5	0.40
	较富裕	6.3	0.24	12.8	0.33	17.0	0.38
	最富裕	2.9	0.17	14.8	0.36	17.2	0.38
参保类型	城镇职工医保	7.0**	0.26	11.0**	0.31	17.3**	0.38
	城镇居民医保	11.4	0.32	17.2	0.38	16.3	0.37
	城乡居民整合医保	12.1	0.33	8.3	0.28	18.7	0.39
	新农合	11.2	0.31	19.2	0.39	21.7	0.41
	未参保	9.7	0.30	15.2	0.36	15.5	0.39

注：** 代表 $P<0.05$。

（5）GLMMs 回归结果

如表 4-5 所示，家庭发生灾难性卫生支出最大的影响因素是发生住院服务。接受住院治疗家庭的灾难性卫生支出发生率比没有接受住院治疗的家庭高 2.25 倍。与最富裕家庭相比，最贫困家庭和较贫困家庭的灾难性卫生支出发生率分别增加了 1.83 倍和 1.74 倍。单成员家庭的灾难性卫生支出发生率是 3 人以上成员家庭的 1.75 倍。慢性病患者家庭和残障家庭的灾难性卫生支出发生率分别增加了 1.51 倍和 1.27 倍。此外，农村居民对灾难性卫生支出的敏感度是城镇居民的 1.24 倍。参与城镇职工医保家庭的灾难性卫生支出发生率有所下降。与文盲相比，小学及以上的受教育程度可以保护家庭免受灾难性卫生支出的影响。从随机效应来看，灾难性卫生支出发生率每年都在增长。

表 4-5　GLMMs 回归结果

<table>
<tr><th>效应</th><th colspan="2">变量</th><th>系数</th><th>标准误</th><th>P 值</th><th>OR</th><th>95%CI</th></tr>
<tr><td rowspan="15">固定效应</td><td>城乡类型</td><td>农村 vs 城镇</td><td>0.22</td><td>0.06</td><td>0.000</td><td>1.24</td><td>1.10~1.40</td></tr>
<tr><td>性别</td><td>女性 vs 男性</td><td>0.00</td><td>0.04</td><td>0.919</td><td>1.00</td><td>0.93~1.07</td></tr>
<tr><td>婚姻状况</td><td>已婚 vs 未婚</td><td>0.03</td><td>0.05</td><td>0.576</td><td>1.03</td><td>0.93~1.13</td></tr>
<tr><td rowspan="4">受教育水平</td><td>高中及以上 vs 文盲</td><td>−0.24</td><td>0.06</td><td>0.000</td><td>0.79</td><td>0.70~0.89</td></tr>
<tr><td>初中 vs 文盲</td><td>−0.30</td><td>0.07</td><td><0.001</td><td>0.74</td><td>0.65~0.85</td></tr>
<tr><td>小学 vs 文盲</td><td>−0.15</td><td>0.05</td><td>0.004</td><td>0.86</td><td>0.77~0.95</td></tr>
<tr><td>城镇职工医保 vs 新农合</td><td>−0.15</td><td>0.07</td><td>0.027</td><td>0.86</td><td>0.79~1.11</td></tr>
<tr><td rowspan="3">参保类型</td><td>城镇居民医保 vs 新农合</td><td>−0.01</td><td>0.08</td><td>0.868</td><td>1.01</td><td>0.74~1.62</td></tr>
<tr><td>城乡居民整合医保 vs 新农合</td><td>0.01</td><td>0.19</td><td>0.968</td><td>1.01</td><td>0.74~1.62</td></tr>
<tr><td>未参保 vs 新农合</td><td>−0.08</td><td>0.07</td><td>0.201</td><td>0.92</td><td>0.96~1.24</td></tr>
<tr><td>残疾</td><td>是 vs 否</td><td>0.24</td><td>0.04</td><td><0.001</td><td>1.27</td><td>1.17~1.37</td></tr>
<tr><td>慢性病</td><td>是 vs 否</td><td>0.41</td><td>0.04</td><td><0.001</td><td>1.51</td><td>1.40~1.63</td></tr>
<tr><td rowspan="2">家庭规模</td><td>1 人 vs 3 人以上</td><td>0.56</td><td>0.07</td><td><0.001</td><td>1.75</td><td>1.54~1.99</td></tr>
<tr><td>2~3 人 vs 3 人以上</td><td>0.53</td><td>0.05</td><td><0.001</td><td>1.70</td><td>1.55~1.86</td></tr>
</table>

续表

效应	变量		系数	标准误	*P*值	OR	95%CI
固定效应	家庭经济分组	最贫困 vs 最富裕	0.60	0.06	<0.001	1.83	1.63~2.05
		较贫困 vs 最富裕	0.55	0.06	<0.001	1.74	1.55~1.95
		一般水平 vs 最富裕	0.24	0.06	<0.001	1.27	1.13~1.43
		较富裕 vs 最富裕	−0.01	0.06	0.912	0.99	0.88~1.12
	住院	是 vs 否	0.81	0.05	<0.001	2.25	2.05~2.46
随机效应	年份		0.44	0.03	<0.001	—	—

3. 讨论

（1）经济水平高的家庭也未必能免受灾难性卫生支出的困扰

我国中老年人口的灾难性卫生支出发生率由2011年的10.5%上升到2015年的19.7%，不仅高于全国平均水平（13%），也高于其他国家平均水平。针对其他国家的分析发现，中老年人在此期间面临灾难性卫生支出的影响因素包括卫生服务利用、经济因素和医疗保险保护不平等。

我们分析了这些原因，发现贫困家庭与富裕家庭之间灾难性卫生支出发生率的差距正在缩小，即使是富裕家庭也逐渐无法免于陷入灾难性卫生支出的漩涡。这意味着，富裕家庭在支付了医疗服务费用后，也存在陷入贫困的风险。我们发现，2011年最贫困家庭和最富裕家庭的灾难性卫生支出发生率分别为17.5%和2.9%，到2015年分别上升到21.9%和17.2%。在此期间，最富裕家庭灾难性卫生支出发生率增长了近6倍。

富裕家庭的灾难性卫生支出发生率增长明显快于贫困家庭，这一发现与其他研究结果一致。研究结果表明，家庭的社会经济地位越高，直接使用卫生服务的概率就越高，即使是高收入人群也会遭受灾难性卫生支出。本研究结果还显示，2011—2015年，富裕家庭的患病率低于贫困家庭，但卫生服务利用率却高于贫困家庭。2011年，最富裕家庭的住院服务利用率是最贫困家庭的2.5倍。这一结论在其他研究中也得到证实，欧洲富裕国家的中老年人因利用医疗服务而发生灾难性卫生支出，法国灾难性卫生支出的发生率在阈值为35%~40%的情况下高达40%。

（2）医保对灾难性卫生支出的保护仍存在缺口

无论参加何种医疗保险，灾难性卫生支出和因病致贫的发生率在5年间都有所增加，这意味着参保不能完全防止居民陷入灾难性卫生支出。参保与2015年较高的灾难性卫生支出发生风险相关。对于医疗服务需求较高的中老年群体，缺乏医疗费用控制的医保覆盖可能在一定程度上增加疾病经济负担。即使是经济保护最有效的城镇职工医保，灾难性卫生支出的发生率也同比上升，因病致贫发生率从2011年到2015年也翻了一番。

保险覆盖面的扩大有助于降低居民使用卫生服务的门槛，但补偿的深度（服务覆盖面）和宽度（报销额度）不够，广度（全民医保覆盖）的优势被高医疗服务利用率带来的高支出进一步抵消。此外，基本医疗保险制度没有对多重脆弱性叠加的重点人群给予更多的政策倾斜。与未参保群体相比，参加医疗保险使居民更充分地利用医疗服务，进而产生了更高的医疗费用。一些研究发现，参加城镇职工医保和城镇居民医保的家庭更有可能利用门诊和住院服务。此外，居民更倾向于到三级医院，而非基层医疗卫生机构就诊。2008—2017年，我国三级医院的门诊人数每年增加了12.1%，而基层医疗卫生机构的患者人数每年仅增加了4.4%，这在一定程度上也导致了医疗费用的增加。综上所述，医保增加的报销福利在一定程度上被高卫生服务需求带来的高费用抵消，特别是对于多重脆弱性叠加的老年人群，发生灾难性卫生支出的风险也必然增加。因此，我国的医疗保险制度可以通过以下机制优化路径，增加对中老年群体疾病经济风险保护的倾向性：首先，建立预防保健系统，将更多疾病的预防与治疗关口前移，减少额外的医疗服务利用；其次，有必要及时采取措施以控制费用的不合理增长，如社区卫生资源的综合性开发，发挥家庭医生的健康管理职能，对不同群体实施适当的健康干预，推进分级诊疗以及“小病在社区，大病到医院”政策的进一步落地。

（3）卫生服务需求和利用仍是灾难性卫生支出的重要影响因素

中老年人群作为生理脆弱与社会脆弱叠加的弱势群体，相较于普通人群，产生了更多的医疗卫生服务需求与利用，在更多医疗费用支出与有限支付能力的矛盾下，更有可能发生因病致贫。例如，韩国慢性病家庭的灾难性卫生支出发生率（4.6%）是非慢性病患者家庭（0.3%）的约15倍。研究结果发现，

2011—2015 年，我国中老年人群患病率上升了 4 个百分点的同时，住院病人的医疗费用增加了 1 倍。患有慢性疾病/残疾的中老年人由于卫生服务需求和住院服务利用的增加，5 年内灾难性卫生支出发生率也翻了一番。

此外，我们发现，接受住院治疗服务是发生灾难性卫生支出的最重要影响因素。与那些不利用住院服务的人相比，无论经济水平和参保情况如何，灾难性卫生支出的发生率都增加了 2. 25 倍。此外，随着年龄和慢性病需求的增加，卫生服务的利用持续增加，并由此产生了高额的医疗费用。如果这些家庭缺乏对疾病风险的经济抵御能力，那么高额的医疗费用就可能使他们陷入贫困。有老年人家庭的灾难性卫生支出发生率是没有老年人家庭的 2 倍。

总之，由于中老年人身体和心理的双重脆弱性，他们极易因使用医疗服务而陷入灾难性卫生支出的漩涡中。对于弱势群体来说，最大限度地减少卫生服务利用和降低灾难性卫生支出发生风险是至关重要的。预防性卫生服务是实现这一目标的关键，可以在前期阻止或减缓疾病进程，避免不必要的医疗费用。研究已经证实，加强疾病预防可以减少卫生费用。Zhao 等（2013）发现，在我国，加强脑卒中预防措施，增加对脑卒中预防性医疗资源（尤其是药品）的投入，有助于预防疾病、降低脑卒中发病率、优化医疗成本效益。同样，预防、早期识别和治疗糖尿病的正向措施和策略可以减少并发症的发生以及医疗服务的利用。

4. 结论

为了更好地减轻疾病与亚健康带来的经济风险，需要进一步控制医疗费用的快速增长，避免卫生服务的过度使用。为提高我国医保制度的保障能力，相关部门应在政策制定中保持对中老年群体的倾向性，开展社区一级的预防性卫生保健和健康促进，避免不必要的卫生资源浪费。政府还应充分发挥医疗保险的优势，凝聚合力，形成医疗保险与政策措施相结合的保障网络。特别是，必须控制门诊和住院服务的支出；控制抗菌药物的使用和不必要的健康检查；建立处方审查制度；加大处罚力度，严厉打击骗保行为；提高医疗保险基金的可持续性。就医保而言，这不仅意味着参保率提高，还意味着福利包设计优化、医疗费用报销升级、弱势群体识别与聚焦（特别是对患有慢性病/残疾以及接受住院治疗的中老年群体）。

二、某省慢性病家庭10年间灾难性卫生支出测度研究

1. 数据来源、变量选取及研究方法

（1）数据来源

本研究从全国卫生服务调查中选取了某省第三次、第四次、第五次卫生服务调查的数据。经过数据清理，排除了少数数据缺失或异常的抽样家庭，最后纳入分析样本的包括2003年的3820户（11501人）、2008年的5411户（15571人）、2013年的5289户（14431人）。

（2）变量选取

基于前面章节构建的理论模型，以及进一步的计量分析，本研究纳入的自变量包括：①家庭的人口特征：户主的年龄、性别、受教育程度，是否有60岁以上或5岁以下的成员，以及家庭规模。②家庭的经济条件：家庭的经济水平（通过以标准家庭规模加权的等价的人均家庭消费支出来排序，得出的五分位数），以及户主的就业和参保情况。③疾病和卫生服务状况：是否有家庭成员患有慢性疾病（根据WHO的建议，主要包括心血管疾病、糖尿病、慢性呼吸系统疾病和癌症），是否有家庭成员住院，以及过去一年中是否使用过住院服务。

（3）研究方法

本研究采用Logistic逻辑回归来分析灾难性卫生支出的影响因素。

2. 结果

（1）受访者特征

如表4-6所示，我们对所有研究变量都进行了描述性统计。在2003年、2008年和2013年的三次卫生服务调查中，大多数受访者是男性（占比分别为84.6%、84.0%和86.3%），未受过高等教育（占比分别为90.1%、92.7%和94.5%）。2008—2013年，患有慢性病的个人占比由11.6%迅速上升到23.3%，尤其是心血管疾病和糖尿病患者，10年间，心血管疾病和糖尿病患者的数量分别增加了3.7倍和3.3倍。2003年，有11.8%的家庭有2人或2人以上的成员患有慢性病，而在2013年，这一比例达到了23.7%。在同一时期，未参保的户主比例由80.3%骤降到11.9%。

表 4-6 2003 年、2008 年、2011 年某省卫生服务调查受访者特征

变量		2003 年		2008 年		2013 年	
		数量/户、人、元	占比/%	数量/户、人、元	占比/%	数量/户、人、元	占比/%
家庭数		3820	100. 0	5411	100. 0	5289	100. 0
家庭所在地	城镇	—	—	—	—	979	18. 5
	农村	—	—	—	—	4310	81. 5
户主性别	男性	3230	84. 6	4545	84. 0	4566	86. 3
	女性	590	15. 4	866	16. 0	723	13. 7
户主受教育程度	文盲	297	7. 8	358	6. 6	330	6. 2
	小学	925	24. 2	1420	26. 2	1785	33. 7
	初中	1781	46. 6	2551	47. 1	2420	45. 8
	高中	439	11. 5	690	12. 8	467	8. 8
	大学及以上	378	9. 9	392	7. 3	287	5. 5
户主就业情况	已退休	450	11. 8	759	14. 0	394	7. 4
	工作	2863	74. 9	3479	64. 3	4274	80. 8
	失业	507	13. 3	1173	21. 7	621	11. 8
户主医保情况	城镇职工医保	753	19. 7	1286	23. 8	564	10. 7
	城镇居民医保	—	—	—	—	208	3. 9
	新农合	—	—	2693	49. 8	3886	73. 5
	未参保	3067	80. 3	1432	26. 4	631	11. 9
家庭有 5 岁以下成员		461	12. 1	663	12. 3	594	11. 2
家庭有 60 岁以上成员		869	22. 7	1496	27. 6	1746	33. 0
家庭有住院成员		294	7. 7	825	15. 2	947	17. 9

续表

变量		2003 年		2008 年		2013 年	
		数量/户、人、元	占比/%	数量/户、人、元	占比/%	数量/户、人、元	占比/%
家庭规模	>3 人	1254	32. 8	1538	28. 4	1689	31. 9
	≤3 人	2566	67. 2	3873	71. 6	3600	68. 1
家庭成员患慢性病类型	心血管疾病	365	9. 6	861	15. 9	1866	35. 3
	糖尿病	424	11. 1	982	18. 1	1949	36. 9
	慢性呼吸系统疾病	114	3. 0	136	2. 5	89	1. 7
	癌症	0	0. 0	31	0. 6	20	0. 4
家庭患慢性病成员数	0	275	72. 0	339	62. 8	2741	51. 8
	1 人	621	16. 3	106	19. 7	1297	24. 5
	2 人	270	7. 1	589	10. 9	702	13. 3
	≥3 人	178	4. 7	359	6. 6	549	10. 4
个人数		11501	100. 0	15571	100. 0	14431	100. 0
患慢性病个人数		1332	11. 6	2672	17. 2	3362	23. 3
家庭年收入		11623. 35	—	16673. 33	—	34029. 26	—
家庭年支出		10403. 18	—	13065. 42	—	24529. 02	—

（2）居民现金卫生支出和灾难性卫生支出

家庭灾难性卫生支出发生率由 2003 年的 18. 9%下降到 2013 年的 14. 9%，因病致贫发生率也由 2003 年的 4. 1%略降至 2013 年的 3. 1%。这两个指标的趋势在 3 年卫生服务调查中都显示出显著的统计学差异。随着三次卫生服务调查慢性病患者数量的增加，居民现金卫生支出对家庭支付能力的影响增大，特别是在 2008 年，居民现金卫生支出的比例由 20. 8%上升到 47. 3%。灾难性卫生支出发生率与家庭的慢性病状况密切相关。家庭中慢性病患者越多，发生灾难性卫生支出和因病致贫的风险就越高。2013 年，有 3 位或 3 位以上慢性病患者的家庭中，有 33. 2%遭受了灾难性卫生支出，比没有慢性病患者的家庭（4. 6%）高 7. 2 倍，比有 1 位慢性病患者的家庭（11. 7%）高 2. 8 倍。因病致贫在三次卫生服务调查中都呈现出相同的趋势（见表 4-7）。

表 4-7 慢性病家庭灾难性卫生支出分布

年份	变量	家庭无慢性病患者	家庭有 1 位慢性病患者	家庭有 2 位慢性病患者	家庭有 3 位慢性病患者	合计
2003	平均居民现金卫生支出/元	468. 4	829. 6	971. 1	1161. 6	920. 6
	平均家庭支付能力/元	3655. 9	3980. 6	7451. 7	2455. 1	4613. 4
	OOP/CTP/%	12. 8	20. 8	13. 0	47. 3	20. 0
	家庭 CHE 发生率/%	7. 4	17. 9	27. 8	37. 1**	18. 9
	家庭 IME 发生率/%	3. 2	4. 8	4. 4	12. 9**	4. 1
2008	平均居民现金卫生支出/元	1373. 8	2505. 9	3354. 6	4163. 5	3049. 3
	平均家庭支付能力/元	9833. 2	9873. 0	10858. 7	13280. 5	10768. 3
	OOP/CTP/%	13. 9	25. 4	30. 9	31. 4	28. 3
	家庭 CHE 发生率/%	8. 6	22. 1	30. 1	40. 7**	20. 9
	家庭 IME 发生率/%	3. 1	5. 2	5. 6	7. 5**	4. 0
2013	平均居民现金卫生支出/元	1946. 5	3367. 1	5433. 8	7362	4797. 4
	平均家庭支付能力/元	20067. 9	19345. 1	20256. 7	20842. 9	19918. 9
	OOP/CTP/%	9. 7	17. 4	26. 8	35. 3	24. 1
	家庭 CHE 发生率/%	4. 6	11. 7	23. 6	33. 2**	14. 9
	家庭 IME 发生率/%	1. 3	3. 9	5. 3	7. 6**	3. 1

注：** 代表 $P<0.01$，与不同慢性病状态家庭比较。

（3）不同类型慢性病家庭的灾难性卫生支出分布情况

我们比较了不同参保类型下慢性病家庭灾难性卫生支出的发生率（见表4-8）。总体而言，2003年和2008年，参保家庭的灾难性卫生支出发生率低于未参保家庭。尤其是对于有心血管疾病成员的家庭，未参保家庭灾难性卫生支出发生率在2003年和2008年分别为31.4%和43.7%，分别比参加城镇职工医保的家庭高3.6个百分点和14.9个百分点。有糖尿病患者的家庭也有同样的趋势。多个家庭层面的风险因素耦合（如未参保和有慢性病成员）增加了这些家庭发生灾难性卫生支出的脆弱性。2008年，有糖尿病患者但未参保的家庭的灾难性卫生支出率为48.0%，比有糖尿病患者但参加城镇职工医保的家庭高1.78倍。

表4-8　不同医保中患不同类型慢性病家庭的灾难性卫生支出发生率　单位：%

年份	户主参保类型	家庭成员患慢性病情况				
		心血管疾病	糖尿病	慢性呼吸系统疾病	癌症	合计
2003	城镇职工医保	27.8	32.1	27.3	—	28.7
	未参保	31.4*	31.8**	29.1	—	31.0
2008	城镇职工医保	28.8	26.9	52.9	56.3	30.9
	新农合	29.0	41.2	23.3	66.7	29.5
	未参保	43.7**	48.0**	34.5	16.7	43.0**
2013	城镇职工医保	20.4	25.0	33.3	—	21.6
	城镇居民医保	22.1	13.8	—	—	19.1
	新农合	22.4	26.4	40.0	52.6	24.1
	未参保	12.0*	15.6*	33.3	—	13.6**

注：*代表 $P<0.05$，**代表 $P<0.01$。

自2013年医疗保险制度发展以来，所有慢性病灾难性卫生支出的总体发生率已经有所下降。参加城镇职工医保家庭的灾难性卫生支出发生率由2008

年的 30.9%下降到 2013 年的 21.6%。值得注意的是，未参保家庭的灾难性卫生支出发生率要比参保家庭低得多。2013 年，有心血管疾病成员的未参保家庭的灾难性卫生支出率为 12.0%，比参保家庭（20.4%~22.4%）低了近 10 个百分点。未参保和患有慢性病原本作为一个耦合的脆弱因素，会加大家庭发生灾难性卫生支出的脆弱性。因此以上结果表明，未参保的家庭可能会选择放弃医疗，以避免灾难性卫生支出。同时，参保的家庭和有癌症成员的家庭灾难性卫生支出发生率最高（52.6%~66.7%），远远高于平均值（见表 4-8）。

（4）不同慢性病患者数量的家庭的因病致贫分布情况

因病致贫发生率与家庭慢性病成员情况有关。有更多慢性病成员的家庭发生因病致贫的风险更高。2003 年，对于参加城镇职工医保的家庭，随着慢性病成员数量的增加，因病致贫风险从 3.4%上升到 20.0%，且差异有显著的统计学意义（$P<0.01$），2008 年从 0.3%上升到 3.1%。自城镇职工医保实施以来，慢性病家庭因病致贫发生率呈明显下降趋势，到 2013 年，没有家庭发生因病致贫。与城镇职工医保相比，新农合的覆盖福利还不足以为慢性病家庭提供足够的经济保护。2008 年，参加新农合的家庭中，有 1 位慢性病患者家庭的因病致贫发生率为 5.3%，有 2 位慢性病患者家庭的因病致贫发生率为 7.2%，有 3 位或 3 位以上慢性病患者的家庭为 9.8%（$P<0.01$）。新农合经过 5 年的发展，慢性病家庭的因病致贫发生率没有明显改善，2013 年，有 1 位慢性病患者家庭的因病致贫发生率为 5.0%，有 3 位及以上慢性病患者家庭的因病致贫发生率为 10.7%。

接下来，我们比较了不同参保类型下不同数量慢性病患者家庭因病致贫发生情况。结果表明，不同参保类型之间的因病致贫发生率存在显著差异。未参保者原本被认为会在无经济保护下产生高额医疗费用，并进一步导致因病致贫，然而，对于拥有相同数量慢性病患者的家庭来说，未参保的慢性病家庭的因病致贫发生率并不是最高的。特别是在 2013 年，参加新农合的慢性病家庭的因病致贫发生率远远高于未参保的慢性病家庭，因病致贫发生率分别为 5.0%、7.0%和 10.7%，而未参保家庭的因病致贫发生率分别为 2.0%、1.8%和 1.7%（见表 4-9）。

表 4-9 不同参保类型下家庭慢性病患者不同数量的因病致贫发生率分布

年份	户主参保类型	家庭无慢性病患者	家庭有1位慢性病患者	家庭有2位慢性病患者	家庭有3位或以上慢性病患者
2003	城镇职工医保	5.3	3.4	10.0	20.0##
	未参保	2.7**	5.4	2.9*	10.2*
2008	城镇职工医保	1.5	0.3	1.9	3.1
	新农合	3.9	5.3	7.2	9.8##
	未参保	2.9**	9.1**	6.3*	7.5
2013	城镇职工医保	0.0	0.0	0.0	0.0
	城镇居民医保	1.0	0.0	2.4	3.7
	新农合	1.5	5.0	7.0	10.7##
	未参保	1.1	2.0**	1.8*	1.7**

注：①*代表 $P<0.05$，**代表 $P<0.01$，与不同参保类型家庭相比。②#代表 $P<0.05$，##代表 $P<0.01$，与不同慢性病类型的家庭相比。

（5）灾难性卫生支出的影响因素

逻辑回归模型的结果显示，与户主有工作的家庭相比，户主为退休或失业的家庭更有可能遭受灾难性卫生支出。户主退休增加了家庭遭受灾难性卫生支出的概率。家庭的经济分组与灾难性卫生支出成反比。最贫困的家庭比最富有的家庭更有可能发生灾难性卫生支出，而且这种差距随时间推移而增加：2003年为2.57倍，2008年为5.21倍，2013年为4.02倍。有住院病人的家庭，发生灾难性卫生支出的风险较高（OR：3.10~3.56）。3年中拥有更多慢性病成员的家庭都增加了灾难性卫生支出发生风险。有癌症患者的家庭比没有癌症患者的家庭更有可能发生灾难性卫生支出，2008年为3.58倍，2013年为3.76倍。拥有较多家庭成员似乎是家庭避免灾难性卫生支出的保护因素（见表4-10）。

表 4-10 慢性病患者家庭灾难性卫生支出的影响因素

变量		2003 年		2008 年		2013 年	
		OR	95%CI	OR	95%CI	OR	95%CI
户主性别	男性 vs 女性	1.39	0.91~2.11	1.26	0.93~1.71	1.29	0.93~1.81
户主受教育程度	无 vs 大专及以上	1.74	0.86~3.50	3.06**	1.54~6.08	1.23	0.63~2.42
	小学 vs 大专及以上	1.19	0.64~2.24	2.98**	1.58~5.63	0.94	0.51~1.73
	初中 vs 大专及以上	0.97	0.53~1.77	2.07*	1.11~3.84	0.77	0.43~1.40
	高中 vs 大专及以上	1.28	0.63~2.59	1.62	0.81~3.25	0.66	0.34~1.27
户主就业情况	退休 vs 工作	2.05**	1.34~3.14	2.23**	1.47~3.38	2.64**	1.62~4.30
	失业 vs 工作	0.93	0.59~1.47	1.57**	1.12~2.19	2.64**	2.01~3.48
户主参保情况	城镇居民医保 vs 城镇职工医保	—	—	—	—	0.57	0.29~1.12
	新农合 vs 城镇职工医保	—	—	1.29	0.87~1.91	1.11	0.66~1.85
	未参保 vs 城镇职工医保	1.55*	1.02~2.36	1.24	0.87~1.77	0.68	0.37~1.25
家庭经济分组	最贫困 vs 最富裕	2.57**	1.51~4.36	5.21**	3.29~8.26	4.02**	2.38~6.79
	较贫困 vs 最富裕	1.81*	1.06~3.10	2.63**	1.64~4.22	1.98*	1.15~3.41
	一般水平 vs 最富裕	1.45	0.87~2.42	2.12**	1.33~3.38	1.44	0.79~2.62
	较富裕 vs 最富裕	1.92*	1.13~3.24	1.48	0.92~2.40	1.07	0.55~2.07

续表

变量		2003 年		2008 年		2013 年	
		OR	95%CI	OR	95%CI	OR	95%CI
家庭是否有 5 岁以下儿童	是 vs 否	0.96	0.50~1.84	1.39	0.88~2.21	0.63	0.35~1.15
家庭是否有 60 岁以上老人	是 vs 否	0.98	0.68~1.41	1.51**	1.17~1.95	1.07	0.83~1.39
是否有住院病人	是 vs 否	3.10**	2.09~4.61	3.56**	2.75~4.62	3.16**	2.50~3.99
家庭慢性病患者数量	2 人 vs 1 人	1.36	0.94~1.97	1.31*	1.01~1.71	1.84**	1.41~2.41
	3 人及以上 vs 1 人	1.93**	1.26~2.95	1.73**	1.27~2.36	2.05**	1.53~2.76
是否有心血管疾病患者	是 vs 否	1.41	0.99~1.98	1.24	0.98~1.57	1.22	0.93~1.61
是否有慢性呼吸系统疾病患者	是 vs 否	1.28	0.78~2.08	1.05	0.68~1.64	1.83*	1.08~3.11
是否有癌症患者	是 vs 否	—	—	3.58**	1.54~8.28	3.76**	1.43~9.90
是否有糖尿病患者	是 vs 否	1.57	0.88~2.80	1.63*	1.08~2.47	1.30	0.96~1.77
常数项		0.02	—	0.01	—	0.02	—

注：* 代表 $P<0.05$，** 代表 $P<0.01$。

3. 讨论

我们利用2003年、2008年和2013年的全国卫生服务调查数据，对某省慢性病家庭的灾难性卫生支出和因病致贫的发生率进行了系统分析。虽然灾难性卫生支出发生率在2003—2013年呈现出下降趋势，但总体发生率不仅高于全国平均发生率，而且高于大多数发展中国家的发生率。以下总结了10年间导致发生灾难性卫生支出的慢性病家庭陷入因病致贫的因素。

（1）经济条件是影响灾难性卫生支出的重要因素

逻辑回归的结果显示，人口特征因素，如受教育程度、家庭规模、户主的就业情况、有老年人的家庭和家庭经济水平都对灾难性卫生支出的风险有影响。较高的受教育程度、较大的家庭规模和户主有工作都是保护性因素，这与其他文献中的结果一致。经济状况可以提高家庭抵御灾难性卫生支出的经济能力，但是仍然有大量家庭生活在贫困线以下。某省在2015年有211万贫困人口，贫困发生率为8.4%，比全国平均水平高2.7个百分点。贫困人口因病致贫的问题必须得到紧急处理和解决。研究发现，2003年，最贫困群体受灾难性卫生支出影响的可能性是最富裕群体的2.6倍。这一趋势持续到2008年变得更加严重，直到2013年才略有缓解；然而，某省的贫困人口仍然面临巨大的挑战。因此，将资金和资源更加精准地用于贫困人口的精准扶贫是缓解灾难性卫生支出造成的不平等的关键。

（2）慢性病患者的高卫生服务利用率更容易引起灾难性卫生支出

卫生服务需求和利用是影响灾难性卫生支出的最重要因素之一。研究显示，有慢性病成员和住院成员的家庭比其他家庭更有可能陷入因病致贫。慢性病对家庭疾病负担的影响主要体现在以下两个方面。首先，有更多慢性病成员的家庭更容易出现经济困难。在本研究所述期间（2008—2013年），有3位或以上慢性病患者家庭的灾难性卫生支出发生率是没有慢性病患者家庭的3~7倍，是有1位慢性病患者家庭的2倍。有3位或以上慢性病患者的家庭灾难性卫生支出的发生率很高，从33.3%到40.7%不等。其次，不同类型的慢性病对灾难性卫生支出的发生也具有重要影响。研究中，癌症、慢性呼吸系统疾病和糖尿病导致了灾难性卫生支出和因病致贫的高发生率，这与其他研究是一致的。某省作为我国北部省份，恶劣的气候条件、高盐和高脂肪的饮食以及不健康的生活方式，都导致了慢性病的高发。

参加医疗保险有可能产生道德风险。由于人们参加了医疗保险，医疗服务的边际价格会比未参加医疗保险时低，因此，人们更有可能忽视自己的健康，减少对疾病的预防投资。这也是某省慢性病发病率上升的因素之一。快速增长的卫生服务需求和卫生服务利用也加剧了卫生服务消费的压力。高收入国家的经验表明，即使是在已经实现了全民医保的卫生系统中，许多家庭也背负着沉重的经济负担，特别是那些有成员患有长期或慢性疾病的家庭和社会经济地位低下的群体。即使是经济水平高、支付能力强的富裕家庭，由于慢性病和卫生服务的医疗费用具有延续性，也可能出现灾难性卫生支出。对弱势群体确诊患者的共同支付和豁免、减少共同支付的广泛范围，仍不足以有效防止慢性病家庭的灾难性卫生支出。

（3）医保制度设计上仍存在薄弱环节

医保制度并没有给予具有多重风险因素的弱势群体特别的制度倾斜。在确定服务的优先次序时，需要首先考虑慢性病群体、最贫困群体和未参保群体。然而，研究发现，医保制度并没有实际降低灾难性卫生支出的风险，也没有明显减轻登记的慢性病患者的经济负担，这与现有其他文献的结论相似。仍有21.6%的参加城镇职工医保的慢性病家庭面临着灾难性卫生支出的困境，而参加新农合的慢性病家庭情况更为严重（24.1%）。医保制度对于有慢性病成员的家庭，特别是有癌症成员的家庭，在经济保护方面的表现较差。研究结果显示，2008 年，不同参保类型中有癌症成员家庭的灾难性卫生支出发生率都超过了 50%，最高甚至达到 66.4%，远远高于其他慢性病。这种医保在经济保护方面的表现不佳，很有可能是老年人口慢性病高发以及政策设计中相应的医疗支出模式造成的。

医疗保险制度只降低了某省居民使用医疗服务的门槛，医疗福利和报销比例仍需要进一步扩大。提高财政保障的补偿水平和提供合理质量的服务是永存的政策挑战。比如泰国，全民健康保险因随后扩大到福利计划而得到加强。以某省政府所在地某市为例，城镇职工医保只覆盖了 12 种特殊的慢性病，门诊服务和药品的覆盖面都十分有限。因此，进一步提高慢性病治疗和药品的医疗福利包覆盖面相当重要。

此外，在某省，打破不同医保制度间的不平等也是亟须解决的问题。2013年，参加新农合家庭因病致贫发生率高达10.7%，远高于城镇居民医保的3.7%和城镇职工医保的0。新农合的经济保护能力最弱，这与其他学者的研究一致。新农合覆盖的更多的是农村人口，也是慢性病的最脆弱群体，提高新农合的经济保护能力有助于某省进一步实现医疗保险制度的扶贫效果。

4. 结论

卫生服务需求和利用是灾难性卫生支出最重要的影响因素之一。有患慢性病成员和住院成员的家庭是最容易陷入贫困陷阱的群体。在调整医保制度和健康扶贫工作中，应重点关注慢性病人群、经济条件差人群及未参保人群。此外，现有医保制度中，新农合对农村居民的保护作用最弱，下一步应打破不同医保制度间的差异，着重关注农村脆弱群体，真正实现医保制度的扶贫减贫效果。

第二节　基于地理探测器技术的我国中老年人群灾难性卫生支出测度与脆弱靶点分析

一、地理探测器方法学简述

随着空间研究意识被引入灾难性卫生支出研究领域，地理探测器技术的应用逐渐普及。地理探测器技术是王劲峰等（2017）提出的，一种新兴的、能够用来探测空间分层异质性的空间地理研究方法，目前已经被较为广泛地应用在卫生、环境领域等实际问题上。其对空间分层异质性、交互作用、风险识别的先天优势有助于广大学者完成精准化、科学化的空间模式描绘与医保政策预警。

空间分层异质性，简称空间分异性，是空间数据的最大特性之一，指某一要素在不同条件或不同区域间存在差异。它的内核是层内方差小于层间方差，如城乡差异、气候带差异等。地理探测器正是解释空间分异性内核驱动力的一种统计学方法，其假设如果某一自变量与因变量的关联性较强，二者在空间分布上也应该具有相似性。这能够帮助我们将平面维度的因果联立关系向空间层面过渡，以此深入挖掘贫困率、医保覆盖率等均化数据背后，影响医保制度减贫效力的现实因素。此外，地理探测器技术没有线性假设，能够处理不连续型空间样本数据。从空间上看，此方法能够对灾难性卫生支出的空间异质性进行分析，由此析出区域关联层面上每个样本城市医保制度减贫功能失效的差异性原因。

总体来看，地理探测器技术在灾难性卫生支出研究的应用中有如下具体优势：①分析数据类型高度吻合：擅长自变量为类型量，而因变量为区域灾难性卫生支出发生率等数值量的分析。②小样本情景下的高统计精度：当自变量和因变量均为数值量时，通过对自变量的离散化处理可以得到比经典回归更可靠的关系。尤其是在小样本（N<30）情景下，地理探测器的统计精度更高。在进行市级以上的区域灾难性卫生支出发生率研究时，一些研究受制于分析方法的样本量要求而难以继续。相比之下，地理探测器提供了更加可靠的研究结论，保障了研究在小样本情景下的顺利开展。③对变量无线性假设：地理探测器属于方差分析范畴，拥有明确的物理含义，对变量无严格线性假设要求。对于多元因素耦合的灾难性卫生支出发生机制，这一点极大地降低了方法学建模的难度。④交互作用：地理探测器可以发现两因素交互后对灾难性卫生支出发生率的影响，检测到的交互作用不限于传统计量经济学预设的乘性交互。由于灾难性卫生支出成因复杂，交互相对复杂，而地理探测器技术则可以对其效应有更加直观准确的测量。⑤免疫多重共线性：在社会因素的探讨中，共线性是常常遇到的问题，而该方法为我们研究灾难性卫生支出空间分布成因扫清了一部分条件假设的障碍。

在统计分析灾难性卫生支出发生率及其影响因素的空间地理数据时，由于离散化适用于离散、连续和混合型等多种空间数据，因此将空间数据离散化是使用空间统计方法之前非常重要的一环。数据离散化，是将数据通过所选择节点划分为区间的过程，离散化数据较之连续数据更容易理解、解释和使用。离散方法包括有监督离散和无监督离散两大类，两种离散方法的最大差别是数据中有无分类信息。如果没有分类信息，则直接使用无监督离散方法进行数据离散化，这在 Cao 等（2014）中被明确提到。当研究变量中不存在分类信息时，自然断点法（jenks natural break）这一被广泛应用于空间映射（spatial mapping）和地理可视化（geovisualization）功能中的无监督离散方法被鼓励作为实用的数据预处理手段在研究中使用。首先，应对研究数据进行离散化。其次，根据区间值对模型纳入指标的 15 个变量的数据依次以序号 1~8 的 8 个自然断点进行子区域划分，按照升序排列，序号 1 的间隔值最小，序号 8 的间隔值最大。一种可行的方案是利用地理信息系统软件将研究区域以设定空间分辨率进行栅格化（grid），并通过消除每一栅格点（grid point）的变量信息得到栅格化数据。最后，将栅格化数据导入 Excel Geodetector 软件，以地理探测器技术对其进行计算和分析，即可完成对研究使用的空间数据的处理。

地理探测器技术由 4 个操作板块组成，具体应用方法如下：

1. 因子探测器

用于检测因变量 Y 的空间分异性，并对各个驱动因素对因变量 Y 的解释程度进行分析，通过因子探测技术，初步分析各驱动因素与灾难性卫生支出发生率的关联性和影响性，为后续交互探测、风险探测等检测提供重点关注对象。q 值表达式中，q 值的范围为［0，1］，q 值越大，证明 Y 的空间分异性越显著，若是由解释变量 X 生成分区，则 q 值的大小与 X 对 Y 的解释力大小相对应。表达式见式（4-1）～式（4-3）：

$$q = 1 - \frac{\sum_{h=1}^{L} N_h {\sigma_h}^2}{N\sigma^2} = 1 - \frac{SSW}{SST} \tag{4-1}$$

$$SSW = \sum_{h=1}^{L} N_h {\sigma_h}^2 \tag{4-2}$$

$$SST = N\sigma^2 \tag{4-3}$$

式中，$h=1$；L 为被解释变量 Y 或解释变量 X 的分区；N_h 和 ${\sigma_h}^2$ 分别为 h 层区的单元数和 Y 值方差；N 和 σ^2 分别为全区单元数和全区 Y 值方差；SSW 为层内方差和；SST 为全区总方差和。

2. 交互探测器

交互探测器对变量具有协同、双协同、拮抗、单拮抗以及相互独立等作用呈现，能有效识别多种因子在空间层面的作用关系，比如因子呈现独立还是交互作用状态、交互作用下减弱还是增强影响效果等。简单来说，交互探测的意义在于识别和评估不同风险因子共同作用时对被解释变量 Y 的解释力度是增强还是减弱，或是只具有独立影响。此方法能够帮助我们有效把控驱动因素对灾难性卫生支出发生率的全景式立体作用影响机制，为后续针对不同驱动因子或单独、或协同导致医保减贫环节失效的情况提供科学、全面、靶向性的佐证或建议。交互探测器交互作用判别如图 4-1 所示。

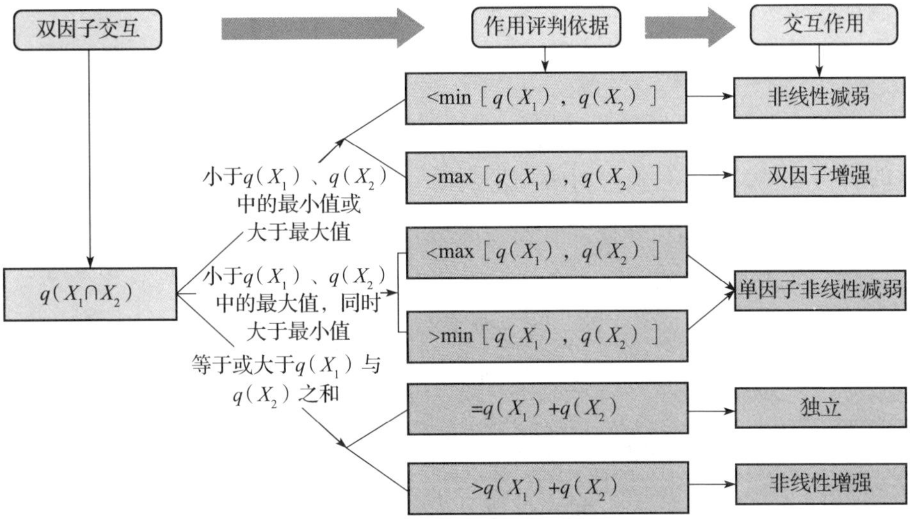

图 4-1　X_1 与 X_2 因子交互作用类型判别示意图

首先计算 X_1 和 X_2 对被解释变量 Y 的 q 值，之后对 $q(X_1)$ 和 $q(X_2)$ 的交互情况进行比对判断，确定因子间的交互关系。图 4-1 中，$q(X_1 \cap X_2)$ 为双因子交互；$\min[q(X_1), q(X_2)]$ 是在 $q(X_1)$、$q(X_2)$ 中取最小值；$\max[q(X_1), q(X_2)]$ 是在 $q(X_1)$、$q(X_2)$ 中取最大值；$q(X_1)+q(X_2)$ 为 $q(X_1)$ 和 $q(X_2)$ 之和。

3. 风险探测器

风险探测以 t 统计量来检验，是对研究区域所划分的子区域进行各驱动因素属性均值差异性探究的一种方式。该探测方式的结论是，子区域间属性均值差异更为显著的因素对于被解释变量的发生风险起主要作用。应用风险探测器对空间数据进行分析，能够在因子探测和交互探测的基础上进一步锁定灾难性卫生支出高风险区域的核心内驱因素，为空间医保减贫失效环节提供更精准的研究方向和优化视角。

t 统计量检验公式为

$$t_{\bar{y}_{h=1}-\bar{y}_{h=2}} = \frac{\bar{Y}_{h=1} - \bar{Y}_{h=2}}{\left[\frac{\mathrm{var}(\bar{Y}_{h=1})}{n_{h=1}} + \frac{\mathrm{var}(\bar{Y}_{h=2})}{n_{h=2}}\right]^{1/2}} \tag{4-4}$$

式中，$\bar{Y}_h$ 为 h 子区域内属性均值；n_h 为 h 子区域中的样本数量；var 为方差。

此时，t 检验的零假设 H_0：$\bar{Y}_{h=1}=\bar{Y}_{h=2}$，如果在 α 显著水平上拒绝 H_0，则认为所测定的子区域间属性均值具有显著性差异。

4. 生态探测器

以 F 统计量衡量两种驱动因子对于被解释变量 Y 在空间分布上是否有显著的影响差异，生态探测器可被用来判断某两种解释变量对灾难性卫生支出发生率空间分布影响的差异性。

F 统计量检验公式为

$$F=\frac{N_{X_1}(N_{X_2}-1)SSW_{X_1}}{N_{X_2}(N_{X_1}-1)SSW_{X_2}} \tag{4-5}$$

$$SSW_{X_1}=\sum_{h=1}^{L_1}N_h\sigma_h^2,\ SSW_{X_2}=\sum_{h=1}^{L_2}N_h\sigma_h^2 \tag{4-6}$$

式中，N_{X_1}、N_{X_2} 为 X_1 与 X_2 两个驱动因子的样本量；SSW_{X_1}、SSW_{X_2} 分别为 X_1、X_2 所形成分层的层内方差之和；L_1、L_2 分别为 X_1、X_2 的分层数量。此时，F 统计量的零假设 H_0：$SSW_{X_1}=SSW_{X_2}$，当在 α 显著水平上拒绝假设时，因子 X_1 与 X_2 对被解释变量 Y 在空间上的分布存在显著性影响差异。

二、实例研究一：一项针对我国中老年人群的灾难性卫生支出发生率空间分异特征及驱动因素探究

1. 研究概述

（1）研究区域与研究变量

本研究主要数据来源于2018年CHARLS数据库，覆盖我国28个省（区、市）、150个县及125个地级市区域。课题组从现有地市级宏观指标中剔除了数据不完整和数据异常的条目，最终得到114个地级市的数据，并进一步计算灾难性卫生支出发生率。

结合查阅到的既往相关文献构建的指标模型，梳理了国内外制度和研究中发现的灾难性卫生支出的研究缺口。基于本次研究内容、目的、拟解决问题和理论模型构建，综合考量开源数据库现有指标和补充指标数的完整性和可获得性，以数据类型适用于选用的空间地理统计方法为前提，最终确定以下指标作为灾难性卫生支出发生率的影响因素（见表4-11）。

表 4-11 研究变量与数据来源

维度	编码	变量	来源
环境因素	*AQI*	空气质量指数	我国国家环境监测中心（CNEMC）
社会经济因素	*SR*	性别比	CHARLS
	AG	老龄化程度：有老年人（≥65 岁）的家庭比例	CHARLS
	GDP	地区生产总值	2019 年《我国城市统计年鉴》
	UR	城市化率	2019 年《我国城市统计年鉴》
政策因素	*ICR*	医保覆盖率	CHARLS
健康因素	*OOP*	自付费用	CHARLS
	IOEXP	住院和门诊医疗费用	CHARLS
	UROS	门诊服务利用率	CHARLS
	URH	住院服务利用率	CHARLS
	NHB	每万人医院床位数	2019 年《我国城市统计年鉴》
	ND	每千人医生数	2019 年《我国城市统计年鉴》
	NH	医院数	2019 年《我国城市统计年鉴》
	NCDs	慢性非传染性疾病患病率	CHARLS
	DA	残疾率	CHARLS

（2）方法路径

在对自变量数据进行离散处理后，课题组进一步利用 ArcGIS 10.2 软件将我国行政区以 20 千米×20 千米的尺度进行栅格化，并最终在地理探测器中进行计算和分析，进而完成对本次研究使用空间数据的处理。

研究借助地理探测器的 4 个操作板块逐层递进，以灾难性卫生支出发生率为核心测度指标，最终分析出不同驱动因素对医保减贫效应的空间解释力，并对可能产生因素组合的真实交互作用进行量化，从而达到为医保减贫举措优化和发展提供全维度评估依据的目的。

2. 结果

（1）描述性统计

地区间灾难性卫生支出发生率存在一定差异，为了能够更精准地析出主导这种差异的影响因素，本研究从地级市层面描述了更为具体的灾难性卫生支出发生情况（见表4-12）。

表4-12 地市级灾难性卫生支出发生率

单位：%

东部区域	ICHE	中部区域	ICHE	西部区域	ICHE
临沂	33.13	宿州	33.33	内江	34.92
宁德	32.20	六安	31.15	资阳	33.33
福州	28.07	阳泉	28.13	广安	29.82
朝阳	27.94	濮阳	27.63	保山	29.41
青岛	26.67	齐齐哈尔	25.93	南充	29.09
聊城	26.60	黄冈	25.00	呼伦贝尔	26.14
丽水	26.32	岳阳	23.81	绵阳	24.64
枣庄	25.71	上饶	22.62	玉林	23.90
石家庄	23.81	郑州	21.85	丽江	23.08
沧州	22.64	鸡西	21.67	宜宾	23.08
连云港	22.58	四平	21.38	赤峰	22.73
鞍山	22.50	临汾	21.05	海东地区	22.58
宿迁	22.41	亳州	20.83	重庆	22.32
莆田	21.95	安阳	20.48	昭通	22.02
德州	21.74	信阳	20.00	榆林	19.35
台州	20.81	吉安	19.57	平凉	19.05
茂名	20.41	益阳	19.57	南宁	18.97
保定	20.36	景德镇	19.30	成都	18.81
潍坊	19.77	邵阳	18.45	眉山	17.65
承德	19.48	宜春	18.44	宝鸡	16.31
威海	19.35	周口	17.91	张掖	15.85
宁波	18.99	阜阳	17.81	忻州	15.00
佛山	18.37	九江	17.50	昆明	14.52
漳州	17.65	平顶山	17.19	运城	13.33
滨州	17.14	襄阳	16.46	临沧	13.24
锦州	16.95	吉林	16.07	定西	12.16
嘉兴	15.38	焦作	14.44	汉中	12.16

续表

东部区域	ICHE	中部区域	ICHE	西部区域	ICHE
徐州	15.25	淮南	14.29	呼和浩特	11.11
天津	14.86	娄底	14.04	河池	10.94
济南	14.84	安庆	13.89	渭南	10.45
广州	14.29	赣州	12.86	桂林	10.26
清远	14.29	荆门	12.28	兰州	9.09
泰州	14.29	洛阳	11.70		
扬州	14.29	南昌	11.36		
本溪	13.95	佳木斯	11.11		
北京	13.79	哈尔滨	10.34		
大连	13.51	长沙	9.62		
江门	13.25	常德	6.90		
盐城	12.24				
苏州	10.91				
深圳	7.69				
杭州	4.55				
上海	4.00				
潮州	1.79				

根据数据情况，研究对114个地级市的灾难性卫生支出发生率进行测算，发现有53个地级市的灾难性卫生支出发生率处于高风险区（在灾难性卫生支出发生率总体平均水平19.31%以上），并且分散在除天津、北京、上海、甘肃、贵州和新疆以外的22个省（区、市）中。按区域来看，分别包括东部21个、中部18个和西部14个地级市。通过自然断点法将地市级灾难性卫生支出发生率分成8个风险区，可以发现，灾难性卫生支出发生率最高的第8风险区间［29.82，34.92］包含6个地级市，分别位于四川（内江34.92%、资阳33.33%）、安徽（宿州33.33%、六安31.15%）、山东（临沂33.13%）和福建（宁德32.20%）。

（2）因子探测器

根据因子探测器结果（见表4-13），15个指标对灾难性卫生支出发生率的驱动力（q值）为0.0791~0.2965，各因素均在99%的水平上显著，且P值<0.01。一般来说，指标对应q值越大，代表灾难性卫生支出发生率在该指标影响下的空间分异性越显著。因此，我们将各指标q值由高到低降序排列，得到对灾难性卫生支出发生率影响最强的前六位驱动因素，依次为住院和门诊医疗费用（*IOEXP*=0.2965）、残疾率（*DA*=0.2646）、住院服务利用率（*URH*=0.2547）、每万人医院床位数（*NHB*=0.2541）、自付费用（*OOP*=0.2508）、门诊服务利用率（*UROS*=0.2055）。它们的q值都在0.2以上，并且可以发现，影响最为显著的指标都为健康因素。另外，社会经济因素中的地区生产总值（*GDP*=0.1968）、环境因素中的空气质量指数（*AQI*=0.1844）、健康因素中的医院数（*NH*=0.1788）和政策因素中的医保覆盖率（*ICR*=0.1569）4个指标也进入前十位。社会经济因素中的老龄化程度（*AG*=0.0958）、城市化率（*UR*=0.0915）和性别比（*SR*=0.0791）3个指标的q值均低于0.1，它们对灾难性卫生支出发生率的空间驱动力还需要进一步探索。

表4-13　各指标对灾难性卫生支出发生率在空间分异性上的影响

变量	q统计量	P值
IOEXP	0.2965	0.0000
DA	0.2646	0.0000
URH	0.2547	0.0000
NHB	0.2541	0.0000
OOP	0.2508	0.0000
UROS	0.2055	0.0000
GDP	0.1968	0.0000
AQI	0.1844	0.0000
NH	0.1788	0.0000
ICR	0.1569	0.0000
NCDs	0.1477	0.0000
ND	0.1231	0.0000
AG	0.0958	0.0000
UR	0.0915	0.0000
SR	0.0791	0.0000

注：所有q统计量都在99%的水平上显著（P<0.01）。

（3）交互探测器

本研究将 15 个指标两两交互，形成了 105 种交互作用情况，如表 4-14 所示。为便于观察，我们提前判别了本次研究指标的交互类型，包括双因子增强——$q(X_1 \cap X_2) > \max[q(X_1), q(X_2)]$ 和非线性增强——$q(X_1 \cap X_2) > q(X_1) + q(X_2)$ 两种，分别以“*”和“#”在表 4-14 内进行标注。可以发现，本研究的 15 个因子在交互作用下都对灾难性卫生支出发生率产生了正向驱动作用。其中，每万人医院床位数∩地区生产总值（$NHB \cap GDP = 0.2541 \cap 0.1968 = 0.4224$）、住院和门诊医疗费用∩自付费用（$IOEXP \cap OOP = 0.2965 \cap 0.2508 = 0.5531$）两对主导交互因子作用属于双因子增强，意味着双因素协同对灾难性卫生支出发生率的提升有着高于单因子驱动力的联合效应，因此，相较于考虑 *GDP* 或 *OOP* 对灾难性卫生支出发生率的单独驱动力，探索它们与其他因子的交互作用更具有现实意义。另外的 103 种交互作用都为非线性增强，意味着本研究中有 98%的因子交互作用都呈现出双因子协同影响，均高于单因子对灾难性卫生支出发生率的单独驱动作用。例如，每万人医院床位数∩自付费用（$NHB \cap OOP = 0.2541 \cap 0.2508 = 0.6660$）这一对非线性增强最大的主导因子的交互作用，结合因子探测结果看，*NHB* 与 *OOP* 分别呈现出了对灾难性卫生支出发生率空间分异性的显著影响，二者的交互作用也进一步提高了灾难性卫生支出的发生风险。

表 4-14 15 个指标的交互作用

	SR	*AG*	*GDP*	*UR*	*OOP*	*IOEXP*	*UROS*	*URH*	*NHB*	*ND*	*NH*	*NCDs*	*DA*	*ICR*	*AQI*
SR	0.0791														
AG	0.4842#	0.0958													
GDP	0.4896#	0.5117#	0.1968												
UR	0.5162#	0.5248#	0.5222#	0.0915											
OOP	0.6011#	0.5274#	0.6470#	0.6437#	0.2508										
IOEXP	0.5327#	0.4872#	0.5591#	0.5673#	0.5331*	0.2965									
UROS	0.4720#	0.5745#	0.5342#	0.6222#	0.5128#	0.5619#	0.2055								
URH	0.6476#	0.5635#	0.5828#	0.5173#	0.6402#	0.6046#	0.5562#	0.2547							
NHB	0.5971#	0.5283#	0.4244*	0.5382#	0.6660#	0.6231#	0.5412#	0.6087#	0.2541						
ND	0.5716#	0.5508#	0.5327#	0.3822#	0.6155#	0.5136#	0.5418#	0.5548#	0.5411#	0.1231					
NH	0.5546#	0.5615#	0.5041#	0.4582#	0.5653#	0.6323#	0.5569#	0.5547#	0.4909#	0.4704#	0.1788				
NCDs	0.5174#	0.5861#	0.6078#	0.5484#	0.5014#	0.5608#	0.5814#	0.5401#	0.5915#	0.5761#	0.5305#	0.1477			
DA	0.5073#	0.5234#	0.6118#	0.5967#	0.5565#	0.5891#	0.6400#	0.6093#	0.6440#	0.5165#	0.5968#	0.5394#	0.2646		
ICR	0.4696#	0.2610#	0.4888#	0.4584#	0.4825#	0.5166#	0.4097#	0.4857#	0.5043#	0.4663#	0.4649#	0.4585#	0.4766#	0.1569	
AQI	0.4975#	0.4981#	0.5788#	0.5699#	0.6031#	0.5507#	0.5450#	0.6099#	0.5700#	0.5159#	0.5567#	0.5430#	0.5437#	0.4991#	0.1844

上述结果提供了“单因子影响均低于双因子协同影响”这一结论，但研究认为，仅对各组双因子交互作用进行横向比较容易忽略更深层次的潜在灾难性卫生支出风险催化因素，需要对单因子交互后的交互影响变化情况进行更为细致的风险脆弱性因素捕捉。因此，我们将各指标与其他 14 个指标交互后，对灾难性卫生支出发生率影响程度的变化进行了深入分析。分别计算每个指标与另外 14 个指标交互后的 q 值与该指标单因子 q 值的商值，发现各指标的 14 种交互作用基本都与单因子作用成倍数关系提高。我们将完整数值列出，并配合更醒目的直方图进行描述。直方图内标出数值的指标为各因子交互作用较之于单因子作用增加最为显著的前五个指标，以此为之后的讨论提供论点、论据与更具有现实意义的挖掘视角（见图 4-2）。

X_1	X_2	$q(X_1 \cap X_2)$	倍数
SR	*IOEXP*	0.5327	6.7345
$q=0.0791$	*DA*	0.5073	6.4134
	URH	0.6476	8.1871
	NHB	0.5971	7.5487
	OOP	0.6011	7.5992
	UROS	0.4720	5.9671
	GDP	0.4896	6.1896
	AQI	0.4975	6.2895
	NH	0.5546	7.0114
	ICR	0.4696	5.9368
	NCDs	0.5174	6.5411
	ND	0.5716	7.2263
	AG	0.4842	6.1214
	UR	0.5162	6.5259
	SR	0.0791	0.0000

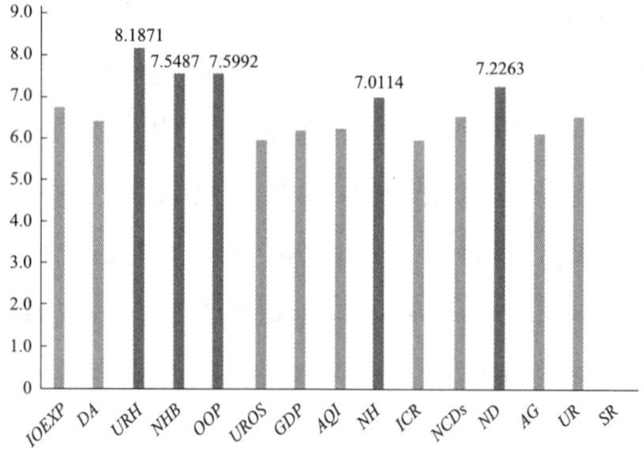

(a) *SR*

X_1	X_2	$q(X_1 \cap X_2)$	倍数
AG	*IOEXP*	0.4872	5.0856
$q=0.0958$	*DA*	0.5234	5.4635
	URH	0.5635	5.8820
	NHB	0.5283	5.5146
	OOP	0.5274	5.5052
	UROS	0.5745	5.9969
	GDP	0.5117	5.3413
	AQI	0.4981	5.1994
	NH	0.5615	5.8612
	ICR	0.2610	2.7244
	NCDs	0.5861	6.1180
	ND	0.5508	5.7495
	AG	0.0958	0.0000
	UR	0.5248	5.4781
	SR	0.4842	5.0543

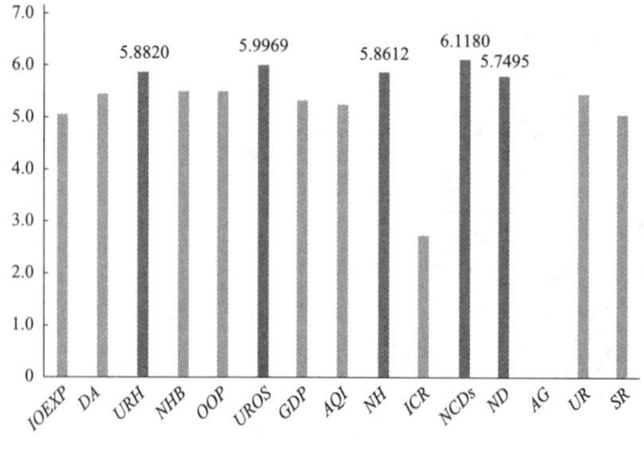

(b) *AG*

X_1	X_2	$q\ (X_1 \cap X_2)$	倍数
GDP	*IOEXP*	0. 5591	2. 8410
q=0. 1968	*DA*	0. 6118	3. 1087
	URH	0. 5828	2. 9614
	NHB	0. 4244	2. 1565
	OOP	0. 6470	3. 2876
	UROS	0. 5342	2. 7144
	GDP	0. 1968	0. 0000
	AQI	0. 5788	2. 9411
	NH	0. 5041	2. 5615
	ICR	0. 4888	2. 4837
	NCDs	0. 6078	3. 0884
	ND	0. 5327	2. 7068
	AG	0. 5117	2. 6001
	UR	0. 5222	2. 6535
	SR	0. 4896	2. 4878

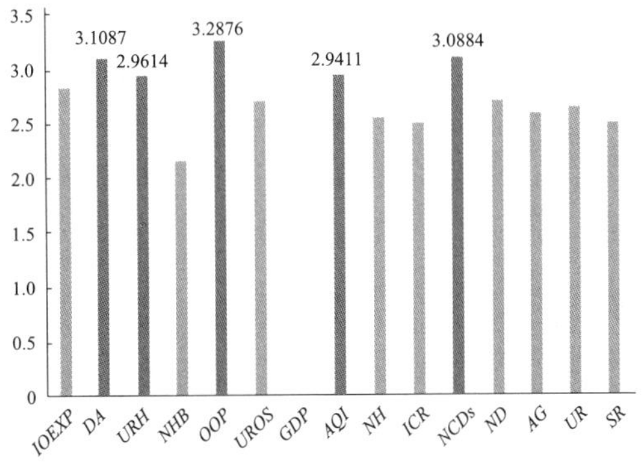

（c）*GDP*

X_1	X_2	$q\ (X_1 \cap X_2)$	倍数
UR	*IOEXP*	0. 5673	6. 2000
q=0. 0915	*DA*	0. 5967	6. 5213
	URH	0. 5173	5. 6536
	NHB	0. 5382	5. 8820
	OOP	0. 6437	7. 0350
	UROS	0. 6222	6. 8000
	GDP	0. 5222	5. 7071
	AQI	0. 5699	6. 2284
	NH	0. 4582	5. 0077
	ICR	0. 4584	5. 0098
	NCDs	0. 5484	5. 9934
	ND	0. 3822	4. 1770
	AG	0. 5248	5. 7355
	UR	0. 0915	0. 0000
	SR	0. 5162	5. 6415

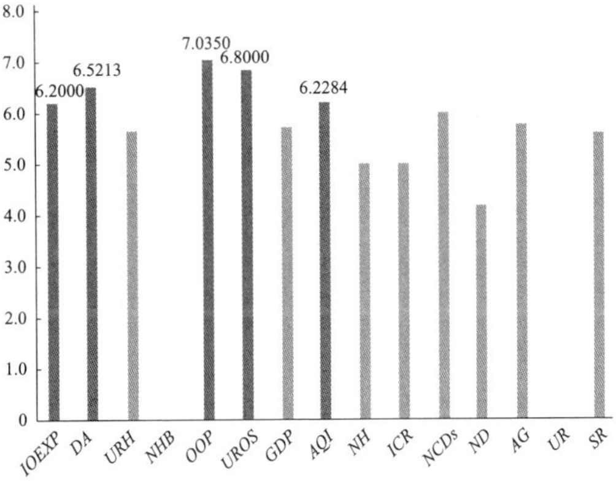

（d）*UR*

X_1	X_2	$q\ (X_1 \cap X_2)$	倍数
OOP	*IOEXP*	0. 5331	2. 1256
q=0. 2508	*DA*	0. 5565	2. 2189
	URH	0. 6402	2. 5526
	NHB	0. 6660	2. 6555
	OOP	0. 2508	0. 0000
	UROS	0. 5128	2. 0447
	GDP	0. 6470	2. 5797
	AQI	0. 6031	2. 4047
	NH	0. 5653	2. 2540
	ICR	0. 4825	1. 9238
	NCDs	0. 5014	1. 9992
	ND	0. 6155	2. 4541
	AG	0. 5274	2. 1029
	UR	0. 6437	2. 5666
	SR	0. 6011	2. 3967

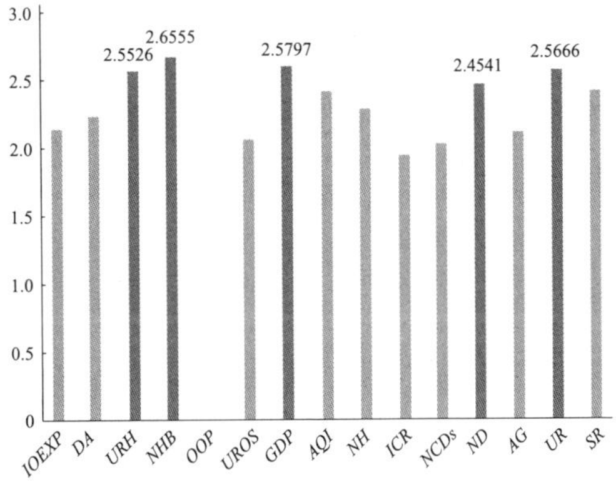

（e）*OOP*

X_1	X_2	$q\ (X_1 \cap X_2)$	倍数
IOEXP	*IOEXP*	0.2965	0.0000
$q=0.2965$	*DA*	0.5891	1.9868
	URH	0.6046	2.0391
	NHB	0.6231	2.1015
	OOP	0.5331	1.7980
	UROS	0.5619	1.8951
	GDP	0.5591	1.8857
	AQI	0.5507	1.8573
	NH	0.6323	2.1325
	ICR	0.5166	1.7423
	NCDs	0.5608	1.8914
	ND	0.5136	1.7322
	AG	0.4872	1.6432
	UR	0.5673	1.9133
	SR	0.5327	1.7966

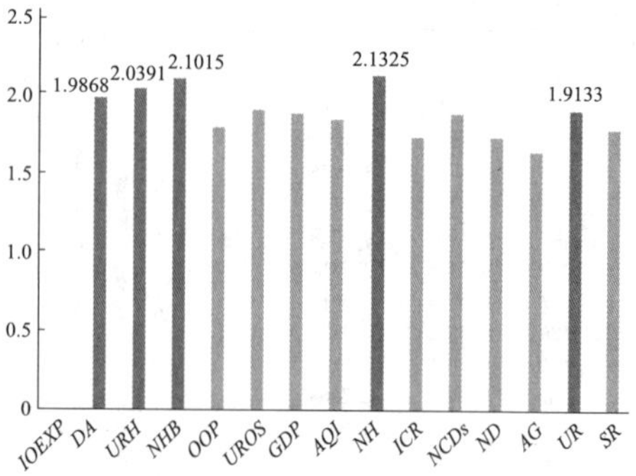

（f） *IOEXP*

X_1	X_2	$q\ (X_1 \cap X_2)$	倍数
UROS	*IOEXP*	0.5619	2.7343
$q=0.2055$	*DA*	0.6400	3.1144
	URH	0.5562	2.7066
	NHB	0.5412	2.6336
	OOP	0.5128	2.4954
	UROS	0.2055	0.0000
	GDP	0.5342	2.5995
	AQI	0.5450	2.6521
	NH	0.5569	2.7100
	ICR	0.4097	1.9937
	NCDs	0.5814	2.8292
	ND	0.5418	2.6365
	AG	0.5745	2.7956
	UR	0.6222	3.0277
	SR	0.4720	2.2968

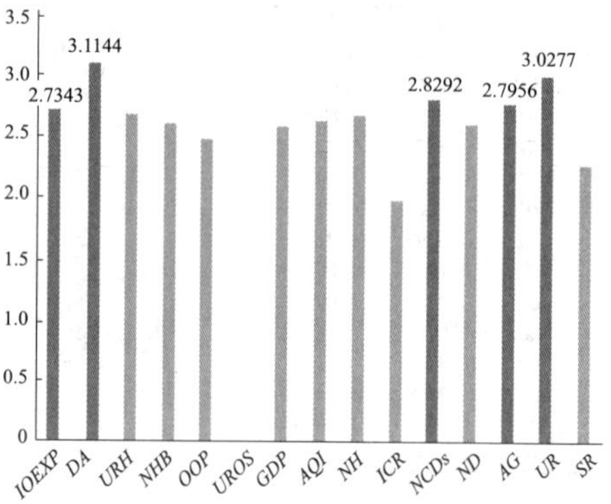

（g） *UROS*

X_1	X_2	$q\ (X_1 \cap X_2)$	倍数
URH	*IOEXP*	0.6046	2.3738
$q=0.2547$	*DA*	0.6093	2.3922
	URH	0.2547	0.0000
	NHB	0.6087	2.3899
	OOP	0.6402	2.5135
	UROS	0.5562	2.1837
	GDP	0.5828	2.2882
	AQI	0.6099	2.3946
	NH	0.5547	2.1779
	ICR	0.4857	1.9069
	NCDs	0.5401	2.1205
	ND	0.5548	2.1782
	AG	0.5635	2.2124
	UR	0.5173	2.0310
	SR	0.6476	2.5426

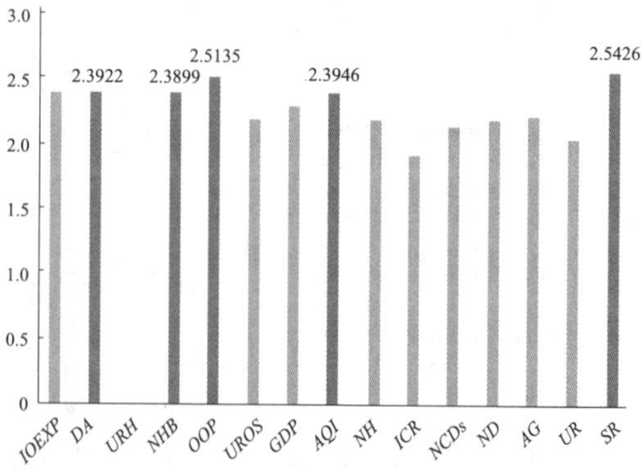

（h） *URH*

X_1	X_2	$q\ (X_1 \cap X_2)$	倍数
NCDs	*IOEXP*	0. 5608	3. 7969
q=0. 1477	*DA*	0. 5394	3. 6520
	URH	0. 5401	3. 6567
	NHB	0. 5915	4. 0047
	OOP	0. 5014	3. 3947
	UROS	0. 5814	3. 9364
	GDP	0. 6078	4. 1151
	AQI	0. 5430	3. 6764
	NH	0. 5305	3. 5917
	ICR	0. 4585	3. 1043
	NCDs	0. 1477	0. 0000
	ND	0. 5761	3. 9005
	AG	0. 5861	3. 9682
	UR	0. 5484	3. 7129
	SR	0. 5174	3. 5030

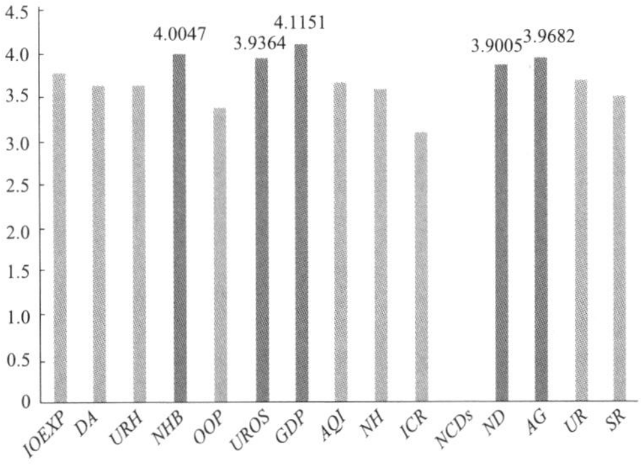

(i) *NCDs*

X_1	X_2	$q\ (X_1 \cap X_2)$	倍数
DA	*IOEXP*	0. 5891	2. 2264
q=0. 2646	*DA*	0. 2646	0. 0000
	URH	0. 6093	2. 3027
	NHB	0. 6440	2. 4339
	OOP	0. 5565	2. 1032
	UROS	0. 6400	2. 4187
	GDP	0. 6118	2. 3122
	AQI	0. 5437	2. 0548
	NH	0. 5968	2. 2550
	ICR	0. 4766	1. 8012
	NCDs	0. 5394	2. 0385
	ND	0. 5165	1. 9520
	AG	0. 5234	1. 9781
	UR	0. 5967	2. 2551
	SR	0. 5073	1. 9172

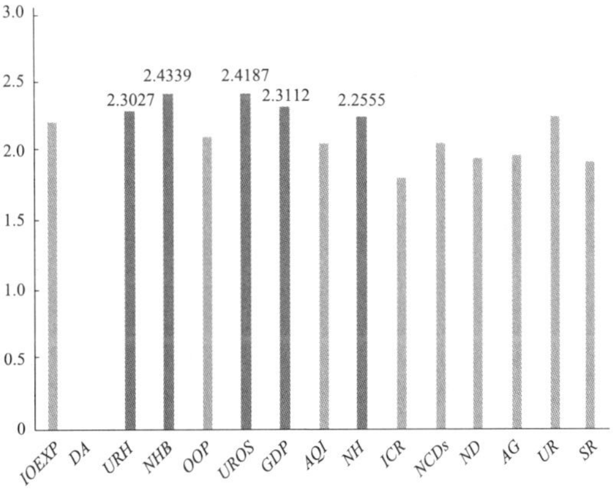

(j) *DA*

X_1	X_2	$q\ (X_1 \cap X_2)$	倍数
NHB	*IOEXP*	0. 6231	2. 4522
q=0. 2541	*DA*	0. 6440	2. 5344
	URH	0. 6087	2. 3955
	NHB	0. 2541	0. 0000
	OOP	0. 6660	2. 6210
	UROS	0. 5412	2. 1299
	GDP	0. 4244	1. 6702
	AQI	0. 5700	2. 2432
	NH	0. 4909	1. 9319
	ICR	0. 5043	1. 9847
	NCDs	0. 5915	2. 3278
	ND	0. 5411	2. 1295
	AG	0. 5283	2. 0791
	UR	0. 5382	2. 1181
	SR	0. 5971	2. 3499

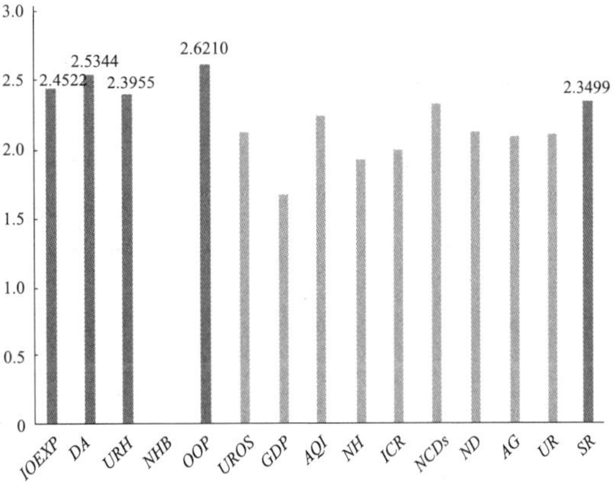

(k) *NHB*

X_1	X_2	$q(X_1 \cap X_2)$	倍数
ND	*IOEXP*	0. 5136	4. 1722
q=0. 1231	*DA*	0. 5165	4. 1958
	URH	0. 5548	4. 5069
	NHB	0. 5411	4. 3956
	OOP	0. 6155	5. 0000
	UROS	0. 5418	4. 4013
	GDP	0. 5327	4. 3274
	AQI	0. 5159	4. 1909
	NH	0. 4704	3. 8213
	ICR	0. 4663	3. 7880
	NCDs	0. 5761	4. 6799
	ND	0. 1231	0. 0000
	AG	0. 5508	4. 4744
	UR	0. 3822	3. 1048
	SR	0. 5716	4. 6434

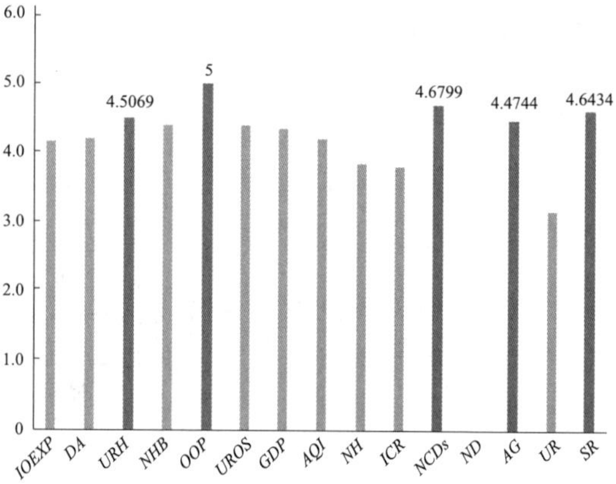

（l） *ND*

X_1	X_2	$q(X_1 \cap X_2)$	倍数
NH	*IOEXP*	0. 6323	3. 5364
q=0. 1788	*DA*	0. 5968	3. 3378
	URH	0. 5547	3. 1023
	NHB	0. 4909	2. 7455
	OOP	0. 5653	3. 1616
	UROS	0. 5569	3. 1147
	GDP	0. 5041	2. 8194
	AQI	0. 5S67	3. 1135
	NH	0. 1788	0. 0000
	ICR	0. 4649	2. 6001
	NCDs	0. 5305	2. 9670
	ND	0. 4704	2. 6309
	AG	0. 5615	3. 1404
	UR	0. 4582	2. 5626
	SR	0. 5546	3. 1018

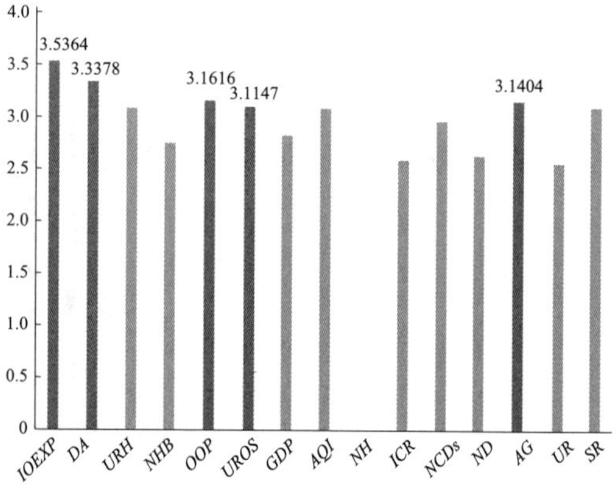

（m） *NH*

X_1	X_2	$q(X_1 \cap X_2)$	倍数
ICR	*IOEXP*	0. 5166	3. 2925
q=0. 1569	*DA*	0. 4766	3. 0376
	URH	0. 4857	3. 0956
	NHB	0. 5043	3. 2141
	OOP	0. 4825	3. 0752
	UROS	0. 4097	2. 6112
	GDP	0. 4888	3. 1154
	AQI	0. 4991	3. 1810
	NH	0. 4649	2. 9630
	ICR	0. 1569	0. 0000
	NCDs	0. 4585	2. 9222
	ND	0. 4663	2. 9720
	AG	0. 2610	1. 6635
	UR	0. 4584	2. 9216
	SR	0. 4696	2. 9930

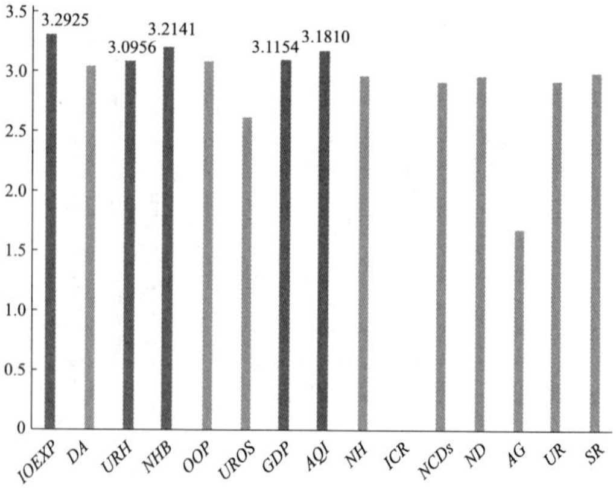

（n） *ICR*

X_1	X_2	$q\ (X_1 \cap X_2)$	倍数
AQI	*IOEXP*	0.5507	2.9864
$q=0.1844$	*DA*	0.5437	2.9485
	URH	0.6099	3.3075
	NHB	0.5700	3.0911
	OOP	0.6031	3.2706
	UROS	0.5450	2.9555
	GDP	0.5788	3.1388
	AQI	0.1844	0.0000
	NH	0.5567	3.0190
	ICR	0.4991	2.7066
	NCDs	0.5430	2.9447
	ND	0.5159	2.7977
	AG	0.4981	2.7012
	UR	0.5699	3.0906
	SR	0.4975	2.6979

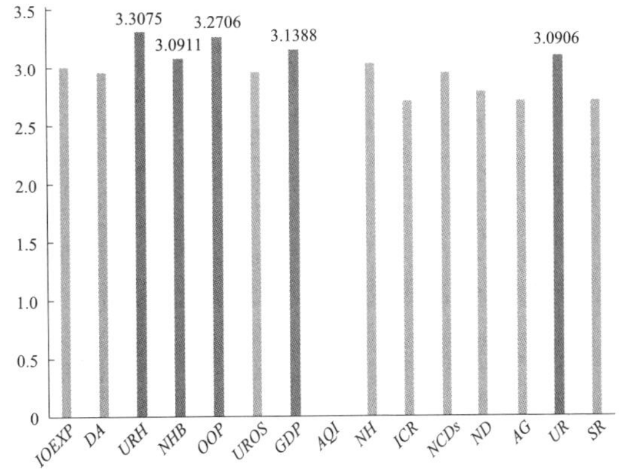

（o）*AQI*

图 4-2　15 个指标的双因子交互作用与单因子作用的比较

综上所述，虽然本研究中，任意两个指标交互后产生的交互作用总是大于单一因子对灾难性卫生支出发生率的影响，但一种因子与哪几种因子产生交互会形成更强的效应，并不能从交互作用总表中直观体现出来。因此，我们分别将每个因子与其他 14 个因子产生的交互作用，与单一因子效应进行对比，发现每个指标会与不同指标协同催化灾难性卫生支出的发生水平，这在一定程度上为本研究进行更深层次分析提供了焦点与依据。

（4）风险探测器

研究结合自然断点法和风险探测器方法探测了 15 个影响因子在 114 个地级市中对灾难性卫生支出发生率的影响，按显著程度划分为 8 个风险子区域（见附表 4-1）。本次研究数据得到整体灾难性卫生支出发生率为 19.31%，所以我们将灾难性卫生支出发生率在 19.31%及以上的 53 个地级市判定为高风险地区。又由于 ICHE 高发地区不一定与 15 个因子对 ICHE 影响显著的地区完全一致，所以在此基础上，我们首先挑选出各个指标下 6~8 级风险区域覆盖的地级市（见表 4-15），再筛出处于 ICHE 高水平和具有高风险驱动因子的地级市。我们又进一步对这些地级市目前包括的高风险因子及所属维度进行了总结（见表 4-16），进而锁定高风险区的核心驱动因素，得到灾难性卫生支出风险脆弱性特征。

为了更明确地呈现高风险指标覆盖的地区，我们按指标分类，将所有指标在 6~8 级高风险区覆盖的 53 个地级市列于表 4-15。其中，医保覆盖率（*ICR*）和空气质量指数（*AQI*）2 个指标涵盖高风险区最多，分别有 44 个和 21 个，其次是自付费用（*OOP*）、慢性非传染性疾病患病率（*NCDs*）和残疾率（*DA*）这 3 个健康因素指标。

表 4-15　各指标的高风险子区域覆盖地级市

维度	指标	总数/个	6 级区域		7 级区域		8 级区域	
			地级市	数量/个	地级市	数量/个	地级市	数量/个
社会经济因素	*SR*	9	鞍山、保定、呼伦贝尔、南充、宿迁、宿州	6	黄冈、青岛、榆林	3	—	0
	AG	11	丽水、莆田、濮阳、齐齐哈尔、宿迁	5	亳州、玉林、重庆、资阳	4	广安、吉安、南充、内江	4
	GDP	6	福州、石家庄、潍坊	3	青岛、郑州	2	重庆	1
	UR	12	石家庄、台州、威海、阳泉、宜宾、重庆	6	鞍山、福州、呼伦贝尔、青岛、郑州	5	鸡西	1
健康因素	*OOP*	19	安阳、沧州、承德、赤峰、福州、海东地区、吉安、丽水、六安、茂名、上饶、石家庄、宿州	13	呼伦贝尔、丽江、连云港	3	临汾、宁德、岳阳	3
	IOEXP	11	沧州、承德、海东地区、青岛、上饶、信阳	6	安阳、呼伦贝尔、连云港、茂名、宁德	5	—	0
	UROS	13	丽江、连云港、郑州	3	亳州、承德、广安、茂名、绵阳、南充、内江、上饶、昭通、资阳	10	—	0
	URH	18	安阳、鞍山、保山、承德、海东地区、呼伦贝尔、黄冈、吉安、连云港、六安、内江、昭通	12	濮阳、齐齐哈尔、上饶、益阳、枣庄	5	郑州	1
	NHB	7	鞍山、绵阳、宿迁、威海、重庆	5	鸡西	1	郑州	1
	ND	14	保定、承德、赤峰、福州、呼伦贝尔、丽水、台州、威海、潍坊、阳泉、宜春	11	青岛、石家庄	2	郑州	1

续表

维度	指标	总数/个	6级区域		7级区域		8级区域	
			地级市	数量/个	地级市	数量/个	地级市	数量/个
健康因素	*NH*	12	沧州、呼伦贝尔、临沂、石家庄、宿迁、潍坊、岳阳、郑州	8	保定、青岛、信阳	3	重庆	1
	NCDs	19	福州、丽水、内江、濮阳、四平	5	保山、沧州、海东地区、呼伦贝尔、聊城、六安、石家庄、岳阳、郑州	9	赤峰、南充、莆田、齐齐哈尔、潍坊	5
	DA	19	亳州、朝阳、承德、黄冈、鸡西、吉安、宁德、濮阳、枣庄、资阳	10	保定、赤峰、广安、呼伦贝尔、六安、南充、青岛、信阳	8	昭通	1
政策因素	*ICR*	44	安阳、保山、亳州、沧州、朝阳、海东地区、临沂、南充、濮阳、四平、台州、阳泉、宜春、岳阳、内江	15	德州、鸡西、丽水、连云港、聊城、六安、绵阳、石家庄、宿州、榆林	10	鞍山、承德、赤峰、福州、广安、黄冈、吉安、丽江、临汾、莆田、青岛、宿迁、威海、潍坊、信阳、益阳、枣庄、郑州、重庆	19
环境因素	*AQI*	21	朝阳、德州、聊城、六安、绵阳、益阳、榆林	7	安阳、亳州、临沂、濮阳、宿州、信阳	6	保定、沧州、临汾、石家庄、阳泉、宜春、枣庄、郑州	8

我们希望能够确定各个地级市灾难性卫生支出发生的高风险因素复合情况，所以基于表4-15，进一步将各地级市的具体高风险驱动因子与之匹配，得到表4-16。以安阳市为例，安阳市的空气质量指标（*AQI*）、住院和门诊医疗费用指标（*IOEXP*）的风险等级最高，都为7，医保覆盖率（*ICR*）的风险等级为6，住院服务利用率（*URH*）和自付费用（*OOP*）的风险等级均为6。其中，环境因素为*AQI*，健康因素包含*IOEXP*、*URH*和*OOP* 3个因子，政策因素为*ICR*，所以安阳市的风险特征被总结为“环境—健康（3）—政策”。由于各因素包含的指标个数并不相同，因此不能以该地区涵盖哪类指标更多作为核心风险因素的评判标准，此处列出特征指标数量是为后续深入探究现存风险和挖掘潜在风险提供事实依据以及更为综合的实践干预视角，进而提高或改善医保减贫功能，通过精准赋能拓宽医保减贫效能。

表 4-16　53 个地级市的高风险驱动因子和风险特征总结

序号	地级市	具体指标/风险级别										特征总结
1	安阳	*OOP/6*	*IOEXP/7*	*URH/6*	*ICR/6*	*AQI/7*						环境—健康（3）—政策
2	鞍山	*SR/6*	*UR/7*	*URH/6*	*NHB/6*	*ICR/8*						政策—社会经济（2）—健康（2）
3	保定	*SR/6*	*ND/6*	*NH/7*	*DA/7*	*AQI/8*						环境—健康（3）—社会经济
4	保山	*URH/6*	*NCDs/7*	*ICR/6*								健康（2）—政策
5	亳州	*AG/7*	*UROS/7*	*DA/6*	*ICR/6*	*AQI/7*						环境—社会经济—健康（2）—政策
6	沧州	*OOP/6*	*IOEXP/6*	*NH/6*	*NCDs/7*	*ICR/6*	*AQI/8*					环境—健康（4）—政策
7	朝阳	*DA/6*	*ICR/6*	*AQI/6*								健康（2）—环境
8	承德	*OOP/6*	*IOEXP/6*	*UROS/7*	*URH/6*	*ND/6*	*DA/6*	*ICR/8*				政策—健康（6）
9	赤峰	*OOP/6*	*ND/6*	*NCDs/8*	*DAR/7*	*ICR/8*						政策—健康（4）
10	德州	*ICR/7*	*AQI/6*									政策—环境
11	福州	*GDP/6*	*UR/7*	*OOP/6*	*ND/6*	*NCDs/6*	*ICR/8*					政策—社会经济（2）—健康（3）
12	广安	*AG/8*	*UROS/7*	*DA/7*	*ICR/8*							政策—社会经济—健康（2）
13	海东	*OOP/6*	*IOEXP/6*	*URH/6*	*NCDs/7*	*ICR/6*						健康（4）—政策
14	呼伦贝尔	*SR/6*	*UR/7*	*OOP/7*	*IOEXP/7*	*URH/6*	*ND/6*	*NH/6*	*NCDs/7*	*DA/7*		健康（7）—社会经济
15	黄冈	*SR/7*	*URH/6*	*DA/6*	*ICR/8*							政策—社会经济—健康（2）
16	鸡西	*UR/8*	*NHB/7*	*DA/6*	*ICR/7*							社会经济—健康（2）—政策
17	吉安	*AG/8*	*OOP/6*	*URH/6*	*DA/6*	*ICR/8*						政策—社会经济—健康（3）
18	丽江	*OOP/7*	*UROS/6*	*ICR/8*								政策—健康（2）

续表

序号	地级市	具体指标/风险级别									特征总结
19	丽水	*AG/6*	*OOP/6*	*ND/6*	*NCDs/6*	*ICR/7*					政策—健康（3）—社会经济
20	连云港	*OOP/7*	*IOEXP/7*	*UROS/6*	*URH/6*	*ICR/7*					政策—健康（4）
21	聊城	*NCDs/7*	*ICR/7*	*AQI/6*							政策—健康—环境
22	临汾	*OOP/8*	*ICR/8*	*AQI/8*							环境—政策—健康
23	临沂	*NH/6*	*ICR/6*	*AQI/7*							环境—政策—健康
24	六安	*OOP/6*	*URH/6*	*NCDs/7*	*DA/7*	*ICR/7*	*AQI/6*				政策—健康（4）—环境
25	茂名	*OOP/6*	*IOEXP/7*	*UROS/7*							健康（3）
26	绵阳	*UROS/7*	*NHB/6*	*ICR/7*	*AQI/6*						政策—健康（2）—环境
27	南充	*SR/6*	*AG/8*	*UROS/7*	*NCDs/8*	*DA/7*	*ICR/6*				健康（3）—社会经济（2）—政策
28	内江	*AG/8*	*UROS/7*	*URH/6*	*NCDs/6*	*ICR/6*					社会经济—健康（3）—政策
29	宁德	*OOP/8*	*IOEXP/7*	*DA/6*							健康（3）
30	莆田	*AG/6*	*NCDs/8*	*ICR/8*							政策—健康—社会经济
31	濮阳	*AG/6*	*URH/7*	*NCDs/6*	*DA/6*	*ICR/6*	*AQI/7*				环境—健康（3）—政策—社会经济
32	齐齐哈尔	*AG/6*	*URH/7*	*NCDs/8*							健康（2）—社会经济
33	青岛	*SR/7*	*GDP/7*	*UR/7*	*IOEXP/6*	*ND/7*	*NH/7*	*DA/7*	*ICR/8*		政策—健康（4）—社会经济（3）
34	上饶	*OOP/6*	*IOEXP/6*	*UROS/7*	*URH/7*						健康（4）
35	石家庄	*GDP/6*	*UR/6*	*OOP/6*	*ND/7*	*NH/6*	*NCDs/7*	*ICR/7*	*AQI/8*		环境—健康（4）—政策—社会经济（2）
36	四平	*NCDs/6*	*ICR/6*								政策—健康
37	宿迁	*SR/6*	*AG/6*	*NHB/6*	*NH/6*	*ICR/8*					政策—健康（2）—社会经济（2）

续表

序号	地级市	具体指标/风险级别										特征总结
38	宿州	SR/6	OOP/6	ICR/7	AQI/7							环境—政策—健康—社会经济
39	台州	UR/6	ND/6	ICR/6								政策—健康—社会经济
40	威海	UR/6	NHB/6	ND/6	ICR/8							政策—健康（2）—社会经济
41	潍坊	GDP/6	ND/6	NH/6	NCDs/8	ICR/8						政策—健康（3）—社会经济
42	信阳	IOEXP/6	NH/7	DA/7	ICR/8	AQI/7						政策—健康（3）—环境
43	阳泉	UR/6	ND/6	ICR/6	AQI/8							环境—政策—健康—社会经济
44	益阳	URH/7	ICR/8	AQI/6								政策—健康—环境
45	宜春	UR/6	ND/6	ICR/6	AQI/8							环境—政策—健康—社会经济
46	榆林	SR/7	ICR/7	AQI/6								政策—社会经济—环境
47	玉林	AG/7										社会经济
48	岳阳	OOP/8	NH/6	NCDs/7	ICR/6							健康（3）—政策
49	枣庄	URH/7	DA/6	ICR/8	AQI/8							环境—政策—健康（2）
50	昭通	UROS/7	URH/6	DA/8								健康（3）
51	郑州	GDP/7	UR/7	UROS/6	URH/8	NHB/8	ND/8	NH/6	NCDs/7	ICR/8	AQI/8	健康（6）—环境—政策—社会经济（2）
52	重庆	AG/7	GDP/8	UR/6	NHB/6	NH/8	ICR/8					社会经济（3）—健康（2）—政策
53	资阳	AG/7	UROS/7	DA/6								健康（2）—社会经济

研究锁定了53个地级市的风险主导驱动因子，将其作为风险脆弱性特征刻画基础，在宏观层面描绘出具有全局性指导意义的风险脆弱性特征图谱，为医保减贫功能失效提供针对性问题靶点。根据表4-16对每个地区风险特征的总结，我们进一步归纳出复合或单一型核心风险因素特征（见表4-17）。

表4-17　地级市高风险脆弱性特征

高风险特征	地级市	总计/个
政策—健康—社会经济	鞍山、福州、广安、黄冈、鸡西、吉安、丽水、南充、内江、莆田、青岛、宿迁、台州、威海、潍坊、重庆	16
环境—政策—健康	安阳、沧州、聊城、临汾、临沂、六安、绵阳、信阳、益阳、枣庄	10
健康—政策	保山、承德、赤峰、海东地区、丽江、连云港、四平、岳阳	8
环境—政策—健康—社会经济	亳州、濮阳、石家庄、宿州、阳泉、宜春、郑州	7
健康	茂名、宁德、上饶、昭通	4
健康—社会经济	呼伦贝尔、齐齐哈尔、资阳	3
健康—环境—社会经济	保定	1
健康—环境	朝阳	1
政策—环境—社会经济	榆林	1
政策—环境	德州	1
社会经济	玉林	1

由表4-17可以看到，由3种及以上风险特征因素耦合主导的高风险特征类型有5种，涵盖了35个城市，超过高风险城市数量的60%，其中，“政策—健康—社会经济”风险因素主导的区域最广，约有30%的高风险城市由此类复合风险特征主导；另外约有18.52%的地级市受“环境—政策—健康”风险特征类型主导。双因素风险特征多为健康因素与另外3种因素组成，其中受“健康—政策”风险类型驱动的城市数量排在第三位，约占14.81%。在单因素高风险类型主导下，有4个城市受“健康因素”单独驱动成为高风险地区。此外，虽然受4种因素共同主导风险的城市只有7个，但这种全维度风险脆弱性特征更应该被重点关注。

（5）生态探测器

研究通过生态探测器检测到15个因子对灾难性卫生支出发生率空间分布

影响的差异性，“Y”代表有显著差异，“N”则为差异不显著（见表 4-18）。可以发现，性别比（*SR*）、老龄化程度（*AG*）和城市化率（*UR*）3 个社会经济因素各自与 10 个以上的因子在灾难性卫生支出发生率的空间分布上相关联，证明 *SR*、*AG* 和 *UR* 对灾难性卫生支出的空间分布有着非常显著的影响；在健康因素中，残疾率（*DA*）最为显著，每千人医生数（*ND*）和门诊服务利用率（*UROS*）次之，其余 6 个因子处于同一水平，与 *ND* 和 *UROS* 的差异不大；在环境因素中，空气质量指标（*AQI*）的显著性与 *OOP* 等因子水平一致，且强于医保覆盖率（*ICR*）。

表 4-18　15 个风险因子对灾难性卫生支出发生率空间分布的影响

	SR	*AG*	*GDP*	*UR*	*OOP*	*IOEXP*	*UROS*	*URH*	*NHB*	*ND*	*NH*	*NCDs*	*DA*	*ICR*	*AQI*
SR															
AG	N														
GDP	Y	Y													
UR	N	N	N												
OOP	Y	Y	Y	Y											
IOEXP	Y	Y	Y	Y	Y										
UROS	Y	Y	N	Y	N	N									
URH	Y	Y	Y	Y	N	N	Y								
NHB	Y	Y	Y	Y	N	N	Y	N							
ND	Y	N	N	Y	N	N	N	N	N						
NH	Y	Y	N	Y	N	N	N	N	N	Y					
NCDs	Y	Y	N	Y	N	N	N	N	N	N	N				
DA	Y	Y	Y	Y	N	N	Y	N	N	Y	Y	Y			
ICR	Y	Y	N	Y	N	N	N	N	N	Y	N	N	N		
AQI	Y	Y	N	Y	N	N	N	N	N	Y	N	Y	N	N	

注：*F* 检验显著性：0.0。

总结而言，研究使用地理探测器方法，以因子探测器和交互探测器精准锁定影响灾难性卫生支出发生率的高风险因子，之后通过风险探测器，以锁定的风险因子为基础，宏观描绘灾难性卫生支出发生风险脆弱性特征图谱，最后用生态探测器提供了风险因子对灾难性卫生支出发生率在地理分布上的空间视角，抽丝剥茧地将灾难性卫生支出发生的风险成因和潜在风险以科学、精准的方式呈现，并为问题析出和解决提供了丰富的依据。

3. 讨论

本研究通过构建灾难性卫生支出的综合测度评价指标，着眼于我国乃至全球老龄化现象日益严峻的人口结构动荡演变，选择具备社会、生理、政策等多重脆弱性的我国中老年人群，并根据医保制度和贫困存在地缘性差异，确定将“空间”作为本次研究的核心视角。通过对我国 114 个地级市的灾难性卫生支出发生情况进行全景式描摹，对灾难性卫生支出高风险地区风险驱动因子的空间耦合作用进行多维分析，实现在解决相对贫困新阶段、新需求下，对中老年脆弱群体灾难性卫生支出发生风险脆弱性特征进行空间分异视角下的重新刻画，进而为医保制度失效环节重新赋能。基于上文分析结果，我们进行以下 3 点讨论。

（1）我国中老年人群市域灾难性卫生支出发生风险空间分布

由前述结果可见，虽然东部地区的灾难性卫生支出发生率低于西部地区，但却有很多地级市具有高风险，并且，除了天津、上海和北京 3 个直辖市，东部高风险地级市分散在其他 7 个省份中；而西部总体灾难性卫生支出发生率最高，高风险城市却最少，但重庆作为直辖市却处于高风险水平；中部区域虽然处于总体风险水平 19. 31%以下，但高风险地级市却遍及所有省份。此外，灾难性卫生支出发生率处于最高风险区的 6 个地级市并非集中于西部，而是均匀分散在 3 个区域。这些发现能够进一步证明，继续以宏观区域数据为切入点并不能有效实现对减贫新阶段下灾难性卫生支出高风险脆弱性特征的精准捕捉。

研究根据现有数据对由整体到局部的灾难性卫生支出发生风险空间分布情况进行深度挖掘，对其发展趋势进行规律性总结，发现区域性整体贫困的消除结果早已有迹可循。所以，虽然研究数据存在不可避免的滞后性，但我们依然能够基于时代发展背景，通过对灾难性卫生支出发生风险空间分布情况的回溯，以及地区发展趋势的追踪，进一步锁定地区核心风险因素，进而强化医保减贫功能对地区差异性的识别能力。

（2）空间视域下灾难性卫生支出影响因素作用分析

从结果中可以发现，地理探测器方法下，各个因素都对灾难性卫生支出发生率具有显著的空间分异作用。根据一些文献，这些因素在城乡之间或在省际存在差异，这种地缘不平衡可能是灾难性卫生支出发生风险的重要驱动因素。实际上，医疗费用作为能够直观反映卫生经济负担的最表层因素，与医疗资源、卫生服务需求和利用等健康因素有着密不可分的关联。比如，闫紫菊等

（2021）对老年人医疗费用支出及影响因素进行了实证分析，证实了卫生服务需求利用因素对医疗费用的影响，并且得到医疗资源供给对不同特征人群的医疗费用具有差异性影响的结论。因此，我们认为，进一步探测因子之间交互是否会加强灾难性卫生支出发生率的空间分异性，能够在空间视角下更有力地解释灾难性卫生支出发生风险的地区性差异。

本研究的交互探测结果进一步显示，健康风险因子内部交互或与其他因素风险因子交互后产生更高水平的风险强度的可能性增加，意味着卫生服务和卫生资源高需求、高利用的健康脆弱性特征人群在与其他风险因素叠加后，将会进一步提高其他因素的风险水平。而住院和门诊医疗费用（*IOEXP*）作为单因子驱动力第一的指标，仅出现了5次，这在一定程度上说明，因子本身对灾难性卫生支出发生率空间分异性的解释力度强，不代表其交互组的解释力度也会随之加强，因此需要通过风险探测器技术具体描绘灾难性卫生支出发生高风险的驱动因子。

通过风险探测结果可以发现，在政策因素医保覆盖率（*ICR*）高风险（6~8级）因子覆盖下的地级市最多，达到44个，占高风险地级市的80%以上，医保覆盖率对于灾难性卫生支出发生风险的重要驱动意义也已经被既往研究证实。比如，内江市作为灾难性卫生支出发生率最高的城市（34.92%），也在政策风险因素的覆盖之下，但其城乡基本医保参保率在2018年就已经达到95%，2022年高达99%。这说明，医保制度虽然已经实现广度上的普惠覆盖，但在当前相对贫困减贫阶段，医保普惠并不能为地缘性差异导致的贫困提供“特惠”帮扶，在为医保减贫重新赋能的新阶段，需要更加关注医保福利框架在宽度和深度上的顶层设计。

综上，政策因素与健康因素依然是灾难性卫生支出发生风险存在地区差异性的重要原因，医保减贫功能需要对健康脆弱性特征人群有更强的倾向性。因此，在这种多维耦合风险下，医保减贫多部门协同治理将成为相对贫困减贫阶段的优先策略。

（3）空间视域下环境因素的致贫与强化致贫效应探究

上述部分结果也显示出，环境因素的灾难性卫生支出发生风险覆盖情况超乎想象，于是我们结合交互探测结果中*AQI*与其他因素的互动情况，发现虽然

AQI 单因子风险驱动强度排名靠后，但当 *AQI* 与其他因素共同作用时，复合驱动强度能够达到单因子驱动强度的 3 倍以上，并且 *AQI* 与健康因素和社会经济因素的协同力在同组交互作用中排在前五。研究对 *AQI* 风险驱动力的发现突破了既往研究中仅对灾难性卫生支出健康、政策、社会人口学进行影响因素分析的局限性，并且，此次发现具体验证了本次研究构建的空间医保减贫理论框架中关于维度关联的理论构想。环境因素与社会经济发展阶段息息相关，空气质量对人群健康的影响也渗透在日常生活和工作中，进而催化了人群的患病发病率、卫生服务利用、卫生资源获取等情况，最终无形中加重了人群的卫生费用负担。而在医保制度报销框架中还未补充和侧重于此方面的福利包覆盖等经济保护举措、相关生态组织也未将环境治理与其他因素联动的情况下，灾难性卫生支出发生风险在环境地缘性差异下被进一步加重。

在此基础上，环境因素也被发现对其他因素的风险有催化作用，使灾难性卫生支出发生的多维复合型风险水平再次被提高。因此，多部分协同的政策制定机制需要广泛参与减贫政策过程，并且保持对环境破坏诱发因病致贫风险的关注。

(4) 空间视域下灾难性卫生支出的核心风险特征

通过对东部、中部、西部的灾难性卫生支出发生率和贫困率进行比较发现，三个区域的贫困率极差仅为 0.32 个百分点（14.22%～14.54%），说明当前宏观趋同的区域减贫现状已然无法为锁定医保减贫失效环节和脆弱人群提供助力，并且就医保溢出性来说，区域间要素发展不均而形成的贫困无法通过地区间帮扶而打破发展壁垒，需要通过灾难性卫生支出发生率突破地区数据均化限制。对于集社会、经济、生理、制度等脆弱性特征于一体的中老年人群来说，只要处于经济、健康、环境和政策等多风险驱动下的高风险地区，无论其所在城市的贫困率高低，都会再次加重其脆弱性，比如欠发达地区更恶劣的环境，或是发达地区缺乏福利倾向而深化的差距。因此需要从风险因素入手，为精准、高效地降低或消除中老年人群的多维脆弱性提供策略和办法。对灾难性卫生支出高风险地级市的高风险指标汇总发现，一些地级市存在由多驱动因子耦合影响灾难性卫生支出发生风险的情况。为更全面地掌握各高风险地级市的风险特征，研究将 53 个地级市的高风险指标进行汇总，并按一级维度因素进行概括性归纳，以此得到各高风险地级市的风险特征分型。我们发现，以“政策—健康—社会经济”为核心风险类型的地区最多，占到高风险地区的30%，以3种及3种以上风险因素耦合为风险特征的城市数量占据高风险城市的60%以上，由此可以证明，在当前相对贫困减贫阶段下，医保减贫功能更应注重对多重风险因素耦合的作用效果。刘凯（2018）概括性地对医保改革和医疗资源优势方面存在的双重驱动和资源驱动等类型进行了探究，并以此识别出医保控费效果的关键影响因素和省份间差异，最终提出需要从多部门协同治理视角进行医保政策创新。这意味着，多因素交互、耦合对医保改革和减贫功能政策优化的复杂驱动效果已经被注意到。

除此之外，从前述结果中不难发现，东部、中部区域的灾难性卫生支出高风险特征以健康因素和政策因素主导的多因素复合型风险特征为主；而西部区域14个高风险地级市的高风险特征则以“政策—健康—社会经济”和“健康—政策”风险特征为主，且3种因素耦合特征覆盖的地级市与2种因素交互覆盖的地级市数量相同。

由此可知，我国的东部、中部、西部区域依然以健康和政策为高风险地区的核心风险因素。对于生理脆弱的中老年人群，随着年龄的增长，生理机能下降、残疾和多发病增加等健康损失都极大地削弱了该人群获取社会资源的能力，并在一定程度上需要家庭成员的长期照护。此时家庭将陷入“脆弱群体无法成为劳动力—经济负担增加—家庭成员减少工作时间加以照护—家庭劳动力减少—经济负担加重/家庭整体健康水平下降”的健康贫困困境。这也预示着中老年人群在具有高卫生服务利用和卫生费用负担的同时，也会受到更强烈的来自社会甚至家庭的排斥。而在政策层面，虽然中老年人群是医保制度的主要使用人群，但由于医保制度只在普惠层面具有效力，并且对非传染性疾病的经济保护能力有限，在深度和宽度上并未对中老年人群作出相应的政策倾斜或福利包设计。比如，中老年人群患有慢性非传染性疾病需要长期服药，但医保制度对门诊药品的报销力度并不算慷慨，只有通过住院才能获得更大程度的报销，但这会使真正有需求的脆弱人群的卫生资源被抢夺，不得不从其他渠道高价购买服务，或直接放弃利用，最终导致整体灾难性卫生支出发生风险提升。

医保制度作为健康脆弱性特征人群抵御经济风险的最重要手段，需要首先完善其顶层设计和报销福利框架的构建，使其更具有侧重性和靶向性，进而为医保减贫功能赋予更贴合“精准扶贫”的能量和意义，因此需要根据以上对地级市的灾难性卫生支出影响因素作用和风险特征情况，制定更精准的医保减贫治理策略。

4. 结论

通过分析社会经济因素、健康因素、政策因素和环境因素 4 个维度的驱动因子对灾难性卫生支出发生率在区域间的空间立体式交互影响和耦合效应，绘制出我国中老年人群灾难性卫生支出发生风险的脆弱性特征图谱，随后进一步对区域的灾难性卫生支出发生高风险核心驱动因子进行探测，并将其与相应维度匹配，进而描摹出具有空间分异特性的区域灾难性卫生支出高风险脆弱性特征地图，从宏观到微观全景式精准把脉区域间灾难性卫生支出的关键环节。

三、实例研究二：一项针对我国农村中老年人群的灾难性卫生支出发生率空间分异特征及驱动因素探究

1. 研究概述

（1）研究区域与研究变量

本研究以 2018 年 CHARLS 数据库为主要数据源。由于个别研究地区的样本量较小，为保证研究结果的可靠性，只保留了数据处理后包括直辖市在内的 100 个样本农村区域。

（2）方法路径

本研究使用地理探测器测量空间分异性并归结其背后的驱动因素。本研究使用了因子探测器、交互探测器和风险探测器 3 个部分，生态探测器部分未在本研究中使用。

2. 结果

（1）描述性统计

本研究调查的我国农村地区中，高灾难性卫生支出发生率的区域呈点状分布。如表 4-19 所示，40 个具有高 ICHE（>22. 58%）的农村地区分散在我国的四个主要经济地区，其中东部 15 个、西部 12 个、中部 9 个、东北部 5 个。ICHE

的集聚现象并不如预期明显，并且各省的情况也不尽相同。在具有较高 ICHE 的城市中，17.5%位于山东（东部经济区），15%位于四川（西部经济区），而 7.5%位于安徽（中部经济区）。此外，六安的 ICHE（38.78%）全国最高，而潮州的 ICHE（1.82%）全国最低，两者差距达 21.3 倍。

表 4-19　我国部分城市农村中老年人群灾难性卫生支出发生率　　单位：%

编号	地级市	ICHE	编号	地级市	ICHE	编号	地级市	ICHE
1	安庆	16.67	35	锦州	17.02	69	苏州	12.24
2	安阳	21.25	36	荆门	10.53	70	宿迁	25.00
3	鞍山	24.24	37	九江	18.42	71	宿州	34.38
4	宝鸡	11.11	38	昆明	14.29	72	台州	20.80
5	保定	20.50	39	丽江	24.49	73	泰州	16.33
6	保山	30.77	40	丽水	27.54	74	天津	10.20
7	滨州	17.65	41	连云港	27.08	75	威海	25.64
8	亳州	24.49	42	聊城	25.56	76	潍坊	23.61
9	常德	15.38	43	临沧	15.52	77	渭南	8.06
10	朝阳	28.79	44	临汾	20.27	78	襄阳	16.67
11	潮州	1.82	45	临沂	35.62	79	忻州	14.29
12	成都	18.95	46	六安	38.78	80	信阳	23.01
13	承德	19.44	47	娄底	16.67	81	徐州	19.35
14	赤峰	28.57	48	洛阳	6.06	82	盐城	10.00
15	大连	26.32	49	茂名	22.39	83	扬州	14.29
16	德州	25.53	50	眉山	21.05	84	阳泉	30.91
17	定西	14.75	51	绵阳	25.00	85	益阳	23.08
18	佛山	17.39	52	南昌	20.45	86	宜宾	22.06
19	福州	27.91	53	南充	28.92	87	宜春	20.51
20	阜阳	20.00	54	南宁	18.92	88	榆林	13.95
21	赣州	9.38	55	内江	38.18	89	玉林	25.74
22	广安	34.09	56	宁波	18.92	90	岳阳	33.33
23	广州	15.58	57	宁德	33.33	91	运城	14.29
24	海东	22.58	58	平顶山	15.52	92	枣庄	27.66
25	汉中	16.33	59	平凉	18.87	93	张掖	16.13
26	河池	11.86	60	莆田	21.95	94	漳州	16.67

续表

编号	地级市	ICHE	编号	地级市	ICHE	编号	地级市	ICHE
27	呼伦贝尔	27.72	61	濮阳	29.41	95	长沙	9.52
28	淮南	16.39	62	青岛	32.26	96	昭通	20.62
29	黄冈	29.73	63	清远	16.28	97	郑州	22.22
30	鸡西	28.95	64	上饶	23.46	98	重庆	25.00
31	济南	20.62	65	邵阳	20.51	99	周口	17.78
32	嘉兴	25.00	66	深圳	25.00	100	资阳	32.81
33	江门	14.49	67	石家庄	32.39			
34	焦作	19.30	68	四平	24.49			

（2）因子探测器

如表 4-20 所示，所有 15 个因变量对 ICHE 都具有显著的解释力。在本研究涉及的 15 个因变量中，*OOP*（30.82%）、*IOEXP*（26.40%）、*AG*（17.88%）、*GDP*（17.44%）、*DA*（15.45%）、*NCDs*（14.70%）和 *AQI*（14.68%）对 ICHE 的解释力较强。此外，从所属维度来看，除了 *AG*（社会人口因素，socio-demographic factors）、*GDP*（经济因素，economic factors）和 *AQI*（空气污染，air pollution），都属于卫生服务因素（health services factors），涵盖卫生服务的需求、供给和利用。

表 4-20 因子探测器的结果

维度	变量	*q* 统计量
卫生服务利用	*OOP*	0.3082
卫生服务利用	*IOEXP*	0.2640
社会人口因素	*AG*	0.1788
经济因素	*GDP*	0.1744
卫生服务需求	*DA*	0.1545
卫生服务需求	*NCDs*	0.1470
空气污染	*AQI*	0.1468
卫生服务利用	*URH*	0.1344
社会人口因素	*SR*	0.1300
卫生服务供给	*NH*	0.1254
卫生服务供给	*ND*	0.1099

续表

维度	变量	q 统计量
经济因素	*UR*	0.1042
卫生服务供给	*NHB*	0.0862
卫生服务利用	*UROS*	0.0815
保险因素	*ICR*	0.0709

注：所有驱动因子的 q 统计量在 99%的水平上显著（$P<0.01$）。

（3）交互探测器

图 4-3 的结果显示，多对驱动因子在交互作用后的解释力超过 50%，如 *IOEXP* 和 *NCDs*（62.73%）、*UROS* 和 *OOP*（59.63%）。然而需要注意的是，*AQI* 与其他 14 个自变量之间的交互作用均是非线性增强的，即在 *AQI* 的催化下各因素对 ICHE 空间分布的解释力增加，且两者交互作用后的 q 值大于独立条件下的 q 值之和。而当 *AQI* 与其中一些因素交互作用时，解释效果超过 50%，如 *NCDs*（63.30%）、*GDP*（59.80%）、*URH*（57.96%）、*UROS*（56.48%）、*IOEXP*（56.15%）和 *OOP*（52.86%）。也就是说，空气污染与卫生服务因素的交互往往会对我国农村中老年人群灾难性卫生支出发生率空间分布产生较强的解释力。

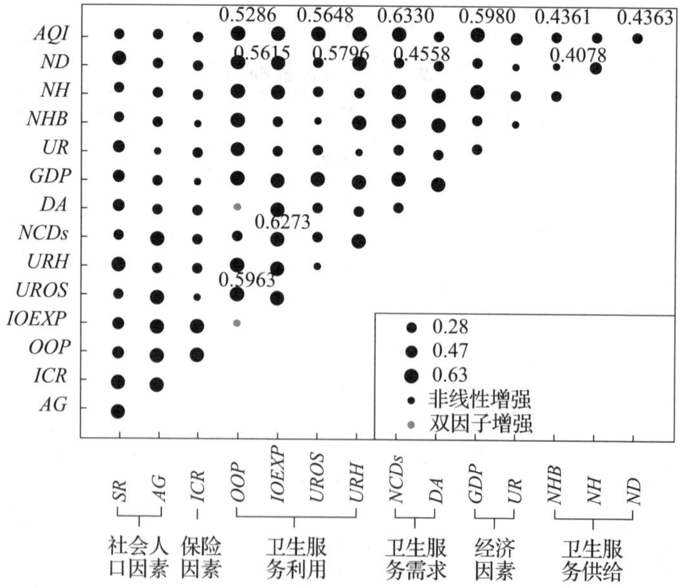

图 4-3　交互探测器结果

（4）风险探测器

风险探测器用于探索风险因素的某一类别是否与灾难性卫生支出发生率的高值或低值相对应。在图 4-4 中，数字 1~4 依次代表自然断点法从小到大的 7 个分类。图 4-4 显示了不同因素不同量级对应的灾难性卫生支出发生率平均值。高灾难性卫生支出发生率可能是由单一或多维风险因素引起的。为了简化表达，我们将空气污染（A）、社会人口因素（S）、经济因素（E）、保险因素（insurance factors，I）和卫生服务因素（H）符号化。通过风险检测，我们发现 100 个样本城市中有 50 个单因素风险区，包括 H 风险区 40 个、I 风险区 3 个、S 风险区 3 个、A 风险区 2 个和 E 风险区 2 个。例如，空气污染是潮州的唯一主导因素，而卫生服务是广州的唯一主导因素。还发现了 17 个双因素风险区，包括 I-H 风险区 7 个、E-H 风险区 4 个、H-A 风险区 4 个、S-I 风险区 1 个和 S-H 风险区 1 个。常德和呼伦贝尔就是 2 个 H-A 风险区。此外，还有 4 个三要素风险区，包括 E-I-H 风险区 2 个、S-I-H 风险区 1 个和 E-H-A 风险区 1 个。这些地区以 3 个因素为主，如福州是 E-H-A 风险区，ICHE 的成因比前两类风险区更为复杂（见表 4-21）。

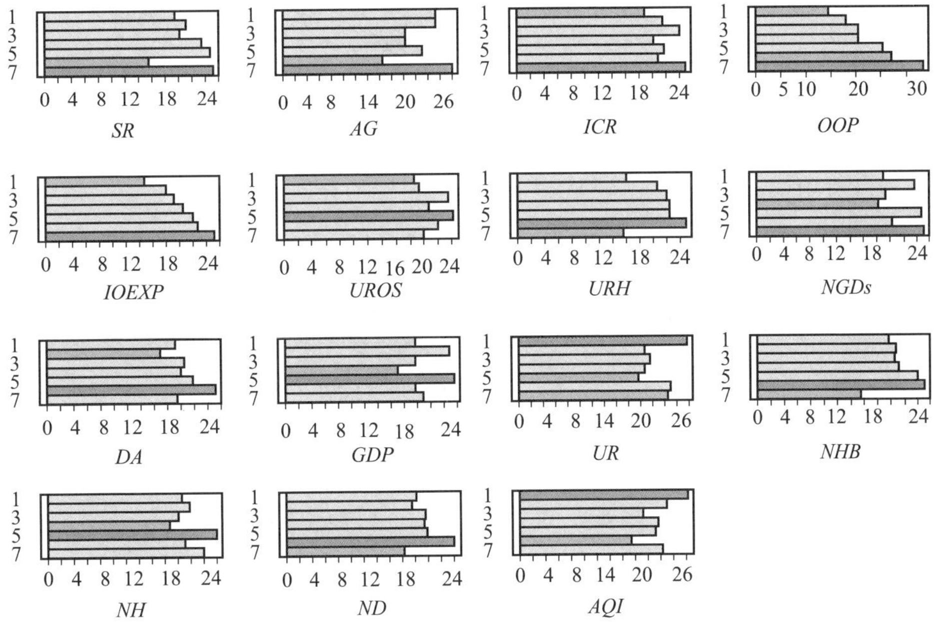

图 4-4　地理探测器各分层的灾难性卫生支出发生率平均值

表 4-21　高风险地区成因类型的空间分布

风险区类别	地级市	风险区类别	地级市
保险因素（I）	焦作、嘉兴、青岛	社会人口因素—保险因素—卫生服务因素（S-I-H）	阜阳
保险因素—卫生服务因素（I-H）	赤峰、临沧、娄底、威海、运城、枣庄、郑州	卫生服务因素（H）	安阳、保定、保山、成都、德州、定西、佛山、广州、淮南、鸡西、锦州、九江、昆明、连云港、临沂、六安、洛阳、茂名、南宁、宁波、宁德、平凉、莆田、濮阳、清远、上饶、邵阳、苏州、宿迁、泰州、天津、信阳、盐城、宜宾、玉林、岳阳、张掖、漳州、长沙、周口
经济因素（E）	朝阳、四平	经济因素—卫生服务因素—空气污染（E-H-A）	福州
经济因素—保险因素—卫生服务因素（E-I-H）	黄冈、潍坊	空气污染（A）	潮州、丽江
经济因素—卫生服务因素（E-H）	大连、济南、石家庄、徐州	社会人口因素（S）	亳州、广安、内江
社会人口因素—保险因素（S-I）	深圳	卫生服务因素—空气污染（H-A）	常德、呼伦贝尔、海东、眉山
社会人口因素—卫生服务因素（S-H）	南充		

3. 讨论

（1）空气污染：疾病产生和致贫的加害者

通过因子检测发现，*OOP*、*IOEXP*、*UROS*、*URH*、*NCDs*、*DA*、*NHB*、*NH*、*ND* 对灾难性卫生支出发生率空间分布的解释力分别为 30.83%、26.41%、8.15%、13.44%、14.71%、15.46%、8.63%、12.55%和 11%。大多数卫生服务因素都对 ICHE 有很强的解释力，在受到空气污染的催化后，解释力分别增长至 52.86%、56.15%、56.48%、57.96%、63.3%、45.58%、43.61%、40.78%和 43.63%。这一点显示出卫生服务因素的致贫机制在空气污染的背景下会进一步发展。

我们进一步试着以空气污染的视角重新审视卫生服务在灾难性卫生支出形成机制中扮演的重要角色。空气污染的出现进一步损害了公众健康。通过多方位的渗透和传播，与空气污染相关疾病的高发增加了区域的卫生服务需求。这种需求的增加可能对一个地区原本就有限的卫生服务资源进一步构成重大挑战。一旦政府无法承担卫生服务供给中相关人员和设施的增加成本，这些成本的很大一部分就会转嫁给患者，令他们陷入因病致贫的风险中。此外，地区现有设施和医疗技术人员若无法满足居民的卫生服务需求，导致周围医疗服务几乎不可及，病人必然会因此被迫去更远的地方获得适宜的医疗服务，产生间接医疗支出。医疗服务供给的增加也会按照一定的比例转嫁到居民身上，最终使他们承担更多的医疗支出。当地区卫生服务资源充足时，卫生服务需求的增加会转化为对卫生服务的更多利用，产生更多的疾病经济负担。许多研究已经验证了卫生服务因素与空气污染水平之间的定量关系。赵克（2011）对西安城市居民的研究发现，当 $PM_{2.5}$ 的浓度每增加 100 微克/米^3，慢性阻塞性肺病的死亡率随之增加 7.25%。

（2）基于灾难性卫生支出发生率空间分异特征的区域性针对性决策制定

在表 4-21 所述的 71 个高风险区中，有 50 个单因素高风险区，也有 21 个由多因素主导的区域。这些多因素高风险地区包括 7 个 I-H 风险区、4 个 E-H 风险区、4 个 H-A 风险区、1 个 S-I 风险区、1 个 S-H 风险区、2 个 E-I-H 风险区、1 个 S-I-H 风险区和 1 个 E-H-A 风险区。我们重点关注潮州（A 风险区）和福州（E-H-A 风险区）。

潮州是广东省东部的一个沿海城市。其地势西北高、东南低，三面环山、一面临海。潮州相对容易形成稳定的大气环境，但也容易产生严重的空气污染问题。这也印证了为什么潮州被列为以空气污染为主的灾难性卫生支出发生率高风险地区。而福州作为海上丝绸之路的起点，在灾难性卫生支出发生率方面有着更为复杂的主导因素。首先，福州的卫生服务分布不均衡，主要集中在鼓楼区和台江区，其整体发展难以跟上人口的变化。在空气污染的背景下，这种激烈的冲突可能进一步加剧，造成居民额外的医疗支出，这解释了为什么卫生服务成为该地区灾难性卫生支出发生率的主导因素之一。其次，福州空气污染的季节性特征明显。热带气旋和温和的副热带高压使空气污染物在温暖期扩散或沉降，而寒冷期的“温度倒挂”现象和春节的烟花爆竹使空气污染物产生并难以扩散。尽管空气污染并不特别严重，但其特殊的季节性特征可能会使其对该地区灾难性卫生支出发生率的影响更加明显。最后，在政府的支持下，自 2006 年以来，福州与台湾进行了长期友好的经济交流，闽江已经成为一个新的发展区域。经济发展破坏了当地的土地植被，此外随着经济的发展，产业结构调整和工业化进程使福州的空气质量进一步恶化。因此，福州的空气污染可能造成严重的健康后果，并进一步加重了疾病经济负担。这些高风险地区的主导因素反映出，决策应遵循区域特征，只有区域特异性政策才可能精准有效地降低居民的疾病经济负担。

4. 结论

本研究利用地理检测器探索我国农村中老年人灾难性卫生支出空间分异性的驱动因素，并最终给出了各种驱动因素相互作用前后对灾难性卫生支出发生率空间分布的解释力，以及地市级层面我国农村中老年灾难性卫生支出发生率高风险因素图谱。

灾难性卫生支出的发生是“多因素—多阶段”模式的结果，需要多部门的协同治理。作为一个重要的催化因素，空气污染强化了卫生服务对灾难性卫生支出发生率空间分布的解释力。此外，在不同的地区，导致高灾难性卫生支出发生率的因素差异颇大。这些结论在今天更有意义，因为我们正面临着更严重的健康和环境危机。

第一，环境保护应植根于许多领域的政策中，它是政府健康协作治理的一个重要组成部分。因此，整合降污控排与健康相关政策对于灾难性卫生支出治理十分重要。

第二，对于卫生服务，早期卫生投资是最具成本效益的选择。基础设施建设和医疗保障体系是必不可少的环节，并可进一步成为重大公共卫生突发事件的缓冲区。

第三，区域特异性的区域政策对于解决区域特色问题具有重要价值。我们的研究为这一类的区域灾难性卫生支出治理政策制定提供了最直接的证据和参考。

第三节　基于时空加权回归方程的我国全人群灾难性卫生支出测度研究

2020 年，我国减贫进入新阶段，贫困县全部摘帽，消除了绝对贫困和区域性整体贫困。下一步的重要任务部署之一就是构建起有效的政策—医保防护网络，切断因病致贫或因病返贫的可能路径。但在此过程中，基于本国国情的地缘民俗特征必须受到持续的关注，尤其是我国拥有广袤的领土与丰富的地貌人文景观，区域间主要因病致贫因素类别不同、表现不同。这种区域间的差异性将进一步加剧地区灾难性卫生支出发生率的空间分异性，影响公共政策落实与卫生资源配置的精准性。基于空间视角，我们可以通过对灾难性卫生支出发生率的刻画，对比出相同要素下不同区域间的发展失衡情况和差距，进而捕捉到新的社会条件下灾难性卫生支出的薄弱环节，深入挖掘各要素在空间区域的耦合作用，总结出时代需求下新型多维贫困的脆弱性特征，瞄准空间视阈下健康经济保护断层、卫生政策落地失衡的诱因，最终为减少灾难性卫生支出的发生提供靶向性建议。因此，科学认识我国灾难性卫生支出发生率的时空演变模式，对控制居民灾难性卫生支出发生率发展、降低居民就医经济负担、提高地区政府治理效能、实施精准干预措施，具有重要的应用价值与战略意义。

一、地理时间加权回归模型方法学简述

时空的概念非常广泛，被各学科研究者广泛应用。一方面是在时序研究中延伸了空间的概念；另一方面则是在切片性的空间模式研究中加入了时序变化的维度。空间数据往往被认为存在于空间域上，因为域上往往有无数个连续非

离散的数据可采样点，而这也导致传统统计学中的随机变量与随机过程概念不再适用。

因此，基于空间域的既定概念，时空模型更倾向于被形容为一个无边界的立方体，无数个数据点散落在其中。考虑到这一拟象化特征，我们在此引入地理时间加权回归模型对这些位于连续域上的时空数据点进行参数估计。但在此之前，我们有必要回到传统的混合 OLS 估计框架中。

1. 全局 OLS 模型

在没有任何空间和时间考虑的情况下，我们通常可以使用全局 OLS 模型进行整体的分析。方程如下：

$$Y_i = \beta_0 + \sum_k \beta_k X_{ik} + \varepsilon_i, \ i = 1, \cdots, n \tag{4-7}$$

2. GTWR 模型

我们更推荐在考虑时空异质性的灾难性卫生支出研究中使用 GTWR 模型。它拥有比传统全局模型更好的建模精度，对于不同时空位置的差异参数设定，又赋予了灾难性卫生支出研究更符合现实的结果。除此之外，在灾难性卫生支出影响因素分析方法学间的比较中，GTWR 及 GWR 系模型（可看作时间同质下 GTWR 模型设定的极端情况）拥有“借用”周围数据的特殊能力，这也为其赋予了时空角度更为广阔的视野——灾难性卫生支出发生率在临近点与自身特征的双重挤压下逐渐定型，而非由自身完全决定。

前述的全局 OLS 模型尽管非常简便也易于理解，但只是对这些点进行了估计，距离与位置的概念并不会影响参数估计的结果。在过去的一些理想化认知中，它是可以广泛适用的。但是近年来，随着传染病的传播、空气污染的扩散等话题在卫生领域愈加频繁出现，学术界开始提出一些新的时空概念来对它们作用人类健康的过程进行设想，这可以被形容为研究层次的拓维。

研究层次的拓维带来了新的机遇，也带来了新的问题，其中一个就是时空异质性假设对原有方法学基础的彻底颠覆。如何为每个时空网络上的位置标记差异，成为研究新纪元当中的重要议题。一些学者提出了同样简便但却更加有效的估计方法，这可以追溯到 Fortheringham（2003）的方法体系。他们将时空坐标特异性地融入了对每一个时空数据点的估计过程中，打破了“定参数”

的框架，并在“变参数”的框架下先后发展了 GWR、MGWR、GWR-SAR、MGWR-SAR、GTWR 等多种估计模型。但基于研究框架的考虑，我们更倾向于将时间坐标同样纳入参数估计，而不是在仅考虑空间坐标变化的情况下忽略掉时间可能导致的异质性，除非理论上可行。

GTWR 扩展了带有时空变化的 OLS 模型，并被广泛用于房屋定价和空气污染研究中。与 OLS 类似，GTWR 将时间戳纳入原点坐标框架，并构建权重矩阵以考虑参数的时空非平稳性。时间戳一般在灾难性卫生支出研究中被设定为某一年/月来进行应用。因此，GTWR 模型及其参数的估计可以表示为

$$Y_i = \beta_0(u_i,\ v_i,\ t_i) + \sum_k \beta_k(u_i,\ v_i,\ t_i)X_{ik} + \varepsilon_i,\ i = 1,\ \cdots,\ n \quad (4\text{-}8)$$

$$\hat{\beta}(u_i,\ v_i,\ t_i) = [\boldsymbol{X}^T\boldsymbol{W}(u_i,\ v_i,\ t_i)\boldsymbol{X}]^{-1}\boldsymbol{X}^T\boldsymbol{W}(u_i,\ v_i,\ t_i)\boldsymbol{Y} \quad (4\text{-}9)$$

式中，$\boldsymbol{W}(u_i,\ v_i,\ t_i)$ 表示一个新的矩阵，其对角线元素是时空距离函数 $(u_i,\ v_i,\ t_i)$ 以及校准加权回归相邻时空单元时的权重 i。在我们的 GTWR 模型中使用了自适应内核和 AICc。

尽管我们得到了所有时空数据点特异性的参数，但有时我们也需要一个总体性的结论证明我们对时空异质性的假设是成立的。在这里我们提供了一项计算量较小的检验方法：

许多非平稳性评估技术已被用于测试时空异质性存在的显著性。然而，Fortheringham 作为应用地理加权回归模型的前沿学者，提供了一种计算量较小、操作较为简便的检验方法，为更多学者进入该领域研究降低了技术门槛。该方法通过比较 OLS 结果中的两倍标准误和 GTWR 的四分位数范围来评估系数估计值的非平稳性。后者的数值越大，越被认为具有明显的空间非平稳性，即时空异质性存在的假设成立。

二、实例研究：一项针对我国中老年人群的 8 年灾难性卫生支出发生率时空非平稳性研究

1. 研究概述

（1）研究区域与研究变量

本研究以 2011—2018 年 CHARLS 数据库的四波调查作为主要数据源，实施了一项覆盖我国 28 个省份为期 8 年的时空异质性研究，并根据世界卫生组

织推荐算法计算出灾难性卫生支出发生率指标。

基于以往的多国分析，灾难性卫生支出的主要决定因素包括自费支付、经济水平、医疗服务需求和使用、社会机制缓解居民财务风险的成败等。我们用地区生产总值和$PM_{2.5}$（滞后期一年）来反映经济水平，用65岁及以上人口比例（老龄化）、慢性非传染性疾病患病率、残疾发生率和每千人护士数来反映医疗服务需求和供给。采用基本医疗保险覆盖率来反映社会机制在减缓居民财务风险方面的成败。所有个人或家庭指标都被转换为与进一步空间分析有关的区域指标。所有指标的描述如表4-22所示。

表4-22　研究变量与数据来源

维度	编码	变量	数据来源
医疗自付费用	X_1	医疗自付费用（OOP）	CHARLS
社会经济因素	X_2	地区生产总值（GDP）	2012年、2014年、2016年和2019年《我国统计年鉴》
	X_3	$PM_{2.5}$（滞后期一年）	全球疾病负担
卫生服务需求	X_4	65岁及以上人口比例（老龄化）	CHARLS
	X_5	慢性非传染性疾病患病率	CHARLS
	X_6	残疾发生率	CHARLS
卫生服务供给	X_7	每千人护士数	2012年和2016年《我国卫生和计划生育统计年鉴》、2014年和2019年《我国第三产业统计年鉴》
卫生政策	X_8	基本医疗保险覆盖率	CHARLS

（2）方法路径

首先，我们计算了每个家庭灾难性卫生支出的发生情况，并将灾难性卫生支出和其他自变量均转换为区域单位；其次，我们使用不考虑时空非平稳性的全局普通最小二乘法（OLS）和考虑了时空位置的时空加权回归（GTWR），比较了两个模型的结果并检验了时空非平稳性的存在；最后，我们有针对性地研究了影响中老年灾难性卫生支出发生率的时空变化特征，以便为改进策略提供循证依据。

2. 结果

（1）2011—2018 年的我国中老年人省域灾难性卫生支出发生率

在全国范围内，根据徐科的方法计算了 28 个省份的灾难性卫生支出发生率。表 4-23 显示了各省份灾难性卫生支出发生率的分布及其时间变化。从时间趋势变化来看，全国灾难性卫生支出发生率在 2011—2015 年呈现逐渐上升的趋势，在 2015—2018 年则突然下降。单独来看，2011—2018 年，北京的灾难性卫生支出发生率从 9.804% 下降到 3.226%，下降幅度最大，而青海在 2015 年达到灾难性卫生支出发生率的最高值（27.5%）。此外，我国西南地区（包括青海、四川和重庆）和河北表现出持续的高灾难性卫生支出发生率。2015 年，灾难性卫生支出发生率在各省份之间表现出巨大的差异，而在其他年份差异相对较小。

表 4-23　2011 年、2013 年、2015 年、2018 年 28 个省份中老年人群灾难性卫生支出发生率

单位：%

序号	省份	2011 年	2013 年	2015 年	2018 年
1	云南	12.589	19.031	17.774	17.923
2	福建	16.357	18.723	12.044	21.774
3	青海	17.045	12.346	27.500	20.290
4	四川	21.197	21.679	22.320	22.981
5	河北	21.867	19.786	22.525	20.879
6	江西	14.876	13.412	17.092	13.874
7	新疆	11.475	22.449	13.333	8.065
8	北京	9.804	5.263	16.129	3.226
9	内蒙古	15.576	18.554	22.371	18.242
10	江苏	13.232	14.141	14.141	11.563
11	重庆	21.260	25.000	24.503	19.008
12	甘肃	17.241	23.077	17.153	14.453
13	黑龙江	12.500	10.000	16.216	18.367
14	广东	13.436	18.304	16.509	15.809
15	辽宁	16.357	13.978	17.791	17.986

续表

序号	省份	2011 年	2013 年	2015 年	2018 年
16	山西	18.493	16.538	18.771	15.894
17	上海	7.895	8.571	11.628	3.571
18	天津	9.639	17.308	15.068	12.987
19	浙江	13.462	18.598	15.222	13.586
20	吉林	14.352	15.054	17.647	15.138
21	广西	11.765	16.822	20.984	17.270
22	安徽	23.570	20.588	20.644	21.606
23	湖北	11.957	14.855	15.464	16.667
24	陕西	15.789	16.867	15.385	14.058
25	山东	16.484	16.456	20.922	15.506
26	河南	16.619	15.546	20.272	18.408
27	湖南	17.762	17.886	19.687	15.349
28	贵州	13.514	10.465	13.000	10.156

（2）全局估计的结果和多重共线性检验

首先使用 OLS 进行全局估计，然后对所有自变量进行多重共线性检验。结果见表 4-24。F 检验结果表明，该模型在 99%的水平上是显著的。而根据 R^2 可知，全局估计模型可以解释 38.8%的因变量的变化。

此外，医疗自付费用和每千人护士数被认为在 99%的水平上是显著的，残疾发生率被认为在 95%的水平上是显著的，$PM_{2.5}$（滞后期一年）和老龄化被认为在 90%的水平上是轻微显著的。这表明社会经济因素和卫生服务供给与区域灾难性卫生支出发生率密切相关。此外，所有的自变量都通过了多重共线性测试，并被纳入了进一步的 GTWR 模型。

表 4-24　全局估计回归结果

变量	估计系数	95%CI	标准误	P 值	VIF
X_1	0.007	0.003~0.011	0.002	0	1.50
X_2	0.004	−0.001~0.009	0.002	0.103	1.44

续表

变量	估计系数	95%CI	标准误	P 值	VIF
X_3	0.028	-0.013~0.253	0.016	0.071	1.20
X_4	0.120	-0.066~0.072	0.067	0.077	2.49
X_5	0.003	-0.067~0.072	0.035	0.935	1.69
X_6	0.194	0.026~0.362	0.085	0.024	1.64
X_7	-0.319	-0.446~-0.192	0.064	0.000	2.75
X_8	-0.051	-0.137~0.034	0.043	0.236	1.17
控制组	-0.094	-0.270~0.458	0.183	0.610	1.32
常数项	25.148	7.229~27.262	5.050	0.001	
R^2	0.388				
AICc	604.771				

（3）GTWR 模型和时空非平稳性检验的结果

GTWR 模型与前述全局模型估计结果如表 4-25 所示。需要指出的是，虽然从 OLS 到 GTWR 的 AICc 略有增加，但残差平方和从 1293.203 下降到 492.273，R^2 从 0.388 整体上增加到 0.769。这表明对于该实例研究，GTWR 的局部估计优于 OLS 的全局估计，表明对时空非平稳性存在性的考虑有助于解释数据更多的变异。

表 4-25　全局 OLS 和 GTWR 模型的比较

指标	全局 OLS	GTWR
带宽	—	42
残差平方和	1293.203	492.273
AICc	611.837	622.243
R^2	0.388	0.769
校正后的 R^2	—	0.749

因此，基于上述结论，GTWR 被选作最终的估计模型。通过测算 8 个变量系数的变化分布发现，每千人护士数和基本医疗保险覆盖率几乎总对灾难性卫生支出发生率具有保护作用。

接下来，我们采取了时空非平稳性检验来检测 8 个自变量是否在各时空单元间存在时空非平稳性（见表 4-26）。医疗自付费用、地区生产总值、$PM_{2.5}$（滞后期一年）、65 岁及以上人口比例、慢性非传染性疾病患病率、残疾发生率、每千人护士数表现出超过纯抽样预期的额外局部变异，因此，基本医疗保险覆盖率被认为是一个没有时空非平稳性的全局变量。

表 4-26　自变量时空非平稳性检验

变量	四分位间距	OLS 的两倍标准误	是否存在时空非平稳性
X_1	0. 004	0. 016	是
X_2	0. 004	0. 006	是
X_3	0. 032	0. 140	是
X_4	0. 134	0. 233	是
X_5	0. 070	0. 173	是
X_6	0. 170	0. 223	是
X_7	0. 128	0. 164	是
X_8	0. 086	0. 083	否

（4）变量系数的时空趋势

如图 4-5 所示，具有时空非平稳性的 7 个自变量的系数分布在不同区域之间表现出显著的差异。

①医疗自付费用：据估计，2011—2018 年，从西向东，医疗自付费用的积极影响在时空层面上逐渐减弱。然而，一些时空单位表现出不同的趋势。例如，2011—2015 年，医疗自付费用对我国北方地区灾难性卫生支出发生率的影响有所增加，2015 年之后有所减少。

②地区生产总值和 $PM_{2.5}$（滞后期一年）：对于描述经济发展的地区生产总值，我们同样可以得出有趣的结论。在经济相对发达的华东地区，地区生产总值是灾难性卫生支出发生率的保护因素，而在我国中部和东北等地区，地区生产总值是逐渐减弱的风险因素。地区生产总值对灾难性卫生支出发生率的影

响可能表明了经济发展对健康影响的复杂性。

空气污染也是一个有趣的话题。在空间上，其对灾难性卫生支出发生率的正向影响由东向西逐渐减小。此外，2015 年以后，其对灾难性卫生支出发生率的正向影响逐渐增加，但在华东和华北部分地区有所下降。

③老龄化、慢性病和残疾：对老龄化来说，其正向影响主要集中在除华北和东北以外的地区。从时间上看，2011—2018 年，老龄化在华东、华中和华南地区的正向影响有所增加，但在 2013 年之后，西北和西南地区的正向影响开始逐渐下降。

大多数慢性病对灾难性卫生支出发生率的正向影响集中在与老龄化变量类似的区域。从时间上看，慢性非传染性疾病患病率在华东地区的正向影响在 2011—2018 年有所增加，但 2013 年之后，在华中、华南、西北和西南地区的正向影响有所下降。

然而，残疾对灾难性卫生支出发生率正向影响的空间分布与前两者不同，主要存在于除我国东部和东北以外的地区。值得注意的是，这种影响在我国西南部和陕西省有明显的提高。从时间上看，2015 年以后，在大多数地区，残疾对灾难性卫生支出发生率的正向影响减弱，但我国西南部和陕西省并不适用这一点。在这两个地区，残疾对灾难性卫生支出发生率的正向影响仍然可能保持上升趋势。

④护士：在每千人护士数对灾难性卫生支出发生率的影响方面，我们发现除东北地区外，全国所有地区都有明显的下降趋势，尤其是在 2018 年前。此外，西北地区普遍存在的强烈反向影响也不容忽视。

3. 讨论

本研究使用 GTWR 模型对我国各省份的灾难性卫生支出发生率与影响因素之间的时空关系进行了局部估计。基于 GTWR 模型，本研究结果证实了医疗自付费用、社会经济因素、卫生服务需求和供给存在时空非平稳性，为制定相关区域目标政策提供了依据。

（1）我国中老年人群灾难性卫生支出发生率的时空异质性

我国中老年人群的灾难性卫生支出发生率具有时空异质性。从时间上看，本研究中的灾难性卫生支出发生率在2011—2015年逐渐增加，2015—2018年开始减少，之前的文献也显示出类似的趋势。事实上，随着近年来老年人慢性病和多发病的频繁发生，我国中老年居民的疾病经济负担逐渐增加。在疾病需求和利用如此之高的背景下，我国实施了一系列的卫生改革措施，如建立和深化多层次医疗保险制度，我国的基本药物制度也取得了显著的成就。我国一系列卫生改革措施的时间表几乎与本研究灾难性卫生支出发生率下降的时间线相匹配，证明卫生政策对灾难性卫生支出发生率控制作出了突出贡献。从空间上讲，本研究中灾难性卫生支出发生率的分布也明显不同质，这与大部分文献相呼应，其中我国西南部和河北省的灾难性卫生支出发生率持续偏高。慢性病是中老年人家庭灾难性卫生支出发生的主要原因，但病因在我国各地区有很大差异。在我国西南部的几个省份不良生活习惯增加了罹患慢性病的风险，慢性病疾病负担很重。河北省面临着严重的空气污染问题，可能进一步导致慢性病。此外，相对较低的经济水平和严重的老龄化问题可能会进一步加剧家庭的疾病经济风险。因此，高灾难性卫生支出发生率区域的形成背后蕴藏着多元化的原因，需要有针对性地加以解决。

（2）健康保险制度：全面覆盖后，对弱势群体的关注和针对性的政策是接下来的工作重点

健康保险制度是目前控制灾难性卫生支出发生率最有效的政策工具。我国在接近全民医疗保险覆盖目标方面取得了显著成就，但医疗保险制度的深度仍有待提高。就深度而言，我们主要关注两个问题：“提供多少保护”和“保护谁”。

首先，医疗自付费用对灾难性卫生支出发生率影响的时空非平稳性可以在本研究和以前的文献中观察得到，这说明“提供多少保护”并不存在唯一的答案。我们的结果进一步表明，医疗自付费用的正向影响从西到东逐渐减弱，类似于我国经济发展的区域梯度。一种可能的解释是，经济发达地区的人均收入较高，因此居住在这些地区的中老年人口家庭对疾病经济风险具有更强的抵

御能力。此外，不同的地理区域伴随着发展的梯度差异，导致医疗保险制度、筹资制度、福利包和医保治理的设计存在许多差异。因此，制定区域医疗保险政策，“一刀切”的方法是不可取的。同时，医疗自付费用系数的总体下降趋势肯定了医疗保险制度改革在医疗改革中的作用。然而，对于华北部分地区，可能需要扭转深化改革的上升趋势。

其次，回答“保护谁”这个问题的关键可能会在老龄化、慢性病和残疾的结果中找到。慢性病和老龄化的时空非平稳性显而易见。对于慢性病和老龄化而言，在除华北和东北地区外的地区，大多数正向影响在空间上聚集。此外，2011—2018 年，华东地区的慢性病发病率呈上升趋势，2013 年后，西南地区的慢性病发病率呈下降趋势。慢性病负担随着老龄化的加重而增加，因此，健康保险应加强对慢性非传染性疾病患者和老年人的经济保护。我们的结果可以用来测试过去的区域政策执行情况，似乎有些区域政策的执行情况远不如我们想象得那么好。以华东地区为例，以往的研究表明，居住在华东地区某些省份是老年人健康的风险因素。华东地区慢性病的高风险因素可能包括过量饮酒、超重或肥胖等，这证实了城市化和经济发展对慢性病的影响。一些研究发现，华东地区因慢性病住院的老年患者比例越来越高。

各地区尽管已就慢性病作为健康保险的重点达成共识，但根据现有医保基金的发展状况、卫生服务需求和经济水平，与疾病相关的经济保护仍存在差异。进一步深化医疗保险制度对具有多重弱势特征的老年人的保护作用，需要进一步打破医保的碎片化，扩充承保慢性病的病种列表，并加大补偿额度。这些计划已成为所有地区降低慢性病导致的灾难性卫生支出发生率的突破口。各地区实现医保对慢性病老年患者住院服务的覆盖是当务之急和明智之举，会带来明显的财务风险缓解效果。然而，对于不经常需要住院治疗的慢性非传染性疾病患者来说，这仍然不够友好。考虑到中老年人口的区域性疾病特点和目前住院服务的财政保障体系接近饱和，地方政府应在一定程度上进一步扩展门诊服务的经济保障体系。

很少有文献关注残疾与灾难性卫生支出发生率之间时空关系的非平稳性，许多相关文献都基于时空平稳性假设。从时间上看，我们发现，2015 年后，大多数地区残疾对灾难性卫生支出发生率的正向影响减弱，但在我国西南部和陕西省，残疾对灾难性卫生支出发生率的正向作用仍可能保持上升趋势。我们的研究进一步证明了残疾以及经济保护政策区域特征的可变性。首先，很少有政策专门针对残疾人；其次，我国中老年人的残疾往往是由疾病引起的。然而，大多数省份目前的医疗保险政策只关注疾病阶段（包括住院和门诊服务）的财务风险，但残障阶段（包括康复服务）更有可能出现问题。例如，位于我国西南部的云南省，贫困人口数量居我国第二，占全国残疾人人口的3.78%。研究结果表明，残疾对云南省灾难性卫生支出发生率的影响越来越大，可以归因于政府财政不足、覆盖面不全、补偿不足以及缺乏康复服务等，尤其是在农村地区这些问题可能更加严重。目前的医疗保险福利包不足，无法在全阶段为残疾人提供全面的经济保护。我国有8500多万残疾人，其中90%有康复需求，然而只有略多于1000万人能够获得康复护理；此外，1.3亿名非传染性疾病患者也存在康复需求。但一方面，仅50%的医生、33%的治疗师和近15%的护士拥有学士或以上学位；另一方面，康复资源在地区之间以及城乡之间分布不均，且仅限于临床环境，没有扩展到家庭、社区和其他社会环境。因此，政府应制定针对残疾人的健康保险，重点关注残疾人康复需求的财政保障，并从政策制定的角度建立从疾病阶段到残疾阶段的良好联系。此外，需要扩大社会康复网络，并提供适当的支付和定价政策支持。

这里有一个需要澄清的问题，与常识相悖的异常值（特别是在卫生服务需求和使用方面）可能源于贫困导致的卫生服务未得到利用，这在低经济发展水平的地区尤为常见。

（3）灾难性卫生支出发生率与经济发展成就：高经济水平和“双刃剑”

经济因素对灾难性卫生支出发生率的影响可能是双向、时空非平稳的，但过去往往被全局估计稀释。

我们使用$PM_{2.5}$来衡量经济发展对空气污染的影响。我们发现，这种正向影响从东到西逐渐减弱，与我国经济发展的差异相对应。一些研究还发现了两者之间的相关性，表明低$PM_{2.5}$浓度往往集中在经济欠发达地区。经济发达地区的空气污染问题加剧了健康需求，引发了人们对灾难性卫生支出发生率提高的担忧。

经济发展提高了人们的生活水平，增加了人们对健康的投资，并通过教育间接影响了健康；然而，与此同时，经济发展带来了环境污染、生活方式改变、心理问题和老龄化。在我们的研究中，地区生产总值是经济相对发达的华东地区灾难性卫生支出发生率的一个保护因素，也是华中和东北地区减弱的风险因素。地区生产总值与健康之间有着复杂的关系。

尽管可能的城市化加剧了华东地区居民患慢性病的风险，但经济发展带来的区域经济水平的提高也是实质性的，这与我们之前的讨论一致。根据目前的研究结果，地区生产总值增长给相对不发达地区带来了更多的疾病和老龄化等问题，掩盖了其正效益。然而，我们观察到，我国中部和东北部的影响在下降，说明了这些地区过去取得的进步。其中一个可能的原因是我国为消除贫困作出的巨大贡献。在过去几十年里，我国政府致力于减少贫困，2012—2018年，贫困人口由 9899 万人减少到 1660 万人。到 2021 年，我国进一步消除了绝对贫困。

此前的研究表明，应制定不仅考虑医疗支出，还考虑收入的医疗保险政策。与之类似，我们的研究也从区域层面论证了经济发展对灾难性卫生支出发生率的可能影响。越南和土耳其提供了很好的先例，他们在实现全民健康覆盖方面的成功可以归功于为低收入家庭提供医疗福利。除了关注家庭特征外，灾难性卫生支出是否发生还应关注宏观特征。区域医疗保险制度、经济发展和生态环境可能是灾难性卫生支出发生率控制中真正起主要作用的因素，特别是在我们一直强调的时空非平稳背景下。

（4）护理的力量：注重数量和质量

作为卫生人力资源的一部分，护士对于减少我国的灾难性卫生支出发生率至关重要。研究发现，每千人护士数对灾难性卫生支出发生率的影响是时空非平稳的，并且这些影响几乎都是消极的。很少有研究为护士与灾难性卫生支出发生率之间的关系提供直接证据，但许多研究证明了护士与健康之间的关系。护士在疾病预防、治疗和康复的各个阶段发挥着重要作用。护士数量的增加和质量的提高可以从根本上遏制疾病的大规模恶化，并避免灾难性卫生支出发生率升高。当每个护士照顾的患者数量减少 1 个时，30 天内的死亡率、出院后 7 天内的再入院率会减少 7%，住院时间减少 3%，医疗费用随之减少。根据当地卫生服务需求，提高地区护患比和加强护士教育是具有高成本效益比的选择。护理对于慢性病高发的中老年人来说更为重要。因此，在制定区域标准护患比时，考虑中老年慢性病患者人数很重要，尤其是在东北和西北地区。此外，根据世界卫生组织的建议，在服务不足的地区提供高支付率也是一项有效措施。

4. 结论

基于 GTWR 方法，本研究打破了定参数和全局平稳的假设，探讨了各种因素与区域灾难性卫生支出发生率之间的时空非平稳性，为区域政策改革提供了重要依据。

第一，本研究呼吁在健康中广泛地考虑时空非平稳性。本研究基于模型比较的结果，通过在变参数框架下考虑时空位置，进一步扩展了全局模型的解释力。在考虑时空非平稳性之后，模型性能得到了重大的改善，说明在未来广泛的相关研究也应该考虑时空非平稳性，以进一步提高质量。

第二，灾难性卫生支出发生率中时空非平稳性的存在对随后的相关政策制定具有深远的影响。

第三，在全民医保覆盖完成后，慢性病、残疾和老龄化的时空非平稳性应该成为重点。基于此，改善赔偿额度和福利包是可能的政策优化路径。例如，在随后的医保设计中，考虑慢性病患者的门诊服务、残疾人的康复服务以及老年人疾病带来的疾病经济风险。而综合考虑这些因素的时空非平稳性有助于提高未来区域医保政策的倾向性。

第四，经济发展对灾难性卫生支出发生率的影响复杂。特别是空气污染，作为经济发展的后果之一，诱发了较高的灾难性卫生支出发生率。相比之下，护理资源的合理配置有助于减少灾难性卫生支出发生率。这也进一步表明，灾难性卫生支出的治理和原因剖析不应仅限于个人/家庭层面，需要从宏观角度进行。

附表 4-1　15 个灾难性卫生支出发生率的驱动因子的空间分布

变量	编号	风险区域分级	名称	变量值
灾难性卫生支出发生率（*ICHE*）/%	1	1 级风险区域（1.790000~7.690000）	潮州	1.79
	2		上海	4.00
	3		杭州	4.55
	4		常德	6.90
	5		深圳	7.69
	6	2 级风险区域（7.690001~12.280000）	兰州	9.09
	7		长沙	9.62
	8		桂林	10.26
	9		哈尔滨	10.34
	10		渭南	10.45
	11		苏州	10.91
	12		河池	10.94
	13		呼和浩特	11.11
	14		佳木斯	11.11
	15		南昌	11.36
	16		洛阳	11.70
	17		定西	12.16
	18		汉中	12.16
	19		盐城	12.24
	20		荆门	12.28
	21	3 级风险区域（12.280001~15.380000）	赣州	12.86
	22		临沧	13.24
	23		江门	13.25
	24		运城	13.33
	25		大连	13.51
	26		北京	13.79
	27		安庆	13.89
	28		本溪	13.95
	29		娄底	14.04
	30		广州	14.29
	31		淮南	14.29
	32		清远	14.29
	33		泰州	14.29
	34		扬州	14.29
	35		焦作	14.44

续表

变量	编号	风险区域分级	名称	变量值
灾难性卫生支出发生率（*ICHE*）/%	36	3 级风险区域（12. 280001 ~ 15. 380000）	昆明	14. 52
	37		济南	14. 84
	38		天津	14. 86
	39		忻州	15. 00
	40		徐州	15. 25
	41		嘉兴	15. 38
	42	4 级风险区域（15. 380001 ~ 18. 450000）	张掖	15. 85
	43		吉林	16. 07
	44		宝鸡	16. 31
	45		襄阳	16. 46
	46		锦州	16. 95
	47		滨州	17. 14
	48		平顶山	17. 19
	49		九江	17. 50
	50		眉山	17. 65
	51		漳州	17. 65
	52		阜阳	17. 81
	53		周口	17. 91
	54		佛山	18. 37
	55		宜宾	18. 44
	56		邵阳	18. 45
	57	5 级风险区域（18. 450001 ~ 21. 050000）	成都	18. 81
	58		南宁	18. 97
	59		宁波	18. 99
	60		平凉	19. 05
	61		景德镇	19. 30
	62		威海	19. 35
	63		榆林	19. 35
	64		承德	19. 48
	65		吉安	19. 57
	66		宜春	19. 57
	67		潍坊	19. 77
	68		信阳	20. 00
	69		保定	20. 36
	70		茂名	20. 41
	71		安阳	20. 48

续表

变量	编号	风险区域分级	名称	变量值
灾难性卫生支出发生率（*ICHE*）/%	72	5级风险区域（18.450001~21.050000）	台州	20.81
	73		亳州	20.83
	74		临汾	21.05
	75	6级风险区域（21.050001~25.000000）	四平	21.38
	76		鸡西	21.67
	77		德州	21.74
	78		郑州	21.85
	79		莆田	21.95
	80		昭通	22.02
	81		重庆	22.32
	82		宿迁	22.41
	83		鞍山	22.50
	84		海东	22.58
	85		连云港	22.58
	86		上饶	22.62
	87		沧州	22.64
	88		赤峰	22.73
	89		丽江	23.08
	90		益阳	23.08
	91		石家庄	23.81
	92		岳阳	23.81
	93		玉林	23.90
	94		绵阳	24.64
	95		黄冈	25.00
	96	7级风险区域（25.000001~29.820000）	枣庄	25.71
	97		齐齐哈尔	25.93
	98		呼伦贝尔	26.14
	99		丽水	26.32
	100		聊城	26.60
	101		青岛	26.67
	102		濮阳	27.63
	103		朝阳	27.94
	104		福州	28.07
	105		阳泉	28.13
	106		南充	29.09
	107		保山	29.41
	108		广安	29.82

续表

变量	编号	风险区域分级	名称	变量值
灾难性卫生支出发生率（*ICHE*）/%	109	8 级风险区域（29.820001～34.920000）	六安	31.15
	110		宁德	32.20
	111		临沂	33.13
	112		宿州	33.33
	113		资阳	33.33
	114		内江	34.92
性别比（*SR*）	1	1 级风险区域（0.430000～0.560000）	本溪	0.43
	2		邵阳	0.44
	3		信阳	0.51
	4		娄底	0.51
	5		周口	0.51
	6		赤峰	0.56
	7		淮南	0.56
	8	2 级风险区域（0.560001～0.690000）	渭南	0.58
	9		聊城	0.59
	10		洛阳	0.60
	11		焦作	0.61
	12		濮阳	0.61
	13		九江	0.62
	14		成都	0.62
	15		平顶山	0.63
	16		景德镇	0.63
	17		郑州	0.64
	18		宿州	0.67
	19		大连	0.67
	20		荆门	0.68
	21		石家庄	0.68
	22		眉山	0.68
	23		嘉兴	0.69
	24		保山	0.69
	25	3 级风险区域（0.690001～0.800000）	清远	0.70
	26		济南	0.71
	27		宁德	0.72
	28		广州	0.72
	29		四平	0.72

续表

变量	编号	风险区域分级	名称	变量值
性别比（*SR*）	30	3 级风险区域（0. 690001～0. 800000）	昭通	0. 73
	31		兰州	0. 73
	32		宝鸡	0. 74
	33		定西	0. 74
	34		丽水	0. 75
	35		常德	0. 75
	36		佛山	0. 76
	37		威海	0. 77
	38		益阳	0. 77
	39		天津	0. 77
	40		临沂	0. 78
	41		运城	0. 79
	42		重庆	0. 79
	43		忻州	0. 79
	44		亳州	0. 80
	45	4 级风险区域（0. 800001～0. 920000）	扬州	0. 81
	46		长沙	0. 81
	47		泰州	0. 82
	48		锦州	0. 83
	49		玉林	0. 84
	50		广安	0. 84
	51		宜春	0. 84
	52		临汾	0. 84
	53		潍坊	0. 85
	54		内江	0. 85
	55		襄阳	0. 85
	56		江门	0. 85
	57		上海	0. 86
	58		宁波	0. 86
	59		平凉	0. 86
	60		榆林	0. 86
	61		南充	0. 88
	62		阜阳	0. 90
	63		六安	0. 91
	64		安庆	0. 91
	65		德州	0. 91
	66		资阳	0. 92

续表

变量	编号	风险区域分级	名称	变量值
性别比（*SR*）	67	5 级风险区域（0.920001～1.060000）	海东	0.95
	68		南昌	0.95
	69		保定	0.95
	70		徐州	0.96
	71		滨州	0.96
	72		吉林	0.97
	73		哈尔滨	0.97
	74		河池	0.98
	75		杭州	0.98
	76		朝阳	1.00
	77		呼和浩特	1.00
	78		连云港	1.00
	79		福州	1.00
	80		漳州	1.00
	81		黄冈	1.00
	82		绵阳	1.03
	83		鞍山	1.03
	84		赣州	1.04
	85		岳阳	1.04
	86		鸡西	1.04
	87		青岛	1.04
	88		汉中	1.04
	89		枣庄	1.06
	90		呼伦贝尔	1.06
	91	6 级风险区域（1.060001～1.230000）	盐城	1.07
	92		齐齐哈尔	1.08
	93		深圳	1.09
	94		丽江	1.10
	95		苏州	1.10
	96		北京	1.11
	97		宿迁	1.11
	98		临沧	1.12
	99		宜宾	1.12
	100		承德	1.13
	101		安阳	1.13

续表

变量	编号	风险区域分级	名称	变量值
性别比（*SR*）	102	6 级风险区域（1.060001～1.230000）	沧州	1.14
	103		佳木斯	1.14
	104		吉安	1.19
	105		台州	1.20
	106		桂林	1.23
	107	7 级风险区域（1.230001～1.520000）	阳泉	1.28
	108		莆田	1.31
	109		张掖	1.33
	110		上饶	1.38
	111		昆明	1.40
	112		潮州	1.50
	113		南宁	1.52
	114	8 级风险区域（1.520001～3.330000）	茂名	3.33
老龄化程度（*AG*）/%	1	1 级风险区域（15.380000～22.220000）	深圳	15.38
	2		岳阳	22.22
	3	2 级风险区域（22.220001～31.720000）	临汾	25.00
	4		赤峰	26.14
	5		朝阳	26.47
	6		潮州	26.79
	7		承德	27.27
	8		榆林	27.42
	9		佳木斯	27.78
	10		上海	28.00
	11		平顶山	28.13
	12		呼伦贝尔	28.76
	13		阳泉	29.69
	14		张掖	30.49
	15		清远	30.61
	16		丽江	30.77
	17		天津	31.08
	18		焦作	31.11
	19		济南	31.61
	20		四平	31.72
	21	3 级风险区域（31.720001～36.710000）	聊城	32.98
	22		安庆	33.33

续表

变量	编号	风险区域分级	名称	变量值
老龄化程度（AG）/%	23	3级风险区域（31.720001~36.710000）	保山	33.33
	24		福州	33.33
	25		信阳	33.79
	26		漳州	33.82
	27		郑州	34.45
	28		哈尔滨	34.48
	29		江门	34.94
	30		鸡西	35.00
	31		淮南	35.06
	32		娄底	35.09
	33		宁德	35.59
	34		南宁	36.21
	35		绵阳	36.23
	36		台州	36.24
	37		保定	36.53
	38		宁波	36.71
	39	4级风险区域（36.710001~40.540000）	海东	37.10
	40		昆明	37.10
	41		威海	37.10
	42		鞍山	37.50
	43		吉林	37.50
	44		襄阳	37.97
	45		临沧	38.24
	46		黄冈	38.33
	47		忻州	38.33
	48		嘉兴	38.46
	49		安阳	38.55
	50		滨州	38.57
	51		茂名	38.78
	52		周口	38.81
	53		泰州	38.96
	54		汉中	39.19
	55		本溪	39.53
	56		成都	39.60
	57		平凉	39.68
	58		荆门	40.35

续表

变量	编号	风险区域分级	名称	变量值
老龄化程度（AG）/%	59	4 级风险区域（36.710001～40.540000）	石家庄	40.48
	60		大连	40.54
	61	5 级风险区域（40.540001～43.960000）	兰州	40.91
	62		六安	40.98
	63		宜宾	41.13
	64		九江	41.25
	65		昭通	41.28
	66		枣庄	41.43
	67		益阳	41.54
	68		临沂	41.57
	69		南昌	41.67
	70		德州	42.03
	71		青岛	42.22
	72		佛山	42.86
	73		上饶	42.86
	74		盐城	42.86
	75		潍坊	43.02
	76		常德	43.10
	77		定西	43.24
	78		渭南	43.28
	79		沧州	43.40
	80		宜春	43.48
	81		连云港	43.55
	82		苏州	43.64
	83		宿州	43.94
	84		广州	43.96
	85	6 级风险区域（43.960001～49.020000）	齐齐哈尔	44.44
	86		洛阳	44.68
	87		濮阳	44.74
	88		宿迁	44.83
	89		运城	45.33
	90		锦州	45.76
	91		莆田	46.34
	92		呼和浩特	47.22
	93		景德镇	47.37
	94		丽水	47.37
	95		眉山	49.02

续表

变量	编号	风险区域分级	名称	变量值
老龄化程度（AG）/%	96	7 级风险区域（49.020001~55.770000）	宝鸡	49.65
	97		扬州	50.00
	98		重庆	50.89
	99		赣州	51.43
	100		邵阳	51.46
	101		玉林	51.57
	102		资阳	53.33
	103		桂林	53.85
	104		亳州	54.17
	105		杭州	54.55
	106		长沙	55.77
	107	8 级风险区域（55.770001~73.680000）	南充	57.27
	108		河池	57.81
	109		北京	58.62
	110		吉安	58.70
	111		阜阳	58.90
	112		内江	60.32
	113		徐州	61.02
	114		广安	73.68
城市化率（UR）	1	1 级风险区域（0.210000~0.240000）	四平	0.20
	2		朝阳	0.24
	3		黄冈	0.24
	4	2 级风险区域（0.240001~0.430000）	昭通	0.35
	5		定西	0.36
	6		保山	0.37
	7		海东	0.38
	8		河池	0.38
	9		齐齐哈尔	0.39
	10		丽江	0.40
	11		亳州	0.41
	12		平凉	0.41
	13		锦州	0.42
	14		临沧	0.42
	15		阜阳	0.43
	16		广安	0.43

续表

变量	编号	风险区域分级	名称	变量值
城市化率（*UR*）	17	2 级风险区域（0. 240001～0. 430000）	茂名	0. 43
	18		宿州	0. 43
	19		周口	0. 43
	20		资阳	0. 43
	21	3 级风险区域（0. 430001～0. 500000）	濮阳	0. 45
	22		六安	0. 46
	23		眉山	0. 46
	24		邵阳	0. 47
	25		娄底	0. 48
	26		南充	0. 48
	27		信阳	0. 48
	28		张掖	0. 48
	29		安庆	0. 49
	30		内江	0. 49
	31		渭南	0. 49
	32		玉林	0. 49
	33		赤峰	0. 50
	34		赣州	0. 50
	35		桂林	0. 50
	36		宜宾	0. 50
	37		宜春	0. 50
	38		运城	0. 50
	39	4 级风险区域（0. 500001～0. 550000）	汉中	0. 51
	40		吉安	0. 51
	41		忻州	0. 51
	42		安阳	0. 52
	43		承德	0. 52
	44		聊城	0. 52
	45		临沂	0. 52
	46		清远	0. 52
	47		上饶	0. 52
	48		益阳	0. 52
	49		宝鸡	0. 53
	50		保定	0. 53
	51		常德	0. 53
	52		吉林	0. 53

续表

变量	编号	风险区域分级	名称	变量值
城市化率（*UR*）	53	4 级风险区域（0.500001~0.550000）	佳木斯	0.53
	54		临汾	0.53
	55		绵阳	0.53
	56		沧州	0.54
	57		德州	0.54
	58		平顶山	0.54
	59		九江	0.55
	60	5 级风险区域（0.550001~0.630000）	宁德	0.57
	61		滨州	0.58
	62		洛阳	0.58
	63		岳阳	0.58
	64		焦作	0.59
	65		荆门	0.59
	66		榆林	0.59
	67		枣庄	0.59
	68		漳州	0.59
	69		宿迁	0.6
	70		莆田	0.61
	71		襄阳	0.61
	72		丽水	0.62
	73		南宁	0.62
	74		潍坊	0.62
	75		连云港	0.63
	76		石家庄	0.63
	77		台州	0.63
	78	6 级风险区域（0.630001~0.700000）	淮南	0.64
	79		盐城	0.64
	80		潮州	0.65
	81		哈尔滨	0.65
	82		徐州	0.65
	83		嘉兴	0.66
	84		泰州	0.66
	85		扬州	0.66
	86		重庆	0.66
	87		江门	0.67
	88		景德镇	0.67

续表

变量	编号	风险区域分级	名称	变量值
城市化率（UR）	89	6级风险区域（0.630001~0.700000）	威海	0.68
	90		阳泉	0.68
	91		福州	0.70
	92		呼和浩特	0.70
	93	7级风险区域（0.700001~0.810000）	本溪	0.71
	94		济南	0.72
	95		鞍山	0.73
	96		成都	0.73
	97		呼伦贝尔	0.73
	98		昆明	0.73
	99		宁波	0.73
	100		郑州	0.73
	101		南昌	0.74
	102		青岛	0.74
	103		苏州	0.76
	104		杭州	0.77
	105		大连	0.79
	106		长沙	0.79
	107		兰州	0.81
	108	8级风险区域（0.810001~1.000000）	天津	0.83
	109		广州	0.86
	110		北京	0.87
	111		上海	0.88
	112		鸡西	0.92
	113		佛山	0.95
	114		深圳	1.00
地区生产总值（GDP）/亿元	1	1级风险区域（350.770000~1012.000000）	丽江	350.77
	2		鸡西	353.20
	3		定西	356.26
	4		平凉	395.17
	5		张掖	407.71
	6		海东	451.50
	7		临沧	630.02
	8		阳泉	733.70
	9		保山	738.10
	10		河池	788.30

续表

变量	编号	风险区域分级	名称	变量值
地区生产总值（*GDP*）/亿元	11	1 级风险区域（350.770000～1012.000000）	本溪	823.10
	12		朝阳	831.40
	13		景德镇	846.60
	14		昭通	889.54
	15		忻州	989.10
	16		佳木斯	1012.00
	17	2 级风险区域（1012.000001～1654.470000）	资阳	1066.50
	18		潮州	1067.28
	19		淮南	1133.30
	20		锦州	1192.40
	21		广安	1250.40
	22		呼伦贝尔	1252.90
	23		眉山	1256.20
	24		亳州	1277.20
	25		六安	1288.10
	26		齐齐哈尔	1340.20
	27		丽水	1394.67
	28		内江	1411.75
	29		临汾	1440.00
	30		汉中	1471.88
	31		承德	1481.50
	32		运城	1509.60
	33		娄底	1540.41
	34		赤峰	1549.84
	35		清远	1565.20
	36		玉林	1615.46
	37		宿州	1630.22
	38		濮阳	1654.47
	39	3 级风险区域（1654.470001～2402.380000）	吉安	1742.23
	40		鞍山	1751.10
	41		益阳	1758.38
	42		阜阳	1759.50
	43		渭南	1767.71
	44		邵阳	1782.65
	45		荆门	1847.89
	46		安庆	1917.60

续表

变量	编号	风险区域分级	名称	变量值
地区生产总值（GDP）/亿元	47	3 级风险区域（1654.470001～2402.380000）	宁德	1942.80
	48		桂林	2003.61
	49		南充	2006.03
	50		宜宾	2026.37
	51		黄冈	2035.20
	52		平顶山	2135.20
	53		宜春	2180.85
	54		吉林	2210.24
	55		四平	2210.24
	56		上饶	2212.80
	57		莆田	2242.41
	58		宝鸡	2265.16
	59		绵阳	2303.82
	60		焦作	2371.50
	61		信阳	2387.80
	62		安阳	2393.20
	63		枣庄	2402.38
	64	4 级风险区域（2402.380001～4026.910000）	滨州	2640.52
	65		周口	2687.22
	66		九江	2700.19
	67		兰州	2732.94
	68		宿迁	2750.72
	69		连云港	2771.70
	70		赣州	2807.24
	71		江门	2900.41
	72		呼和浩特	2903.50
	73		保定	3070.90
	74		茂名	3092.18
	75		聊城	3152.15
	76		德州	3380.30
	77		常德	3394.20
	78		岳阳	3411.01
	79		威海	3641.48
	80		沧州	3676.40
	81		榆林	3848.62
	82		漳州	3947.63
	83		南宁	4026.91

续表

变量	编号	风险区域分级	名称	变量值
地区生产总值（GDP）/亿元	84	5级风险区域（4026.910001~5487.100000）	襄阳	4309.80
	85		临沂	4717.80
	86		嘉兴	4871.98
	87		台州	4874.67
	88		泰州	5107.63
	89		昆明	5206.90
	90		南昌	5274.67
	91		扬州	5466.17
	92		盐城	5487.10
	93	6级风险区域（5487.100001~7856.810000）	石家庄	6082.60
	94		潍坊	6156.80
	95		哈尔滨	6300.50
	96		徐州	6755.23
	97		大连	7668.50
	98		济南	7856.56
	99		福州	7856.81
	100	7级风险区域（7856.810001~15342.770000）	佛山	9935.88
	101		郑州	10143.30
	102		宁波	10746.00
	103		长沙	11003.41
	104		青岛	12001.50
	105		杭州	13509.00
	106		成都	15342.77
	107	8级风险区域（15342.770001~32679.870000）	苏州	18500.00
	108		天津	18809.64
	109		重庆	20363.19
	110		广州	22859.35
	111		深圳	24221.98
	112		洛阳	24640.80
	113		北京	30320.00
	114		上海	32679.87
医疗自付费用（OOP）/元	1	1级风险区域（170.510000~347.870000）	深圳	170.51
	2		定西	263.61
	3		亳州	281.60
	4		眉山	314.62

续表

变量	编号	风险区域分级	名称	变量值
医疗自付费用（*OOP*）/元	5	1 级风险区域（170. 510000~347. 870000）	常德	328. 03
	6		安庆	338. 68
	7		河池	347. 87
	8	2 级风险区域（347. 870001~459. 690000）	襄阳	373. 41
	9		平顶山	377. 86
	10		江门	383. 66
	11		聊城	383. 80
	12		洛阳	393. 45
	13		忻州	400. 90
	14		苏州	403. 69
	15		威海	407. 90
	16		临沧	416. 11
	17		四平	418. 32
	18		淮南	431. 61
	19		潍坊	436. 39
	20		盐城	444. 74
	21		周口	444. 83
	22		清远	455. 83
	23		阳泉	459. 69
	24	3 级风险区域（459. 690001~557. 770000）	成都	481. 64
	25		宜宾	487. 78
	26		邵阳	489. 66
	27		南昌	509. 01
	28		临沂	510. 01
	29		朝阳	515. 66
	30		德州	520. 83
	31		重庆	525. 00
	32		杭州	525. 08
	33		宜春	529. 13
	34		漳州	529. 29
	35		宿迁	531. 54
	36		枣庄	536. 03
	37		锦州	542. 09
	38		泰州	550. 17
	39		平凉	550. 67
	40		运城	553. 77
	41		潮州	557. 77

续表

变量	编号	风险区域分级	名称	变量值
医疗自付费用（*OOP*）/元	42	4 级风险区域（557.770001～666.360000）	景德镇	571.46
	43		莆田	575.75
	44		滨州	583.14
	45		保定	586.04
	46		鞍山	586.54
	47		本溪	588.46
	48		黄冈	598.36
	49		绵阳	599.66
	50		娄底	600.51
	51		资阳	600.56
	52		焦作	600.61
	53		昆明	600.69
	54		呼和浩特	603.52
	55		台州	613.24
	56		鸡西	623.71
	57		济南	623.72
	58		玉林	628.13
	59		荆门	642.74
	60		齐齐哈尔	647.73
	61		内江	663.34
	62		徐州	664.44
	63		扬州	666.36
	64	5 级风险区域（666.360001～809.470000）	广安	676.79
	65		桂林	679.51
	66		汉中	680.27
	67		郑州	683.09
	68		榆林	684.70
	69		保山	701.67
	70		广州	702.31
	71		九江	703.40
	72		昭通	712.49
	73		濮阳	715.29
	74		南充	726.97
	75		宁波	752.11
	76		渭南	761.58
	77		信阳	765.84

续表

变量	编号	风险区域分级	名称	变量值
医疗自付费用（*OOP*）/元	78	5 级风险区域（666.360001～809.470000）	宝鸡	774.07
	79		青岛	777.08
	80		阜阳	780.93
	81		吉林	781.97
	82		益阳	790.60
	83		大连	802.36
	84		兰州	809.47
	85	6 级风险区域（809.470001～1097.080000）	上饶	871.43
	86		宿州	875.62
	87		丽水	882.09
	88		福州	884.94
	89		吉安	891.70
	90		北京	904.14
	91		上海	905.57
	92		承德	942.18
	93		茂名	948.61
	94		石家庄	949.11
	95		嘉兴	956.98
	96		佛山	987.89
	97		天津	1008.79
	98		赤峰	1042.09
	99		长沙	1047.06
	100		海东	1064.42
	101		安阳	1072.96
	102		沧州	1093.55
	103		六安	1097.08
	104	7 级风险区域（1097.080001～1526.060000）	南宁	1154.91
	105		连云港	1185.93
	106		呼伦贝尔	1220.95
	107		赣州	1342.11
	108		丽江	1526.06
	109	8 级风险区域（1526.060001～2232.160000）	临汾	1799.44
	110		哈尔滨	1836.67
	111		佳木斯	1936.02
	112		宁德	2152.38
	113		张掖	2161.41
	114		岳阳	2232.16

续表

变量	编号	风险区域分级	名称	变量值
住院和门诊医疗费用（*IOEXP*）/元	1	1 级风险区域（19.620000～60.420000）	深圳	19.62
	2		泰州	43.40
	3		赣州	48.25
	4		莆田	50.00
	5		潮州	53.75
	6		河池	56.12
	7		鞍山	58.54
	8		安庆	60.42
	9	2 级风险区域（60.420001～107.920000）	宿州	70.49
	10		威海	70.70
	11		清远	73.61
	12		临沧	79.23
	13		洛阳	81.09
	14		定西	82.71
	15		漳州	86.00
	16		平顶山	86.46
	17		杭州	87.05
	18		阳泉	87.76
	19		亳州	87.89
	20		聊城	89.92
	21		邵阳	92.89
	22		益阳	103.62
	23		宿迁	107.92
	24	3 级风险区域（107.920001～186.210000）	平凉	119.01
	25		枣庄	119.40
	26		德州	119.93
	27		丽江	122.12
	28		长沙	124.55
	29		盐城	124.69
	30		四平	128.94
	31		淮南	129.50
	32		临沂	133.51
	33		眉山	134.53
	34		南昌	136.81
	35		宜宾	145.90
	36		呼和浩特	147.69

续表

变量	编号	风险区域分级	名称	变量值
住院和门诊医疗费用（*IOEXP*）/元	37	3 级风险区域（107. 920001～186. 210000）	保定	148. 83
	38		运城	156. 17
	39		鸡西	157. 22
	40		昆明	160. 33
	41		常德	160. 49
	42		朝阳	161. 91
	43		濮阳	163. 16
	44		九江	164. 38
	45		焦作	164. 70
	46		忻州	168. 19
	47		临汾	170. 06
	48		内江	170. 48
	49		苏州	172. 20
	50		周口	175. 81
	51		黄冈	185. 03
	52		襄阳	186. 21
	53	4 级风险区域（186. 210001～271. 850000）	成都	193. 73
	54		锦州	195. 27
	55		渭南	206. 34
	56		潍坊	207. 38
	57		郑州	211. 79
	58		昭通	213. 07
	59		济南	220. 03
	60		江门	222. 14
	61		娄底	226. 73
	62		重庆	227. 32
	63		天津	229. 05
	64		台州	235. 40
	65		扬州	237. 64
	66		榆林	239. 76
	67		福州	244. 15
	68		荆门	252. 54
	69		保山	254. 41
	70		赤峰	261. 65
	71		绵阳	263. 41
	72		齐齐哈尔	268. 81

续表

变量	编号	风险区域分级	名称	变量值
住院和门诊医疗费用（*IOEXP*）/元	73	4级风险区域（186.210001~271.850000）	桂林	270.09
	74		阜阳	271.85
	75	5级风险区域（271.850001~405.980000）	宝鸡	290.78
	76		玉林	292.55
	77		南充	296.77
	78		本溪	297.06
	79		资阳	299.41
	80		景德镇	310.31
	81		宜春	311.45
	82		徐州	314.93
	83		石家庄	318.65
	84		兰州	325.00
	85		广州	339.51
	86		汉中	346.34
	87		六安	356.09
	88		丽水	356.18
	89		广安	369.69
	90		滨州	376.07
	91		嘉兴	377.78
	92		宁波	378.86
	93		北京	385.17
	94		岳阳	391.80
	95		吉林	403.73
	96		吉安	405.98
	97	6级风险区域（405.980001~544.600000）	信阳	450.22
	98		上饶	457.82
	99		南宁	473.13
	100		沧州	480.64
	101		青岛	482.59
	102		海东	519.38
	103		大连	521.17
	104		承德	544.60
	105	7级风险区域（544.600001~995.880000）	茂名	647.77
	106		连云港	675.46
	107		佛山	685.71
	108		安阳	722.19

续表

变量	编号	风险区域分级	名称	变量值
住院和门诊医疗费用（*IOEXP*）/元	109	7 级风险区域（544.600001～995.880000）	呼伦贝尔	744.32
	110		上海	794.47
	111		宁德	995.88
	112	8 级风险区域（995.880001～1864.540000）	哈尔滨	1394.25
	113		佳木斯	1618.89
	114		张掖	1864.54
门诊服务利用率（*UROS*）/%	1	1 级风险区域（3.500000～8.330000）	哈尔滨	3.50
	2		河池	4.69
	3		锦州	5.08
	4		阳泉	6.25
	5		定西	6.76
	6		潍坊	6.98
	7		滨州	7.17
	8		临沧	7.35
	9		长沙	7.69
	10		岳阳	7.94
	11		榆林	8.06
	12		六安	8.24
	13		呼和浩特	8.33
	14	2 级风险区域（8.330001～11.320000）	景德镇	8.77
	15		渭南	8.96
	16		赤峰	9.09
	17		威海	9.68
	18		鞍山	10.00
	19		济南	10.32
	20		台州	10.74
	21		益阳	10.77
	22		大连	10.81
	23		苏州	10.91
	24		安庆	11.11
	25		齐齐哈尔	11.11
	26		南昌	11.32
	27	3 级风险区域（11.320001～13.860000）	黄冈	11.67
	28		忻州	11.67
	29		保山	11.76
	30		朝阳	11.76

续表

变量	编号	风险区域分级	名称	变量值
门诊服务利用率(*UROS*)/%	31	3 级风险区域(11.320001～13.860000)	石家庄	11.90
	32		莆田	12.20
	33		盐城	12.24
	34		四平	12.41
	35		临沂	12.65
	36		桂林	12.82
	37		宜春	13.04
	38		濮阳	13.16
	39		保定	13.17
	40		漳州	13.25
	41		周口	13.43
	42		徐州	13.56
	43		兰州	13.64
	44		常德	13.79
	45		聊城	13.83
	46		洛阳	13.83
	47		成都	13.86
	48	4 级风险区域(13.860001～16.670000)	重庆	14.29
	49		运城	14.67
	50		鸡西	15.00
	51		宿州	15.15
	52		昆明	15.32
	53		安阳	15.66
	54		丽水	15.79
	55		临汾	15.79
	56		德州	15.94
	57		潮州	16.07
	58		本溪	16.28
	59		清远	16.33
	60		佳木斯	16.67
	61	5 级风险区域(16.670001～19.570000)	南宁	17.24
	62		吉安	17.39
	63		平凉	17.46
	64		福州	17.54
	65		荆门	17.54
	66		呼伦贝尔	17.60

续表

变量	编号	风险区域分级	名称	变量值
门诊服务利用率（*UROS*）/%	67	5 级风险区域（16.670001～19.570000）	青岛	17.78
	68		阜阳	17.81
	69		泰州	18.18
	70		玉林	18.24
	71		张掖	18.33
	72		赣州	18.57
	73		枣庄	18.57
	74		信阳	18.62
	75		宁德	18.64
	76		沧州	18.87
	77		天津	18.92
	78		宿迁	18.97
	79		海东	19.35
	80		眉山	19.57
	81	6 级风险区域（19.570001～23.530000）	焦作	20.00
	82		扬州	20.00
	83		宁波	20.25
	84		汉中	20.27
	85		连云港	20.97
	86		娄底	21.05
	87		九江	21.20
	88		宜宾	21.28
	89		吉林	21.43
	90		平顶山	21.88
	91		淮南	22.08
	92		宝鸡	22.70
	93		丽江	23.08
	94		深圳	23.08
	95		郑州	23.53
	96	7 级风险区域（23.530001～29.110000）	邵阳	24.27
	97		佛山	24.49
	98		绵阳	24.64
	99		昭通	24.77
	100		亳州	25.00
	101		上饶	25.00
	102		资阳	25.33

续表

变量	编号	风险区域分级	名称	变量值
门诊服务利用率（UROS）/%	103	7级风险区域（23.530001~29.110000）	茂名	25.85
	104		承德	25.97
	105		广安	26.32
	106		广州	26.37
	107		内江	26.98
	108		江门	27.72
	109		南充	28.18
	110		嘉兴	28.21
	111		襄阳	29.11
	112	8级风险区域（29.110001~40.910000）	北京	34.53
	113		上海	40.00
	114		杭州	40.91
住院服务利用率（URH）/%	1	1级风险区域（0.000000~5.360000）	上海	0.00
	2		深圳	0.00
	3		阳泉	3.13
	4		滨州	4.31
	5		杭州	4.55
	6		平顶山	4.69
	7		潮州	5.36
	8	2级风险区域（5.360001~11.840000）	莆田	7.32
	9		清远	8.16
	10		江门	8.44
	11		宜春	8.70
	12		台州	8.72
	13		福州	8.77
	14		天津	9.46
	15		聊城	9.57
	16		信阳	9.66
	17		锦州	10.17
	18		宁德	10.17
	19		北京	10.39
	20		四平	11.03
	21		安庆	11.11
	22		保定	11.38
	23		扬州	11.43
	24		德州	11.59

续表

变量	编号	风险区域分级	名称	变量值
住院服务利用率（URH）/%	25	2 级风险区域（5.360001～11.840000）	潍坊	11.63
	26		忻州	11.67
	27		淮南	11.69
	28		朝阳	11.76
	29		漳州	11.78
	30		临汾	11.84
	31	3 级风险区域（11.840001～14.670000）	济南	12.26
	32		南昌	12.54
	33		玉林	12.58
	34		威海	12.90
	35		青岛	13.33
	36		渭南	13.43
	37		长沙	13.46
	38		兰州	13.64
	39		常德	13.79
	40		宿迁	13.79
	41		呼和浩特	13.89
	42		宁波	13.92
	43		荆门	14.04
	44		河池	14.06
	45		吉林	14.29
	46		盐城	14.29
	47		岳阳	14.29
	48		绵阳	14.49
	49		运城	14.67
	50	4 级风险区域（14.670001～16.670000）	桂林	15.38
	51		丽江	15.38
	52		南宁	15.52
	53		焦作	15.56
	54		泰州	15.58
	55		景德镇	15.79
	56		丽水	15.79
	57		临沂	16.27
	58		亳州	16.67
	59	5 级风险区域（16.670001～18.870000）	鸡西	16.67
	60		佳木斯	16.67

续表

变量	编号	风险区域分级	名称	变量值
住院服务利用率（URH）/%	61	5 级风险区域（16.670001～18.870000）	宿州	16.67
	62		茂名	17.01
	63		赤峰	17.05
	64		石家庄	17.46
	65		广安	17.54
	66		汉中	17.57
	67		广州	17.58
	68		榆林	17.74
	69		嘉兴	17.95
	70		南充	18.18
	71		徐州	18.64
	72		资阳	18.67
	73		重庆	18.75
	74		沧州	18.87
	75	6 级风险区域（18.870001～21.690000）	娄底	19.30
	76		连云港	19.35
	77		周口	19.40
	78		承德	19.48
	79		呼伦贝尔	19.56
	80		吉安	19.57
	81		保山	19.61
	82		九江	19.95
	83		鞍山	20.00
	84		苏州	20.00
	85		邵阳	20.39
	86		佛山	20.41
	87		内江	20.63
	88		张掖	20.77
	89		本溪	20.93
	90		海东	20.97
	91		昭通	21.10
	92		洛阳	21.28
	93		宜宾	21.28
	94		六安	21.35
	95		黄冈	21.67
	96		安阳	21.69

续表

变量	编号	风险区域分级	名称	变量值
住院服务利用率（URH）/%	97	7 级风险区域（21.690001～25.400000）	濮阳	22.37
	98		枣庄	22.86
	99		临沧	23.53
	100		成都	23.76
	101		上饶	23.81
	102		齐齐哈尔	24.07
	103		昆明	24.19
	104		大连	24.32
	105		益阳	24.62
	106		平凉	25.40
	107	8 级风险区域（25.400001～37.980000）	眉山	27.41
	108		襄阳	27.85
	109		赣州	28.57
	110		宝鸡	29.08
	111		郑州	29.41
	112		定西	29.73
	113		阜阳	30.14
	114		哈尔滨	37.98
慢性非传染性疾病患病率（NCDs）/%	1	1 级风险区域（0.000000～10.810000）	安阳	0.00
	2		鞍山	0.00
	3		滨州	0.00
	4		亳州	0.00
	5		广安	0.00
	6		河池	0.00
	7		淮南	0.00
	8		黄冈	0.00
	9		临汾	0.00
	10		宁波	0.00
	11		宁德	0.00
	12		平顶山	0.00
	13		清远	0.00
	14		上海	0.00
	15		苏州	0.00
	16		枣庄	0.00
	17		漳州	0.00
	18		深圳	7.69
	19		天津	10.81

续表

变量	编号	风险区域分级	名称	变量值
慢性非传染性疾病患病率（*NCDs*）/%	20	2 级风险区域（10. 810001~25. 860000）	昆明	16. 13
	21		襄阳	16. 46
	22		茂名	23. 81
	23		昭通	23. 85
	24		朝阳	25. 00
	25		上饶	25. 00
	26		周口	25. 37
	27		宿迁	25. 86
	28	3 级风险区域（25. 860001~37. 580000）	鸡西	28. 33
	29		江门	30. 12
	30		德州	30. 43
	31		呼和浩特	30. 56
	32		益阳	30. 77
	33		临沧	30. 88
	34		焦作	31. 11
	35		荆门	31. 58
	36		榆林	32. 26
	37		南昌	32. 58
	38		佳木斯	33. 33
	39		忻州	33. 33
	40		汉中	33. 78
	41		威海	33. 87
	42		重庆	33. 93
	43		宝鸡	34. 04
	44		渭南	34. 33
	45		张掖	35. 40
	46		绵阳	36. 23
	47		九江	36. 25
	48		承德	36. 36
	49		玉林	36. 48
	50		台州	37. 58
	51	4 级风险区域（37. 580001~48. 900000）	眉山	39. 22
	52		阳泉	40. 63
	53		嘉兴	41. 03
	54		潮州	41. 07

续表

变量	编号	风险区域分级	名称	变量值
慢性非传染性疾病患病率（*NCDs*）/%	55	4 级风险区域（37.580001~48.900000）	临沂	43.98
	56		杭州	45.45
	57		兰州	45.45
	58		成都	45.54
	59		大连	45.95
	60		宜宾	47.52
	61		吉林	48.21
	62		信阳	48.28
	63		广州	48.35
	64		邵阳	48.54
	65		青岛	48.90
	66	5 级风险区域（48.900001~61.680000）	娄底	54.39
	67		连云港	54.84
	68		丽江	55.77
	69		资阳	56.00
	70		长沙	57.69
	71		北京	58.62
	72		宿州	60.61
	73		吉安	60.87
	74		桂林	61.54
	75		保定	61.68
	76	6 级风险区域（61.680001~70.000000）	福州	63.16
	77		景德镇	63.16
	78		四平	64.83
	79		运城	66.67
	80		平凉	66.70
	81		济南	67.10
	82		丽水	67.11
	83		佛山	67.35
	84		濮阳	68.40
	85		内江	69.80
	86		扬州	70.00
	87	7 级风险区域（70.000001~86.930000）	聊城	73.40
	88		安庆	73.61
	89		海东	74.19
	90		赣州	74.29

续表

变量	编号	风险区域分级	名称	变量值
慢性非传染性疾病患病率（*NCDs*）/%	91	7 级风险区域（70.000001~86.930000）	岳阳	74.60
	92		宜春	76.09
	93		郑州	76.47
	94		保山	80.39
	95		洛阳	81.91
	96		沧州	83.00
	97		六安	83.61
	98		石家庄	86.51
	99		呼伦贝尔	86.93
	100	8 级风险区域（86.930001~100.000000）	本溪	100.00
	101		常德	100.00
	102		赤峰	100.00
	103		定西	100.00
	104		阜阳	100.00
	105		哈尔滨	100.00
	106		锦州	100.00
	107		南充	100.00
	108		南宁	100.00
	109		莆田	100.00
	110		齐齐哈尔	100.00
	111		泰州	100.00
	112		潍坊	100.00
	113		徐州	100.00
	114		盐城	100.00
残疾率（*DA*）/%	1	1 级风险区域（0.000000~3.620000）	兰州	0.00
	2		宿迁	0.00
	3		莆田	2.44
	4		嘉兴	2.56
	5		洛阳	3.19
	6		台州	3.36
	7		常德	3.45
	8		福州	3.51
	9		潮州	3.57
	10		江门	3.62
	11	2 级风险区域（3.620001~6.120000）	运城	4.00
	12		汉中	4.05

续表

变量	编号	风险区域分级	名称	变量值
残疾率（DA）/%	13	2 级风险区域（3.620001~6.120000）	佛山	4.08
	14		盐城	4.08
	15		绵阳	4.35
	16		漳州	4.45
	17		岳阳	4.76
	18		鞍山	5.00
	19		锦州	5.08
	20		济南	5.16
	21		泰州	5.19
	22		景德镇	5.26
	23		大连	5.41
	24		清远	6.12
	25	3 级风险区域（6.120001~9.090000）	威海	6.45
	26		扬州	7.14
	27		渭南	7.46
	28		沧州	7.55
	29		深圳	7.69
	30		益阳	7.69
	31		成都	7.92
	32		上海	8.00
	33		海东	8.06
	34		潍坊	8.14
	35		安庆	8.33
	36		淮南	9.09
	37	4 级风险区域（9.090001~12.080000）	齐齐哈尔	9.26
	38		阳泉	9.38
	39		天津	9.46
	40		聊城	9.57
	41		邵阳	9.71
	42		保山	9.80
	43		忻州	10.00
	44		郑州	10.08
	45		德州	10.14
	46		荆门	10.53
	47		丽水	10.53
	48		临汾	10.53

续表

变量	编号	风险区域分级	名称	变量值
残疾率（*DA*）/%	49	4 级风险区域（9.090001~12.080000）	重庆	10.71
	50		临沂	10.84
	51		佳木斯	11.11
	52		连云港	11.29
	53		玉林	11.32
	54		赣州	11.43
	55		丽江	11.54
	56		南昌	12.08
	57	5 级风险区域（12.080001~15.380000）	茂名	12.24
	58		九江	12.50
	59		宁波	12.66
	60		内江	12.70
	61		滨州	12.86
	62		安阳	13.25
	63		宝鸡	13.48
	64		杭州	13.64
	65		宿州	13.64
	66		南宁	13.79
	67		广州	14.29
	68		上饶	14.29
	69		四平	14.48
	70		榆林	14.52
	71		临沧	14.71
	72		石家庄	15.08
	73		襄阳	15.19
	74		徐州	15.25
	75		长沙	15.38
	76	6 级风险区域（15.380001~18.670000）	平顶山	15.63
	77		昆明	16.13
	78		朝阳	16.18
	79		苏州	16.36
	80		亳州	16.67
	81		呼和浩特	16.67
	82		黄冈	16.67
	83		鸡西	16.67
	84		承德	16.88

续表

变量	编号	风险区域分级	名称	变量值
残疾率（*DA*）/%	85	6 级风险区域（15.380001~18.670000）	宁德	16.95
	86		张掖	17.07
	87		河池	17.19
	88		北京	17.24
	89		哈尔滨	17.24
	90		吉安	17.39
	91		娄底	17.54
	92		眉山	17.65
	93		吉林	17.86
	94		周口	17.91
	95		桂林	17.95
	96		濮阳	18.42
	97		枣庄	18.57
	98		资阳	18.67
	99	7 级风险区域（18.670001~22.810000）	南充	19.09
	100		保定	19.16
	101		赤峰	19.32
	102		呼伦贝尔	19.61
	103		六安	19.67
	104		青岛	20.00
	105		本溪	20.93
	106		宜宾	21.28
	107		信阳	21.38
	108		焦作	22.22
	109		广安	22.81
	110	8 级风险区域（22.810001~33.030000）	平凉	25.40
	111		阜阳	26.03
	112		宜春	26.09
	113		定西	28.38
	114		昭通	33.03
每万人医院床位数（*NHB*）/张	1	1 级风险区域（18.520000~31.840000）	潮州	18.52
	2		亳州	27.21
	3		宿州	28.73
	4		宜春	28.89
	5		玉林	29.27
	6		忻州	30.06

续表

变量	编号	风险区域分级	名称	变量值
每万人医院床位数（*NHB*）/张	7	1 级风险区域（18.520000~31.840000）	清远	30.30
	8		德州	31.06
	9		赣州	31.08
	10		六安	31.29
	11		海东	31.84
	12	2 级风险区域（31.840001~37.140000）	桂林	32.93
	13		茂名	34.06
	14		临沧	34.81
	15		河池	34.86
	16		黄冈	34.93
	17		吉安	35.35
	18		九江	35.47
	19		安庆	35.76
	20		漳州	36.13
	21		丽江	36.29
	22		保山	36.89
	23		江门	37.14
	24	3 级风险区域（37.140001~41.700000）	扬州	37.78
	25		宁德	37.89
	26		上饶	38.00
	27		周口	38.35
	28		岳阳	38.65
	29		天津	38.69
	30		渭南	38.71
	31		临汾	38.85
	32		昭通	38.88
	33		莆田	38.96
	34		运城	39.40
	35		阜阳	39.90
	36		连云港	40.30
	37		盐城	40.49
	38		滨州	40.87
	39		临沂	41.16
	40		淮南	41.46
	41		常德	41.60
	42		聊城	41.70

续表

变量	编号	风险区域分级	名称	变量值
每万人医院床位数（*NHB*）/张	43	4 级风险区域（41.700001~46.260000）	福州	42.08
	44		安阳	42.39
	45		益阳	42.86
	46		广安	43.01
	47		定西	43.18
	48		宁波	43.39
	49		眉山	43.49
	50		佛山	43.65
	51		泰州	43.69
	52		台州	43.78
	53		阳泉	43.79
	54		襄阳	43.99
	55		邵阳	44.21
	56		枣庄	44.51
	57		沧州	44.67
	58		石家庄	44.68
	59		景德镇	45.37
	60		潍坊	45.41
	61		荆门	45.45
	62		丽水	45.67
	63		濮阳	45.92
	64		朝阳	46.26
	65	5 级风险区域（46.260001~51.830000）	平顶山	47.01
	66		徐州	47.21
	67		内江	47.36
	68		榆林	47.65
	69		青岛	48.15
	70		信阳	48.24
	71		资阳	48.35
	72		南充	48.40
	73		承德	48.41
	74		嘉兴	48.77
	75		张掖	49.51
	76		呼伦贝尔	49.59
	77		焦作	49.76
	78		保定	49.90

续表

变量	编号	风险区域分级	名称	变量值
每万人医院床位数（*NHB*）/张	79	5 级风险区域（46.260001～51.830000）	四平	49.90
	80		齐齐哈尔	50.50
	81		南昌	50.89
	82		娄底	51.22
	83		深圳	51.38
	84		赤峰	51.83
	85	6 级风险区域（51.830001～58.940000）	重庆	52.28
	86		锦州	52.97
	87		南宁	53.12
	88		上海	53.23
	89		绵阳	53.40
	90		威海	53.67
	91		北京	53.98
	92		苏州	54.12
	93		宝鸡	54.38
	94		鞍山	54.84
	95		汉中	54.95
	96		宜宾	55.11
	97		洛阳	55.20
	98		宿迁	57.06
	99		呼和浩特	57.44
	100		广州	57.71
	101		平凉	58.94
	102	7 级风险区域（58.940001～73.350000）	吉林	63.34
	103		大连	64.47
	104		鸡西	65.13
	105		济南	65.47
	106		佳木斯	65.83
	107		哈尔滨	69.39
	108		兰州	71.63
	109		本溪	73.35
	110	8 级风险区域（73.350001～85.000000）	长沙	76.08
	111		杭州	76.67
	112		昆明	81.39
	113		成都	83.17
	114		郑州	85.00

续表

变量	编号	风险区域分级	名称	变量值
每千人医生数（*ND*）/%	1	1 级风险区域（1.330000~1.660000）	昭通	1.33
	2		临沧	1.34
	3		海东	1.35
	4		亳州	1.37
	5		赣州	1.53
	6		内江	1.54
	7		宜春	1.54
	8		丽江	1.59
	9		上饶	1.62
	10		玉林	1.65
	11		宿州	1.66
	12	2 级风险区域（1.660001~2.000000）	吉安	1.70
	13		广安	1.71
	14		潮州	1.73
	15		淮南	1.78
	16		定西	1.82
	17		渭南	1.82
	18		河池	1.86
	19		信阳	1.86
	20		阜阳	1.88
	21		安庆	1.89
	22		忻州	1.91
	23		保山	1.95
	24		齐齐哈尔	1.95
	25		鞍山	1.96
	26		邵阳	1.96
	27		宁德	1.99
	28		莆田	2.00
	29	3 级风险区域（2.000001~2.290000）	黄冈	2.02
	30		清远	2.03
	31		周口	2.03
	32		眉山	2.07
	33		汉中	2.09
	34		宜宾	2.13
	35		九江	2.14
	36		南充	2.14

续表

变量	编号	风险区域分级	名称	变量值
每千人医生数（ND）/%	37	3 级风险区域（2.000001~2.290000）	锦州	2.15
	38		资阳	2.15
	39		平凉	2.17
	40		漳州	2.19
	41		茂名	2.22
	42		榆林	2.23
	43		江门	2.24
	44		六安	2.25
	45		聊城	2.26
	46		平顶山	2.27
	47		临沂	2.29
	48	4 级风险区域（2.2900001~2.550000）	运城	2.33
	49		朝阳	2.36
	50		桂林	2.36
	51		四平	2.37
	52		濮阳	2.40
	53		娄底	2.41
	54		哈尔滨	2.45
	55		重庆	2.46
	56		宿迁	2.47
	57		扬州	2.47
	58		焦作	2.48
	59		襄阳	2.48
	60		德州	2.50
	61		佛山	2.53
	62		益阳	2.53
	63		荆门	2.55
	64	5 级风险区域（2.550001~2.830000）	临汾	2.58
	65		盐城	2.60
	66		佳木斯	2.61
	67		嘉兴	2.61
	68		岳阳	2.62
	69		枣庄	2.63
	70		绵阳	2.64
	71		泰州	2.64
	72		安阳	2.67

续表

变量	编号	风险区域分级	名称	变量值
每千人医生数（ND）/%	73	5 级风险区域（2. 550001～2. 830000）	本溪	2. 67
	74		南昌	2. 67
	75		鸡西	2. 68
	76		连云港	2. 68
	77		宝鸡	2. 71
	78		滨州	2. 73
	79		沧州	2. 76
	80		天津	2. 76
	81		洛阳	2. 83
	82	6 级风险区域（2. 830001～3. 290000）	张掖	2. 86
	83		赤峰	2. 87
	84		阳泉	2. 87
	85		福州	2. 90
	86		潍坊	2. 90
	87		徐州	2. 93
	88		台州	2. 95
	89		承德	2. 97
	90		丽水	2. 97
	91		常德	2. 98
	92		苏州	3. 06
	93		上海	3. 09
	94		大连	3. 10
	95		宁波	3. 15
	96		呼伦贝尔	3. 16
	97		吉林	3. 23
	98		威海	3. 25
	99		保定	3. 29
	100	7 级风险区域（3. 290001～3. 780000）	南宁	3. 39
	101		石家庄	3. 42
	102		呼和浩特	3. 49
	103		景德镇	3. 61
	104		广州	3. 63
	105		青岛	3. 68
	106		兰州	3. 72
	107		成都	3. 77
	108		长沙	3. 78

续表

变量	编号	风险区域分级	名称	变量值
每千人医生数（ND）/%	109	8 级风险区域（3.780001～5.080000）	郑州	4.15
	110		昆明	4.18
	111		深圳	4.28
	112		济南	4.31
	113		杭州	4.58
	114		北京	5.08
医院数（NH）/家	1	1 级风险区域（30～52）	丽江	30
	2		景德镇	31
	3		潮州	32
	4		六安	32
	5		河池	36
	6		本溪	43
	7		张掖	45
	8		宁德	46
	9		资阳	47
	10		保山	48
	11		定西	48
	12		江门	48
	13		莆田	49
	14		阳泉	49
	15		宜春	50
	16		玉林	51
	17		临沧	52
	18	2 级风险区域（53～74）	荆门	56
	19		丽水	56
	20		海东	57
	21		清远	58
	22		威海	58
	23		九江	62
	24		濮阳	66
	25		鸡西	67
	26		桂林	68
	27		黄冈	68
	28		安庆	73
	29		广安	73
	30		茂名	73
	31		吉安	74

续表

变量	编号	风险区域分级	名称	变量值
医院数（*NH*）/家	32	3 级风险区域（75~98）	内江	76
	33		亳州	78
	34		淮南	78
	35		四平	78
	36		锦州	79
	37		泰州	79
	38		扬州	80
	39		宿州	81
	40		襄阳	81
	41		嘉兴	82
	42		枣庄	82
	43		漳州	82
	44		焦作	83
	45		汉中	84
	46		承德	86
	47		平顶山	87
	48		眉山	88
	49		连云港	89
	50		益阳	92
	51		安阳	95
	52		佳木斯	95
	53		朝阳	96
	54		赣州	98
	55	4 级风险区域（99~135）	鞍山	102
	56		榆林	104
	57		宝鸡	105
	58		滨州	107
	59		赤峰	107
	60		呼和浩特	108
	61		常德	109
	62		德州	110
	63		忻州	110
	64		娄底	112
	65		齐齐哈尔	114
	66		绵阳	117

续表

变量	编号	风险区域分级	名称	变量值
医院数（*NH*）/家	67	4 级风险区域（99~135）	佛山	120
	68		阜阳	120
	69		南宁	120
	70		南昌	122
	71		台州	122
	72		兰州	125
	73		福州	128
	74		邵阳	129
	75		宜宾	135
	76	5 级风险区域（136~186）	深圳	140
	77		上饶	148
	78		平凉	149
	79		洛阳	154
	80		聊城	159
	81		徐州	161
	82		渭南	163
	83		盐城	164
	84		南充	165
	85		昭通	167
	86		宁波	170
	87		吉林	172
	88		大连	178
	89		临汾	186
	90	6 级风险区域（187~267）	沧州	197
	91		周口	198
	92		呼伦贝尔	201
	93		临沂	202
	94		苏州	206
	95		潍坊	210
	96		宿迁	229
	97		长沙	232
	98		岳阳	239
	99		济南	246
	100		郑州	246
	101		广州	255
	102		石家庄	256
	103		运城	267

续表

变量	编号	风险区域分级	名称	变量值
医院数（*NH*）/家	104	7 级风险区域（268~421）	信阳	314
	105		杭州	316
	106		昆明	322
	107		哈尔滨	326
	108		上海	364
	109		保定	370
	110		天津	420
	111		青岛	421
	112	8 级风险区域（422~892）	北京	736
	113		重庆	800
	114		成都	892
医保覆盖率（*ICR*）/%	1	1 级风险区域（0.860000）	锦州	0.86
	2	2 级风险区域（0.860001~0.910000）	眉山	0.91
	3		齐齐哈尔	0.91
	4	3 级风险区域（0.910001~0.930000）	茂名	0.92
	5		南宁	0.92
	6		潮州	0.93
	7		江门	0.93
	8	4 级风险区域（0.930001~0.950000）	宁德	0.94
	9		清远	0.94
	10		上饶	0.94
	11		襄阳	0.94
	12		昭通	0.94
	13		保定	0.95
	14		滨州	0.95
	15		呼伦贝尔	0.95
	16		九江	0.95
	17		邵阳	0.95
	18		玉林	0.95
	19		张掖	0.95
	20	5 级风险区域（0.950001~0.960000）	本溪	0.96
	21		成都	0.96
	22		广州	0.96
	23		桂林	0.96
	24		景德镇	0.96

续表

变量	编号	风险区域分级	名称	变量值
医保覆盖率（ICR）/%	25	5 级风险区域（0. 950001 ~ 0. 960000）	天津	0. 96
	26		宜春	0. 96
	27		周口	0. 96
	28		资阳	0. 96
	29	6 级风险区域（0. 960001 ~ 0. 970000）	安阳	0. 97
	30		保山	0. 97
	31		亳州	0. 97
	32		沧州	0. 97
	33		朝阳	0. 97
	34		大连	0. 97
	35		海东	0. 97
	36		河池	0. 97
	37		吉林	0. 97
	38		兰州	0. 97
	39		临沂	0. 97
	40	6 级风险区域（0. 960001 ~ 0. 970000）	南昌	0. 97
	41		南充	0. 97
	42		内江	0. 97
	43		平凉	0. 97
	44		濮阳	0. 97
	45		四平	0. 97
	46		台州	0. 97
	47		徐州	0. 97
	48		阳泉	0. 97
	49		宜宾	0. 97
	50		岳阳	0. 97
	51	7 级风险区域（0. 970001 ~ 0. 980000）	北京	0. 98
	52		德州	0. 98
	53		定西	0. 98
	54		哈尔滨	0. 98
	55		鸡西	0. 98
	56		济南	0. 98
	57		昆明	0. 98
	58		丽水	0. 98
	59		连云港	0. 98
	60		聊城	0. 98

续表

变量	编号	风险区域分级	名称	变量值
医保覆盖率（ICR）/%	61	7 级风险区域（0.970001~0.980000）	六安	0.98
	62		洛阳	0.98
	63		绵阳	0.98
	64		平顶山	0.98
	65		上海	0.98
	66		石家庄	0.98
	67		宿州	0.98
	68		泰州	0.98
	69		盐城	0.98
	70		榆林	0.98
	71		漳州	0.98
	72	8 级风险区域（0.980001~1.000000）	安庆	0.99
	73		鞍山	0.99
	74		宝鸡	0.99
	75		常德	0.99
	76		承德	0.99
	77		赤峰	0.99
	78		佛山	0.99
	79		福州	0.99
	80		赣州	0.99
	81		广安	0.99
	82		汉中	0.99
	83		淮南	0.99
	84		黄冈	0.99
	85		吉安	0.99
	86		焦作	0.99
	87		荆门	0.99
	88		丽江	0.99
	89		临汾	0.99
	90		宁波	0.99
	91		莆田	0.99
	92		苏州	0.99
	93		宿迁	0.99
	94		渭南	0.99
	95		忻州	0.99
	96		信阳	0.99

续表

变量	编号	风险区域分级	名称	变量值
医保覆盖率（*ICR*）/%	97	8 级风险区域（0.980001～1.000000）	扬州	0.99
	98		益阳	0.99
	99		枣庄	0.99
	100		长沙	0.99
	101		重庆	0.99
	102		阜阳	1.00
	103		杭州	1.00
	104		呼和浩特	1.00
	105		佳木斯	1.00
	106		嘉兴	1.00
	107		临沧	1.00
	108		娄底	1.00
	109		青岛	1.00
	110		深圳	1.00
	111		威海	1.00
	112		潍坊	1.00
	113		运城	1.00
	114		郑州	1.00
空气质量指数（*AQI*）	1	1 级风险区域（22.870000～32.390000）	呼伦贝尔	22.87
	2		常德	24.30
	3		眉山	32.39
	4	2 级风险区域（32.390001～43.890000）	潮州	35.47
	5		丽江	36.80
	6		福州	38.71
	7		海东	38.89
	8		连云港	39.94
	9		保山	40.60
	10		漳州	41.44
	11		宁德	42.75
	12		深圳	43.10
	13		清远	43.89
	14	3 级风险区域（43.890001～51.720000）	茂名	44.60
	15		昭通	45.10
	16		莆田	45.30
	17		黄冈	45.71
	18		临沧	46.08

续表

变量	编号	风险区域分级	名称	变量值
空气质量指数（*AQI*）	19	3级风险区域（43.890001~51.720000）	嘉兴	46.33
	20		昆明	46.38
	21		宁波	46.73
	22		丽水	46.94
	23		佳木斯	47.77
	24		重庆	48.67
	25		河池	49.11
	26		景德镇	49.22
	27		台州	49.35
	28		赤峰	49.90
	29		广州	50.09
	30		威海	50.42
	31		南昌	50.43
	32		襄阳	50.61
	33		吉林	50.76
	34		鸡西	51.15
	35		广安	51.36
	36		齐齐哈尔	51.72
	37	4级风险区域（51.720001~60.940000）	南宁	53.31
	38		江门	53.39
	39		大连	54.01
	40		玉林	54.73
	41		桂林	54.86
	42		娄底	55.37
	43		上饶	55.67
	44		佛山	55.87
	45		盐城	55.88
	46		扬州	56.56
	47		成都	57.84
	48		赣州	57.86
	49		哈尔滨	57.93
	50		上海	57.96
	51		本溪	58.63
	52		潍坊	58.84
	53		泰州	59.09
	54		内江	59.44

续表

变量	编号	风险区域分级	名称	变量值
空气质量指数（*AQI*）	55	4级风险区域（51.720001~60.940000）	宜春	60.46
	56		吉安	60.94
	57	5级风险区域（60.940001~68.610000）	杭州	61.34
	58		阜阳	62.64
	59		资阳	63.19
	60		鞍山	63.71
	61		天津	63.80
	62		宿迁	64.02
	63		青岛	64.23
	64		邵阳	64.42
	65		安庆	64.66
	66		九江	65.73
	67		四平	66.02
	68		承德	66.53
	69		苏州	66.62
	70		南充	66.81
	71		荆门	67.91
	72		岳阳	67.91
	73		长沙	68.61
	74	6级风险区域（68.610001~79.540000）	德州	69.65
	75		绵阳	69.68
	76		益阳	70.09
	77		平凉	70.21
	78		朝阳	70.37
	79		汉中	70.57
	80		淮南	71.25
	81		六安	71.90
	82		榆林	72.61
	83		聊城	72.86
	84		张掖	75.77
	85		徐州	75.90
	86		定西	76.38
	87		锦州	76.57
	88		宜宾	77.29
	89		呼和浩特	78.22
	90		濮阳	79.54

续表

变量	编号	风险区域分级	名称	变量值
空气质量指数（*AQI*）	91	7 级风险区域（79. 540001～91. 590000）	运城	80. 43
	92		北京	81. 42
	93		信阳	83. 07
	94		洛阳	85. 03
	95		兰州	85. 25
	96		宿州	85. 94
	97		宝鸡	86. 05
	98		忻州	87. 18
	99		滨州	88. 13
	100		临沂	88. 43
	101		安阳	88. 80
	102		亳州	88. 97
	103		沧州	91. 11
	104		临汾	91. 11
	105		焦作	91. 59
	106	8 级风险区域（91. 590001～104. 530000）	济南	92. 76
	107		阳泉	94. 55
	108		石家庄	95. 48
	109		枣庄	95. 87
	110		周口	96. 81
	111		平顶山	98. 49
	112		保定	101. 08
	113		渭南	102. 51
	114		郑州	104. 53

第五章 CHAPTER 5

灾难性卫生支出多维耦合脆弱性特征刻画及抵御策略研究

波兰诗人斯坦尼斯洛曾写道："雪崩之时，没有一片雪花是无辜的。"同样，灾难性卫生支出的发生也不是单一因素导致的，是个体微观层面的生理、心理、家庭状况等叠加宏观层面的政策、环境、社会经济等因素共同触发的。这些"雪花"接连附着在脆弱人群肩上，最终使其不堪重负发生"雪崩"。我们无从得知落下的最后一片"雪花"，但可以通过层层推导与实证分析，刻画并复原每一片"雪花"的样貌，推动预防关口前移，避免灾难性卫生支出的发生。

回溯本书对灾难性卫生支出的全景测度脉络刻画，从宏观扫描全人群递进到精准捕捉中老年与慢性病人群等脆弱群体，到后期跳脱人群家庭的截面测度视角，向上汇总聚焦到空间跃迁角度，从而实现基于宏观区域与历史时序对我国灾难性卫生支出的动态测度，形成对我国灾难性卫生支出高发人群的脆弱性特征刻画（见图 5-1）。

第一节　灾难性卫生支出多维耦合脆弱性特征刻画

本节基于对我国灾难性卫生支出进行不同时间切片、全时序链条与多层级空间的全景测度与影响因素分析结果，对我国灾难性卫生支出发生的人群脆弱性特征、地区风险属性进行系统厘定与捕捉，实现对微观层面脆弱叠加的"众生相"刻画，以及宏观空间外圈因素下沉所致脆弱的特征提取，从而提供基于靶向目标的抵御策略与优化路径，构建长效减贫机制，辅助巩固我国脱贫攻坚成果。

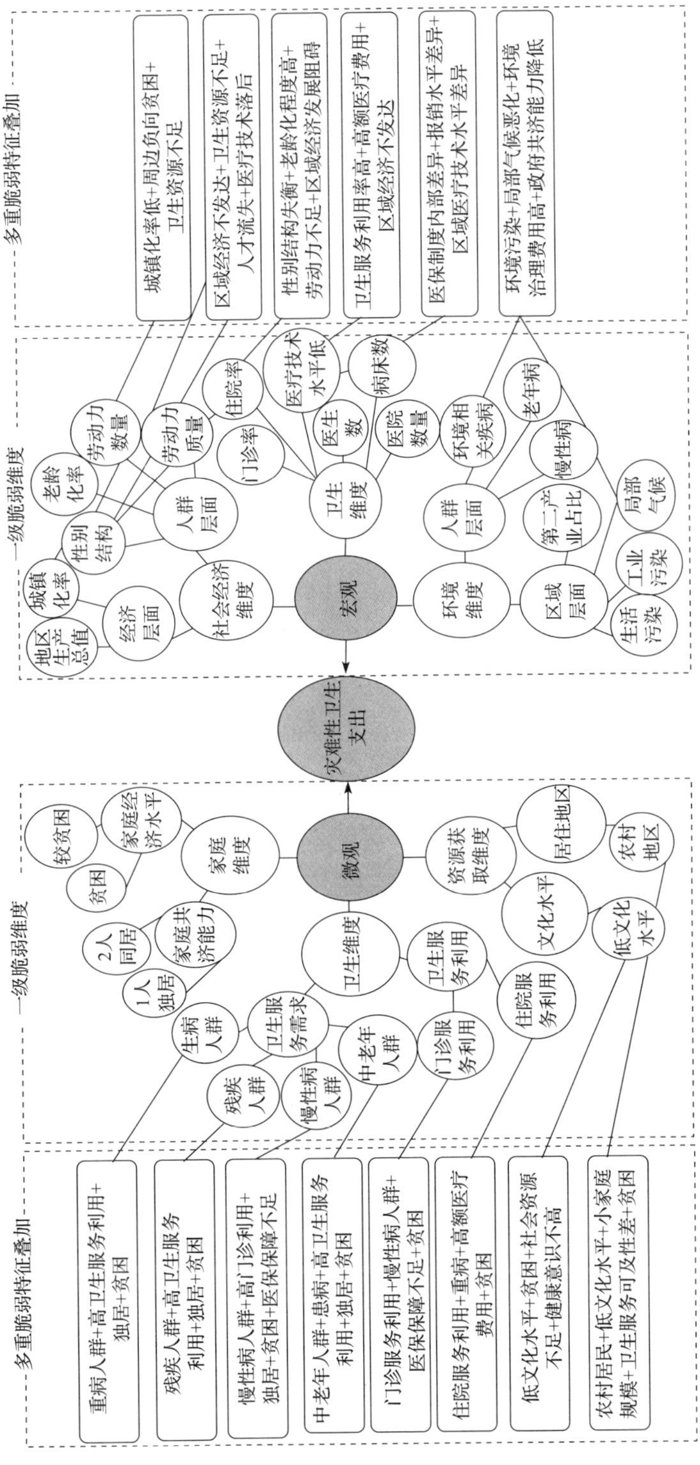

图 5-1 宏观微观双重视角下多维耦合脆弱性特征图谱

一、微观层面人群脆弱“众生相”刻画

1. 家庭维度

马克思提出，“人的本质在其现实性上是一切社会关系的总和”。因此，每一个个体都是社会关系中的一个节点，其活动过程既受到社会网络中多方面因素的影响，又会反作用于社会网络。基于前文的研究结果，本节将社会维度的人群脆弱性特征总结如下。

（1）家庭共济能力

我国的社会关系是以亲属关系为主轴的网络关系，呈现出一种“差序格局”的状态。在此状态中，每个人都以自己为中心结成社会网络，离中心点越近的圈层，其关系越强。在社会网络中，家庭关系与个人联系最为紧密。在同一个家庭关系中，若有成员出现患病、受伤等情况，必然会使家庭经济支出产生倾斜。因此，家庭规模在社会维度的影响因素中至关重要。

前文实证分析结果显示，在全人群中，家庭规模与灾难性卫生支出的发生率成反比，即家庭规模越大，越不容易发生灾难性卫生支出，3 人以上成员共同生活的家庭灾难性卫生支出发生率要远低于 1 人独居的家庭。具体到不同人群而言，也是如此。对于患有心血管疾病的人群，家庭规模为 2~3 人时，灾难性卫生支出发生率略高于 3 人以上的家庭，而家庭仅有 1 人时，灾难性卫生支出发生率显著高于 3 人以上的家庭。关于中老年人群的研究也显示，1 人家庭的卫生服务需求和利用均高于 2~3 人家庭，但门诊报销比例却低于其他规模家庭。此外，我国二元的城乡结构及其经济差异，使得近年来农村的青壮年大多前往城市工作，农村人口以空巢老人与留守儿童为主，家庭经济结构更为脆弱。

相关研究显示，家庭规模的大小关系到家庭中个体进入劳动市场的数量，进入劳动市场人数越多，致贫的风险越低，而一旦失去进入劳动市场的机会，就会加快致贫速度和延长贫困时间。此外，由于家庭是生活的基本经济单位，对大额医疗费用的共担能力更强，即家庭规模对缓解家庭及其成员的疾病经济负担具有显著影响。由此可见，家庭成员越多，家庭风险共济能力越强，抵挡大病风险的能力越强，降低了家庭陷入贫困的风险。

近年来，我国的医保政策也有意聚焦于此。2021 年 4 月 22 日，国务院办公厅印发《关于建立健全职工基本医疗保险门诊共济保障机制的指导意见》。该意见明确指出，个人账户可以用于支付参保人员本人及其配偶、父母、子女在定点医疗机构就医发生的由个人负担的医疗费用，以及在定点零售药店购买药品、医疗器械、医用耗材发生的由个人负担的费用。这表明，门诊共济保障可以帮助参保人实现风险的代际转移，充分利用医保基金中的个人账户部分，缩减结余。同时，也可以帮助参保人员的家庭成员减轻医疗费用负担，分散经济风险。

（2）家庭经济水平

经济收入有利于提高健康保护力度，不只会影响个人支付能力，还会影响个人的卫生服务可及性和质量。医疗支出对居民的健康边际改善程度较高，同时个人健康又是决定居民人均收入的重要因素。因此，家庭经济水平是家庭抵御疾病经济风险的重要基础条件。

根据世界卫生组织推荐的灾难性卫生支出计算方法，家庭经济水平可以分为最贫困、较贫困、一般水平、较富裕、最富裕 5 个层次。实证分析结果显示，全人群家庭中，灾难性卫生支出在较贫困家庭发生率最高，在最富裕家庭发生率最低。对于中老年人群家庭而言，同样是在较贫困家庭发生率最高，但却在较富裕家庭发生率最低。这说明，对于生理脆弱的中老年人群，年龄增长导致的生理机能下降、残疾和多发病增加等健康损失，都极大地削弱了该人群获取社会资源的能力，相对富裕的家庭条件已无法充分发挥抵御疾病经济负担的作用。而贫困家庭并未贴合预想，即呈现最高的灾难性卫生支出发生率，包含了两方面的原因。一方面，贫困人群的经济脆弱性一直是社会科学关注的焦点，近些年的医保政策也已向此倾斜；另一方面，贫困人群由于家庭经济水平低，难以满足卫生服务需求，致使应利用而未利用的卫生服务需求增多，从而减少了其医疗支出，出现未发生灾难性卫生支出的“假象”。而在结果表现中较为突出的较贫困家庭，既难以触摸大病保险起付线，又没有达到贫困人口标准，极易步入因病致贫的“陷阱”。

2. 卫生服务需求与利用维度

2018 年 9 月，联合国根据可持续发展目标发布了世界最健康国家排名，我国评分为 60 分（满分 100 分），在 188 个国家和地区中位列第 92。此外，根据2017年发布的2015年版《世界卫生统计》数据，我国的平均寿命为76.1岁，相较排名第一的日本差了6岁。显然，相较于近些年经济的突飞猛进，我国的健康水平明显落后，成为需要弥补的短板。在此背景下，我国提出了《“健康我国2030”规划纲要》，并将“健康优先”作为发展原则。宏观层面的“健康我国”具化到个人层面的健康水平，可通过卫生服务需求与利用情况进行反映。接下来从卫生服务需求与利用维度对灾难性卫生支出脆弱人群特征进行分析。

（1）需求维度

对中老年人群而言，健康存量随着年龄的增长而下降。不可逆转的生理机能的老化，不可预测的意外损伤，病情复杂、迁延不愈、伴有并发症的老年病发病率的逐年升高，使得中老年人群通常具有更高的卫生服务需求。此外，残疾人群参与社会劳动的机会减少，获取社会资源的能力降低，加之其生理脆弱性，也会产生较高的卫生服务需求，近年来灾难性卫生支出发生率也逐渐升高。2011年，残疾人群的灾难性卫生支出发生率为13.7%，而2015年该指标翻了一番，达到26.7%，并且有残疾成员家庭的灾难性卫生支出发生风险也明显高于无残疾成员的家庭。此外，残疾人群在一定程度上需要家庭成员的长期照护，此时的家庭将陷入“脆弱群体无法成为劳动力—经济负担增加—家庭成员减少工作时间加以照护—家庭劳动力减少—经济负担加重/家庭整体健康水平下降”的困境，无法满足的卫生服务需求会不断累积。WHO全球十大死因统计结果中，有七大死因是慢性病，显然慢性病已成为当今疾病谱的核心。2015年的调查数据显示，我国慢性病导致的死亡人数已达全国总死亡人数的86.6%，导致的疾病负担约占总疾病负担的70%。此外，60岁以上老年人的慢性病发病率高出全国平均水平2.2倍，平均药品费用高出青年人2.7倍。不同于其他具有明确临床路径的疾病，慢性病是对一类起病隐匿、病程长且病情迁延不愈、缺乏确切的传染性生物病因证据、病因复杂且有些尚未完全被确认的疾病的概括性总称。因此，慢性病人群因需长期服药且久治不愈，会在较长时间内保持较高频率的卫生服务需求，极易陷入健康贫困。

（2）利用维度

卫生服务的利用多指住院与门诊服务，此部分内容将从两个方面进行讨论。首先，多项研究结果指出，家中有住院病人是发生灾难性卫生支出和致贫的重要导火索。同时，实证分析结果也显示，住院服务利用是加重中老年人群疾病经济负担的主要项目，并且多病种叠加还会延长住院时间。在此背景下，我国现行的医保政策也主要围绕住院报销，《国家医疗保障待遇清单（2020 年版）》明确，基本医疗保险的住院报销比例须达到 75%。尽管当前医保政策已着重减轻住院负担，但是老年慢性病患者相较于其他人群仍需得到更多关注，其每年住院次数更多且住院时间更长。通过对我国中老年人群参保情况的数据解读，发现当前我国 45 岁以上中老年人医保参保率仅为 92.6%，还有 7.4%的中老年群体无法享受到医保制度的健康保障权利，远低于 100%人口覆盖这一理想目标。残疾人群由于生理缺陷，无论是治疗还是康复，对住院服务的利用频率都要高于其他人群。但当前的医保政策针对住院服务的报销多集中于治疗方面，且设定了起付线。对于残疾人群而言，短期多次的间断治疗以及康复训练，难以达到医保政策规定的住院报销门槛。该人群如若无法负担医疗费用，将致使其不得不放弃治疗，从而陷入“贫困—疾病”陷阱。

其次，门诊费用负担同样是亟待解决的问题。一项关于越南家庭医疗费用的研究发现，门诊护理的长期累积负担甚至会超过住院负担。Goeppel 等（2016）在针对患有慢性病的中老年人群评估全球多个国家的全民健康覆盖进展时，也更加关注了门诊服务的使用情况。《国家医疗保障待遇清单（2020 年版）》中单独列出，对于日间手术人群的报销可参照住院管理和支付，对于罹患慢性病需要长期服药或者患重特大疾病需要长期门诊治疗的人群进行门诊救助，但并未明确规定门诊救助标准。本研究针对心血管疾病患者的实证分析结果显示，当家中有慢性病患者时，家庭就诊率会显著高于无慢性病患者的人群。此外，通过对患有不同病种的中老年人群的灾难性卫生支出发生情况进行分析，我们发现某些病种由门诊服务利用引发的灾难性卫生支出发生风险甚至会高于住院服务。比如，中老年糖尿病患者门诊灾难性卫生支出发生率为 38.46%，而住院灾难性卫生支出发生率为 35.20%。这也从侧面反映出，对于一些主要依赖门诊服务进行治疗的慢性病患者，当前的医保政策保护力度仍有不足。现阶段我国的医保政策已经针对减轻居民住院负担有所侧重，但医保政策的完善需因时而动，靶向聚焦。上文实证分析结果表明，慢性病人群、中老年人群等门诊服务利用率较高的脆弱群体是下一阶段保障门诊报销需要关注的重点人群。

（3）卫生服务特征下脆弱人群锁定

基于上述卫生服务需求与利用中对人群脆弱性特征的分析，我们可以构建出该维度下“人群—疾病—卫生服务需求与利用—灾难性卫生支出”的连锁反应机制，并对脆弱人群特征进行捕捉。首先，随着年龄的增长，身体机制的老化不免使中老年人的健康存量每况愈下。而残疾人群由于特殊的生理缺陷，也面临更高的健康风险。此外，收入水平低与规模较小的家庭，共济能力不足，经济防线薄弱，易受到灾难性卫生支出的威胁。其次，当病情迁延不愈、累积负担重、易出现并发症的慢性病与治疗费用高、医疗技术要求高的重大疾病叠加于脆弱人群之上时，与病痛一同席卷而来的不止是身体健康的损耗，还有家庭经济防线的崩裂。最后，虽然大多数疾病以住院治疗为主，但仍有部分病种依赖于门诊治疗。当前医保制度虽对门诊救助已有关注，但判定标准尚不明确，致使长期接受门诊治疗的患病人群的负担并未显著减轻。

在多重特征耦合的情境下，健康与经济风险加持且交互作用已成定局，脆弱人群难以在有限的生命周期内通过改善固有的脆弱属性去抵御疾病的经济风险。此时，需要脱离狭隘的个体微观特征干预视角，从宏观层面出发来扶持脆弱人群。我国现行的医疗保障制度便是截断“人群—疾病—卫生服务需求与利用—灾难性卫生支出”连锁反应机制，为脆弱人群构建风险抵御防线的重大制度安排。当前，医保制度已基本实现全人群覆盖，并已实行贫困人群重点倾斜政策，但在不断趋于完善的制度体系设计中，仍存在对脆弱人群覆盖深度与覆盖宽度不够等一系列短板，需在下一阶段重点关注。

3. 资源获取维度

根据前文构建的理论模型，微观层面的家庭人口特征涵盖的指标包括受教育程度、居住地区、就业情况、婚姻情况等。这些指标中，受教育程度会间接影响个人的就业与婚姻情况，从而进一步影响其资源获取能力，而居住地区则决定了个人获取资源的规模与可及性。基于实证分析结果，本部分将其归纳为资源获取维度进行论述。资源获取能力缺失与损耗，是增加家庭健康贫困风险、削弱家庭疾病风险抵御能力的重要维度。

（1）文化水平

文化水平特指一个人的受教育程度，以其获得的最高学历为标准。相关研究显示，文化水平是影响居民选择医疗机构的主要因素之一，文化程度较高的人更愿意选择大医院，文化程度较低的人则多选择低级别的医疗机构。实证分析结果显示，高文化水平附加的正面效应之于各类特征人群均呈现出一致的规律性，即文化水平越高，灾难性卫生支出发生率越低。显然，文化水平作为人类特有的社会属性，是一定时间范围内多层级知识资源累积的结果，代表着个人对外部资源的获取能力。并且，文化赋能的意义不仅在于健康信息、健康素养、健康决策能力的提高，更在于优质健康资源的可及。因此，高文化水平人群面对疾病经济风险时，能够充分利用现有的社会资源，为自身健康存量与财富能力构筑更完善的风险抵御防线，从而避免出现灾难性卫生支出。相较而言，低文化水平的人群由于前期累积不足，且多数处于低收入水平，会受到附加的负面效应影响。面对疾病经济风险时，所能调用的社会资源有限，同时考虑到经济能力的限制，所能获得的卫生资源也多为初级水平。当疾病恶化时，低文化水平人群不得不寻求超越自身经济水平的卫生服务，难免会发生灾难性卫生支出。

（2）居住地区

居住地区特指研究对象的主要生活地，而非户籍所在地。考虑到我国的社会特征，二元的城乡经济结构古已有之。受限于经济发展水平与周边基础设施建设情况，资源配置更完善、医疗技术更先进、人员结构更合理的大医院多处于经济发达的城市地区。相对而言，农村地区的卫生资源配置略显不足，多为属于初级卫生保健的基层医疗服务机构。优质人才更倾向于在发展前景更好的大医院就职，进一步导致了农村地区医疗人才的缺失。因此，受卫生服务可及性、经济能力以及健康意识的影响，农村居民并不能及时关注到自身健康状况的变化，而城市居民在充足的卫生资源保障下可以定期体检、提早预防。另外，相较于就医更方便的城市居民，农村居民就医时不仅需要负担直接医疗费用，还要负担求医过程中花费的间接医疗费用。在前文章节中，针对我国农村居民的实证分析结果也显示，农村居民的灾难性卫生支出发生率要高于城市居民。相关研究也指出，由于可获得的卫生服务资源有限，因此农村居民的平均就诊次数、门诊费用和住院费用低于城市居民，即城市居民可以消耗更多的医疗资源，导致农村居民支持城市居民的逆向再分配现象。

为减轻农村居民疾病经济负担，我国进行了整合新型农村合作医疗保险与城镇居民基本医疗保险为城乡居民基本医疗保险的福利保护制度探索。在城乡居民医保的推进过程中，整合是手段，制度保障公平性是目标。有学者指出，当前政府的规划主要集中于整合医保的行政管理与经办资源方面，自上而下的顶层设计仍为空白。因缺乏中央层面的统一规范，在地方利益、民意与决策者认知力的影响下，整合医保试验落实出现阻滞。同时，有研究发现，目前多个省份在整合过程中仍沿用城镇居民医保与新农合医保的筹资模式，导致城乡居民医保筹资水平较低。并且，囿于制度迟滞与惯性的影响，多地仍以户籍作为确定参保人范围的划定标准，偏离了“打破城乡割据”的制度设计初衷。此外，受制于整合医保制度内管理与运营“碎片化”的问题，当前整合医保的保障水平与制度可持续性仍然不高。而商业医疗保险由于具有累积财富的“吉芬商品”属性，容易产生“精英俘获”的问题。农村居民受限于经济水平与健康信息，对商业医疗保险的认知与购买力较低，因此难以达到预期的保障效果。

除了上述正式保险，James C. Scott 在《农民的道义经济学——东南亚的反叛与生存》中指出，农村人群会通过社会关系网络向亲朋好友或邻里寻求帮助，通常以借贷的方式来应对家庭风险冲击、平滑家庭消费支出，从而抵御健康风险。这种风险抵御方式即为基于社会关系网络的非正式保险。差序格局理论指出，个人社会圈层的大小与血缘、地缘、经济水平、政治地位以及知识文化水平等因素的强弱密切相关，且这种差序等级在农村地区更为明显。相较于城市居民，大多数农村居民存在经济水平、知识文化水平和社会地位较低的情况。因此，围绕农村居民个人形成的社会圈层通常较小，当其遭遇风险冲击时，能获取的社会资源有限。在正式保险力度不足、非正式保险不稳定的情况下，农村家庭遭遇灾难性卫生支出后，极易陷入“贫困—疾病”的恶性循环，同时还会消耗其在社会关系网络中的信用额度，难以获得借贷，也无力偿还借款。

4. 多重特征耦合作用

在上文针对不同类型特征进行逐点分析的过程中，有一个贯穿始终、不可忽视的线索，即多重特征耦合作用。当人群携带单个脆弱特征时，会显著增加其灾难性卫生支出发生率，多重特征耦合带来的风险不言而喻。在复杂的社会与个体因素的影响下，多重特征耦合的组合形式较多，但通过前文对脆弱人群的捕捉与对当前时代背景的解读，本研究重点围绕疾病、医保进行举例讨论。

（1）多发病种耦合易感人群交互作用

老年人群由于身体机能老化，罹患慢性病、重病的概率高，且病程长、病情复杂、易出现并发症，在长时间的诊疗过程中，会大幅增加个人及其家庭的医疗支出费用。有研究指出，60 岁以上老年人的慢性病发病率高出全国平均水平 2.2 倍，平均药品费用高出青年人 2.7 倍。在针对糖尿病患者的疾病经济负担测算中发现，糖尿病患者的平均住院费用是非糖尿病患者的 2 倍多。显然，慢性病患者的疾病经济负担较其他人群更重，同时老年人罹患慢性病的概率较高，在患病与费用双重负担的叠加下，老年慢性病人群面临着极高的经济风险。呼吸系统疾病是 2019 年全球三大主要死亡原因之一，在实证研究部分，我们针对中老年慢性呼吸道疾病患者的灾难性卫生支出情况进行了测算。结果显示，45 岁以上慢性呼吸道疾病患者的灾难性卫生支出发生率要比 45 岁以上中老年人整体水平高 4.15 个百分点。此类人群整体的应住院未住院率为 7.55%，但当该人群家中已有住院患者时，应住院未住院率上涨到了 12.54%。这表示在慢性呼吸道疾病所导致的医疗负担的影响下，如若中老年患者家中还有其他成员有卫生服务需求，会显著降低该群体寻求卫生服务的意愿。当患病、中老年人群以及高卫生服务需求三大特征耦合时，中老年患病人群在寻求医疗服务的过程中，不仅需要衡量家庭经济状况，还需要综合考虑家中其他成员的卫生服务需求。

（2）医保制度差异引发脆弱人群的连锁反应

在生理脆弱性与社会脆弱性的双重加持下，疾病经济负担裹挟着脆弱人群走向贫困。尤其是对中老年人群而言，个人的社会属性与生理属性基本已成定局，因此难以依靠自己的力量完成“自救”，此时便需要外界力量的支援。医保制度便是减轻居民疾病经济负担、帮助居民抵御疾病经济风险的一项重大制度安排，但是不同医保类型保障对象不同，保障水平与保障内容也有差异，因此导致了制度间保障力度与共济水平的不均衡性。换言之，这种制度间的不均衡也是医保制度保护的脆弱性特征之一。

以新型农村合作医疗保险为例，其主要面向农村居民提供保障，但由于筹资比例较低，保障水平与其他医保相比尚有差距。城镇职工医保相较于新农合而言，起步较早，制度体系设计更完善，且受众主要为城镇职工，由职工个人与单位共同缴纳保费，因此筹资水平更高、基金来源更稳定、可持续性更强，且在我国的医保待遇清单中，报销比例也更高。而新农合医保由传统农村合作医疗保险沿袭而来，制度设计尚不完善，且主要为农村居民个人缴费，以互助共济为主，因此基金池不及城镇职工医保，保障水平有限。同时，在前文对居住地区的分析中，我们已经从经济、资源、医保及社会网络四个方面对农村居民的脆弱性进行了深入解读。对于本就附带显著脆弱性特征的农村居民而言，主要特点为农村居民互助共济制度的新农合医保对其疾病经济负担的保护便显得捉襟见肘。本研究通过对新农合参保人群灾难性卫生支出发生情况的测算，对该人群的脆弱性特征进行了捕捉。结果显示，家中有慢性病患者、住院成员或 65 岁以上老年人时，家庭灾难性卫生支出发生率更高。虽然现阶段已推行城乡居民整合医保，但短期内难以窥得显著成效。本研究从患有慢性病的中老年人群这一脆弱群体入手，对不同医保类型覆盖时该群体的灾难性卫生支出发生情况进行了比较。总体来说，与城乡居民整合医保相比，城镇职工医保、城镇居民医保、新农合医保覆盖下的人群发生灾难性卫生支出的可能性反而更低。因此，在医保制度趋于完善的进程中，下一阶段尚需靶向聚焦医保制度虽已覆盖但保障与福利水平尚不到位的脆弱群体，如慢性病患者、中老年人群以及新农合参保人群等。同时，需要因地制宜地寻求推行整合医保的合适路径，使医保福利包真正惠及脆弱人群。

在上述内容分析的基础上，我们可以解读出，由于社会系统的复杂性与人群特征的多变性，极易出现多重特征耦合交互现象，且多种风险因素的叠加效应会显著增加居民灾难性卫生支出发生风险。为遏制这一叠加效应，需精准勾勒人群脆弱性特征的作用路径，摆脱以往仅考虑费用负担维度的单一视角，转变为综合考量家庭维度、卫生服务需求与利用维度以及资源获取维度的多维视角，同时还需关注多重特征的关联效应与作用机制。在此基础上，通过对人群、病种、医保、经济能力等方面进行多点切入，实现靶向聚焦，截断风险叠加作用路径，从而推动预防关口前移，提早部署风险抵御防线，为脆弱人群扎牢社会福利制度的“保护伞”。

二、宏观层面空间视角下外圈因素下沉所致脆弱性特征提取

以往关于灾难性卫生支出的研究多集中于微观层面二维视角的人群特征、疾病特征等内容，从三维视角对研究地区进行全景扫描，划分区域特征进行灾难性卫生支出影响因素的研究则相对较少。本部分内容跃升至空间视域，从宏观方面分析灾难性卫生支出影响因素，针对区域维度进行讨论，弥补了二维视角下结果平面化的不足。

1. 区域社会经济特征

社会经济特征于区域而言，是社会层面最基础的区域特性，不仅与区域社会经济发展水平相挂钩，还与区域人口素质和资源配置情况相关联。一方面，区域的经济发展水平决定着社会建设情况，经济发达地区凭借其显著优势与优渥条件可以轻松吸引高端人才与前沿技术，经济落后地区难以与之竞争。另一方面，物质资料生产作为人类社会存在和发展的基础，是人类最基本的实践活动，对其他一切活动起着决定性作用。高水平的经济可以改善居民生活条件，提高居民素质，进而吸引更多人群定居，从而为该区域打造优质的人口结构。在社会经济特征作为基础保障的前提下，居民疾病经济负担可以通过充足的社会资源调配以及高层次的区域共济能力进行缓解，并且通过区域整体社会经济发展带来的涓滴效应抵御返贫陷阱，对冲灾难性卫生支出发生风险，从而显著降低居民疾病经济负担。下文将从社会经济特征中最基础的经济层面与人群层面两个视角切入，深入解读这两个层面下多个指标与灾难性卫生支出之间的关联。

本研究纳入的社会经济特征指标不仅涵盖区域经济状况（地区生产总值），还包括该区域人群的社会特征，包括性别比、老龄化以及反映区域发展水平的城市化率等指标。首先，性别关联到区域劳动力数量和平均寿命等因素，因此存在人口性别结构失衡的地区，性别比可能会对区域灾难性卫生支出发生率产生影响，并与年龄、卫生服务需求和利用等因素存在一定程度的关

联。其次，前文讨论过中老年人群有着较高的卫生服务需求与利用，并伴随着沉重的疾病经济负担，因此区域老龄化率可以反映附加在该区域经济能力上的老年人口负担程度。最后，城市化率被定义为城镇人口占总人口的比重，城市化率越高，意味着该地区的发展程度越高。这也代表着，地区生产总值与城市化率关联密切。我们认为，城市化率高，即综合发展充分的城市有着正向空间溢出性效应，反之则会对周边地区产生负向贫困影响。因此，城市化率指标符合本次空间研究视角，并且可能将灾难性卫生支出发生率及其风险因素在区域间的交互作用具象化呈现，为我们提供从空间视角探究医保减贫失效的现实意义。

通过对区域层面地区生产总值、性别比、老龄化以及城市化率数据的解读，我们发现上述指标作为高风险因子覆盖的区域未有集中分布特征，多呈现分散化分布。具体而言，性别比作为高风险因子的覆盖区域主要为 6~7 级，未涉及 8 级风险区域。显然，人口性别结构虽对区域灾难性卫生支出发生率有一定影响，但仅限于少数人口结构失衡的地区，多数地区受性别比的影响尚不严重。对于困扰整个我国社会的人口老龄化而言，其影响区域也较为分散，其中 8 级风险区域涵盖了广安、吉安、南充以及内江 4 个市。整体来看，这 4 个区域多属旅游城市、农粮产地，工业基础较为薄弱。因此，在劳动力本就不足的情况下，老龄化率对上述区域的影响更加凸显。地区生产总值作为风险驱动因子，覆盖区域并不多，受影响最大的城市为重庆。重庆作为我国重要的中心城市之一，经济建设基本形成了大农业、大工业、大交通、大流通并存的格局，是西南地区和长江上游地区最大的经济中心城市。在坚实的经济基础支撑之下，2021 年重庆常住人口高达 3212.43 万人，比上年增加 3.50 万人。规模庞大的人口带来了更高程度的卫生服务需求与利用，随着地区生产总值与人口的稳步增长，灾难性卫生支出风险也不可小觑。城市化率覆盖的城市较多，但 8 级风险区域仅有鸡西。显然，快速城镇化在带来经济正向增长的同时，也附带了一些不可忽视的负面效应，如环境污染、慢性病发病率上升、生活压力增大、重疾年轻化趋势凸显。这些负面效应一旦治理不当，对任何区域而言都会带来疾病经济负担的激增。鸡西作为国家重要的能源基地，在依靠能源推进经济发展与城市化的进程中，不可避免地会带来严重的空气污染，进而危害居民健康，从而显著增加灾难性卫生支出发生风险。

因此，失衡的性别结构会降低区域劳动力的数量与质量，高比例的老龄人口会加重区域疾病负担与赡养负担，快速的城市化虽会在一定时间内带来经济水平的稳步攀升，但也会附加不可忽视的负面效应。

2. 区域卫生因素特征

区域卫生因素不仅包括微观层面该地区居民的卫生服务需求与利用特征，还需纳入该区域的疾病流行状况以及卫生资源配置情况等。在居民层面，医疗费用与经济能力直接相关，又可细分为住院费用门诊费用以及其中的个人自付费用。由于医保报销标准受到地区生产总值、医疗资源容量的影响，因此自付费用与其他指标可能存在空间关联性。另外，门诊率和住院率是最能直接反映人群卫生服务利用情况的指标，间接反映了人群的卫生服务需求状况，与卫生费用、医疗资源、医疗技术水平和疾病等指标息息相关。它们之间既在既往文献的回归研究中被证实存在二维关联，在现实意义上也有着空间分布的立体耦合特性，符合空间层面“医保溢出性”内核。区域间卫生服务利用水平的差异也可以为本次灾难性卫生支出发生率影响因素研究提供空间视角上的分析依据。在资源层面，区域卫生资源的配置状况通常与该地区经济发展水平成正比。硬件设施完善、技术先进的高水平医院多集中分布于经济发展水平较高的地区。同时，优质医疗人才也更趋向于前往高水平医院就业。综合人才结构与基础设施，每万人病床数、每千人医生数、医院数量可以作为衡量区域卫生资源配置情况的合适指标。此外，非传染性疾病发病率也可从侧面反映出该区域医疗资源调用灵活性以及基层卫生服务机构配置充足性。

在实证分析过程中，通过对上述指标的相关数据进行解读，我们可以得出以下结论。首先，受医疗自付费用影响的风险区域较多，跨越我国全域、未呈现出显著的分布规律。显然，医疗自付费用之于各个地区会带来不同程度的灾难性卫生支出发生风险。同时，住院和门诊费用也同医疗自付费用一样表现出集中分布的趋势，且并未出现 8 级风险区域。这也从侧面证实了我国医保制度全国覆盖的有效性。其次，相较于住院率而言，受门诊率影响的风险区域较少。显然，对于提供初级卫生服务的门诊而言，门诊医疗技术水平于各地而言并未出现显著差异。但是对于需要科学临床路径和系统诊治的住院服务而言，其对医疗技术和医院设施的要求则更高。前文微观层面的讨论也提及住院费用为灾难性卫生支出费用中的一项主要内容。在对住院率作为风险因子的不同风险区域的分析中，我们发现郑州是唯一一个 8 级风险区域。郑州作为河南省政府所在地，地处黄河中、下游分界，是全国公、铁、航、信兼具的交通枢纽。在这些条件的加持下，郑州的社会经济水平取得了长足的发展。2021 年，郑州地方财政预算中卫生健康支出为 117.5 亿元。郑州之所以成为 8 级风险区域，我们推断是因为优渥的经济条件使得该地区庞大的人口规模聚合的高卫生服务需求得到了满足、利用门槛下降，但并未显著减轻居民疾病经济负担，导致人群高灾难性卫生支出风险。从资源层面进行解读，我们发现每万人病床数、每千人医生数作为风险因子时，郑州也属于 8 级风险区域。这表示，郑州虽然经济水平较为发达，但由于本地与外地就医人员规模庞大，卫生资源配置仍供不应求。当我们从医院数量作为风险因子的角度进行解读时，发现郑州仍属于风险区域，但已退居 6 级，而重庆上升到了 8 级风险区域。前文关于区域社会经济维度的讨论已提及，重庆作为我国重要中心城市，同郑州一样，拥有高水平的经济能力以及庞大的人口规模。发达的经济能力保障了重庆一定规模的医院数量，但医院数量的增加也意味着卫生服务利用的上升，由此关联到区域灾难性卫生支出的风险居高不下。

3. 区域环境状况特征

联合国的人口统计数据显示，1950 年全球城市人口仅有 7.51 亿人，2018 年已飙升至 42 亿人，显然人类的未来是城市化。但随着城市化和工业化的快速发展，空气污染、工业污染及生活污染应运而生，进而导致人们易患环境相关疾病如呼吸道疾病、心脑血管疾病及肺癌等，同时会加重病情。根据相关研究，我们汇总出高温、工业二氧化硫排放量、空气污染指数会显著影响人群健康甚至加重疾病经济负担，但城市公园绿地面积可以作为健康的保护因素。我们将上述已被证实与健康显著相关的因素均纳入数据分析，考虑到区域层面差异还纳入区域第二产业占比情况。数据解读结果发现，第二产业占比对人群灾难性卫生支出空间分异的解释力度达到 13.97%，城市公园绿地面积与空气质量指数的解释力度也接近 10%，均处于前十位关键影响因素队列中。这表示，发达的工业进程会通过环境污染直接影响居民的疾病经济负担，但同时区域绿化程度却可在一定程度上缓解这种负面影响。此外，考虑到政府卫生支出决定了医疗卫生服务、医疗保障补助、卫生和医疗保障行政管理支出等各项事业的财政费用，因此其对居民个人疾病经济负担具有宏观层面的共济作用。而数据结果表明，工业二氧化硫对政府卫生支出具有显著影响，区域年均温、年降雨量的影响紧随其后。因此，工业化、城市化带来的环境污染显然会加重政府卫生负担，从而间接削弱其对居民疾病经济负担的共济能力。

另外，老年人对空气污染更为敏感，空气污染会使老年病发病率上涨，卫生服务利用率增加。这一循环带来的负面效应，促使人口老龄化强烈影响我国人均卫生支出，进而增加灾难性卫生支出的发生率。具体来说，环境污染会增加该地区患慢性非传染性疾病的风险、住院次数等卫生服务需求及利用指标，继而使该地区医院数、医生数、医院床位数等卫生服务供给指标面临挑战，若供小于求，就会造成医疗卫生服务价格的上涨，大大增加家庭医疗费用；在吸烟等不良行为、性别、受教育程度、老龄化及慢性病的多重作用下，家庭劳动力数量与质量会产生一定的损失，进而造成家庭收入水平下降，在家庭医疗费用增长及家庭可支配收入减少的双重影响下，家庭发生灾难性卫生支出的可能性会大幅提高。

除了工业化与城市化进展的影响之外，我们还发现环境因素对灾难性卫生支出发生风险的影响超乎想象。结合交互探测结果中环境因素（空气质量指数）与其他因素的交互情况，发现虽然 *AQI* 单因子风险驱动强度排在倒数，但当 *AQI* 与其他因素共同作用时，复合驱动强度能够达到单因子驱动强度的 3 倍以上，并且，*AQI* 与健康因素和社会经济因素的协同力排在同组交互作用中的前五位。研究对 *AQI* 风险驱动力的发现突破了既往研究中仅对灾难性卫生支出的健康、政策、社会人口学影响因素进行分析的局限性，并且具体验证了本研究构建的空间医保减贫理论框架中关于维度关联的理论构想。环境因素与社会经济发展阶段密不可分，空气质量对人群健康的作用也渗透在日常生活和工作中，进而影响人群的患病率、发病率、卫生服务利用、卫生资源获取等情况，最终加重了人群的医疗费用负担。而医保制度报销框架中还未补充和侧重于此方面的福利包覆盖等经济保护举措，相关生态组织也未将环境治理与其他因素联动，灾难性卫生支出发生风险在环境地缘性差异下进一步加重。

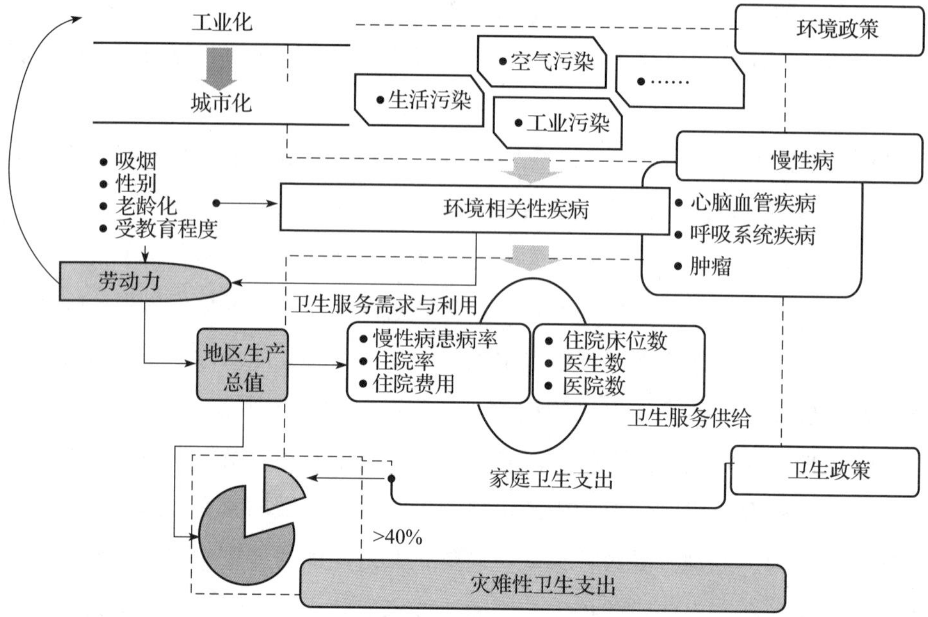

图 5-2 环境维度风险驱动因素作用路径

4. 由“点”及“面”风险特征整合

我国对行政单元的划分主要包括省域与市域，将这些“点”汇集到“面”时，可以根据国家统计局的标准归纳为东部、中部、西部地区。在实证研究中，我们分别计算了各区域的灾难性卫生支出发生率，结果显示只有中部的灾难性卫生支出发生率（18.48%）低于总体水平（19.31%），西部（20%）最高，东部为19.44%。同时，三个区域的灾难性卫生支出发生率与总体水平的差值都不到1个百分点，为医保制度减贫功能在相对宽泛的区域层面无法继续起效提供了依据。也有学者得到了医保制度效果在东部、中部、西部区域不再显著的结论。在笼统的区域层面无法得到预期结果时，便需要剥离“面”深入其中各“点”。通过对各区域内极值差进行计算，发现中部灾难性卫生支出发生率最低和最高的省份分别为湖南（16.58%）和安徽（20.75%），差值在4.17个百分点；东部最低与最高的省份分别为上海（4.00%）和福建（24.89%），差值达到20.89个百分点，高出中部差值的4倍以上；西部最低的为贵州（7.76%），最高的为四川（24.22%），差值在16.46个百分点，高于中部差值近3倍。东部的灾难性卫生支出发生率虽然低于西部，但极值范围最大，初步说明东部地区内相较于中部和西部存在较大的灾难性卫生支出发生风险差异。

由此，本研究对行政区域划分地理单位更小的地级市的灾难性卫生支出发生率进行了测算和比较，以更精准地观测地区间的风险差异。

我们将灾难性卫生支出发生率总体水平在19.31%以上的地区划为高风险地区，被纳入研究的114个地级市中有53个城市处于高风险地区，其中，东部有21个城市，中部有18个，灾难性卫生支出区域风险最高的西部地区仅有14个城市处于高风险。由此可见，虽然东部地区的灾难性卫生支出发生率低于西部地区，但却有最多的地级市具有高风险，并且，除了天津、上海和北京3个直辖市，东部高风险地级市分散在其他7个省份中；而西部总体灾难性卫生支出发生率最高，高风险城市却最少，重庆作为直辖市却处于高风险水平；中部区域虽然处于总体风险水平（19.31%）以下，但高风险地级市却遍及所有省份。此外，灾难性卫生支出发生风险最高的6个地级市并非集中于西部，而是均匀分散在三个区域。这些发现能够进一步证明，继续以宏观区域数据为切入点并不能有效实现对减贫新阶段下灾难性卫生支出高风险脆弱性特征的精准捕捉。

本研究根据现有数据对由整体到局部地区的灾难性卫生支出发生风险空间分布情况进行了深度挖掘，对其发展趋势进行了规律性总结，发现消除区域性整体贫困的结果早已有迹可循。所以，虽然研究数据存在不可避免的滞后性，但依然能够基于时代发展背景，通过对灾难性卫生支出发生风险空间分布情况的回溯，以及地区发展趋势的追踪，进一步锁定地区核心风险因素，进而强化医保减贫功能对地区差异性的识别能力。

东部区域共包含21个高风险地级市，“政策—健康—社会经济”为东部覆盖城市最多的风险类型，分布在福建（福州、莆田）、江苏（宿迁）、辽宁（鞍山）、山东（青岛、潍坊、威海）、浙江（丽水、台州）等省份，覆盖了9个地级市。数量上排在东部区域第二的是以“环境—政策—健康”为核心风险特征的城市，分布在河北沧州和山东临沂、聊城及枣庄。东部区域剩余的8个高风险地级市较为平均地分散在其他核心风险特征下。总体来看，有15个地级市的风险特征为3个及3个以上的多因素耦合情况，占据东部高风险城市的70%以上。从单独影响因素来看，东部区域21个高风险地级市中，健康因素和政策因素覆盖的地级市最多，分别为20个和17个城市。这能够说明，东部区域的灾难性卫生支出高风险特征以多因素耦合为主，并且核心主导因素依旧为健康因素和政策因素。

中部区域包含 18 个高风险地级市，以“环境—政策—健康—社会经济”为风险特征的地级市最多，覆盖了安徽（宿州、亳州）、河南（濮阳、郑州）和江西（宜春、阳泉）3 个省份、6 个地级市。其次是“政策—环境—健康”特征，覆盖到 4 个省份、5 个地级市。在中部区域，将近 80%的地级市为多重因素耦合特征，并且所有中部区域的高风险地级市都被健康因素覆盖，近 90%的地级市被政策因素覆盖，证明中部地区的灾难性卫生支出发生风险也呈现由健康因素和政策因素主导的多因素复合型特征。

西部区域有 14 个高风险地级市，“政策—健康—社会经济”和“健康—政策”风险特征覆盖的地区最多，分别分布在四川（内江、广安、南充）、重庆、内蒙古（赤峰）、青海（海东地区）和云南（保山、丽江）。此外，西部区域中，3 种因素耦合特征覆盖的地级市与 2 种因素交互覆盖的地级市数量相同，都为 6 个。有超过 85%的地级市被健康因素覆盖，超过 70%的地级市被政策因素覆盖（见图 5-3）。

显然，在我国的东部、中部、西部区域，依然以健康因素和政策因素为核心高风险因素。而医保制度作为健康脆弱性特征人群抵御经济风险的最重要手段，需要首先完善顶层设计和报销福利框架的构建，使其更具有侧重性和靶向性，进而为医保减贫功能赋予更贴合“精准扶贫”的能量和意义，根据以上地级市的灾难性卫生支出影响因素作用和风险特征情况制定更精准的医保减贫治理策略。

5. 区域多维风险特征波动叠加

社会经济、卫生、环境三大维度的风险特征共存于架构复杂的区域系统内，而非线性特征是复杂系统区别于简单系统的本质标志。因此，在区域系统中，各维度风险特征并不具有独立性，而是呈现出交互作用，表现为不规则地涌现、转化、跃变以至于波动叠加。因此，正是基于多维风险特征存在关联效应的假设，我们开展了系列实证研究，结果证明聚焦区域多维风险交互具有科学量化的解读意义以及现实循证的指导意义。基于前文对各维度特征分别进行解读的铺垫，本部分内容进行研究收束，聚焦分析风险特征在区域系统内部的交互作用。

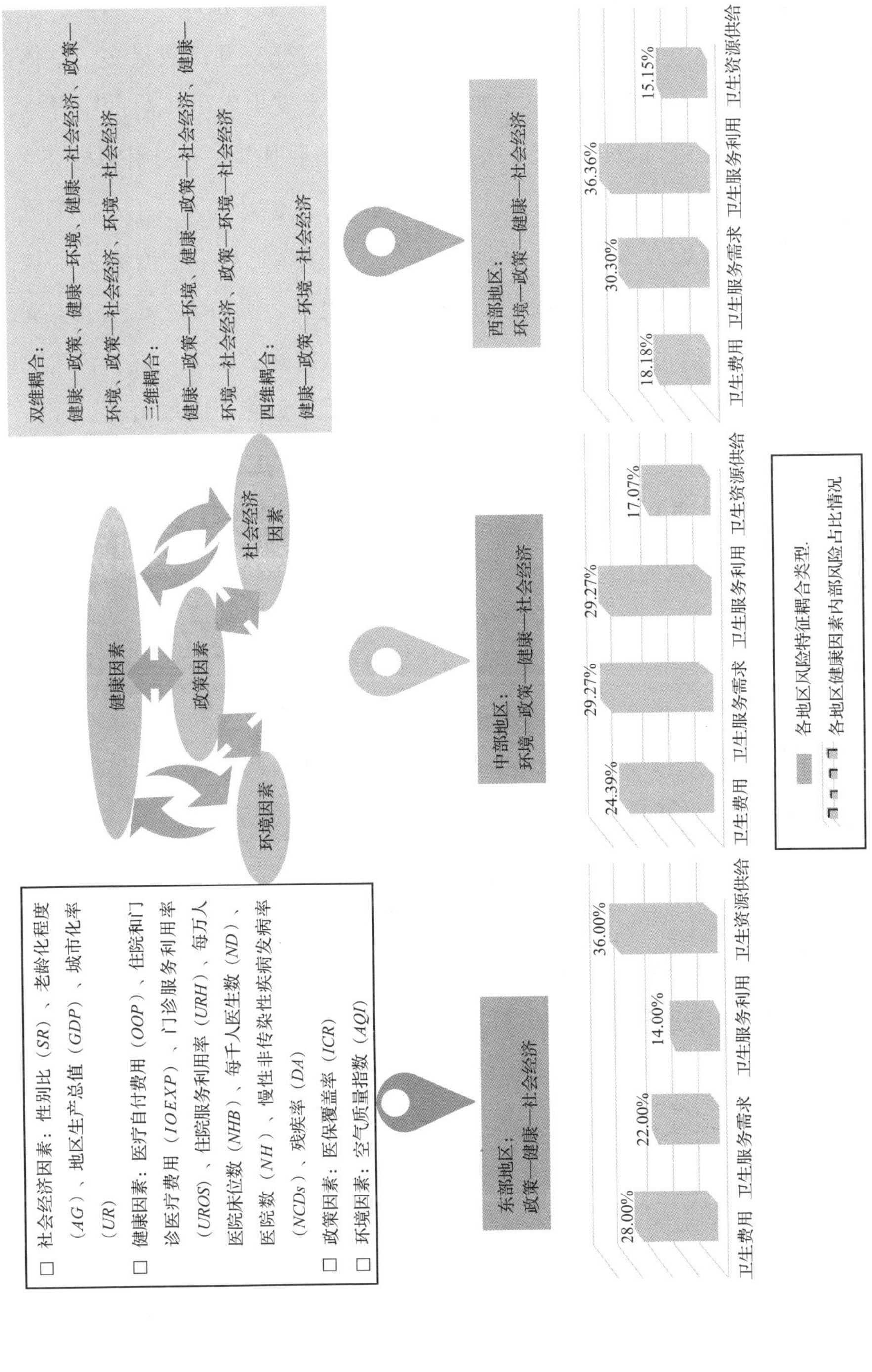

图 5-3　跨区域维度风险特征捕获图谱

借助交互作用检测器的测度方法，研究发现某些因素的组合确实比它们的单一效应之和更强，即多重特征耦合会增加灾难性卫生支出风险。首先，在健康视角多类因素组合作用中，住院率与其他风险特征交互次数最多，整体而言，卫生服务利用与卫生资源的叠加是灾难性卫生支出发生风险的主导性因素。病床数和医疗自付费用的交互次数也较高，提示卫生服务利用率与卫生费用同样是灾难性卫生支出风险的高危组合。同时，这也是区域卫生资源配置与人群医疗负担相关的直接体现，充足的卫生资源保障了高卫生服务需求被满足，从而不可抑制地带来了区域人群医疗费用的上涨，增加了灾难性卫生支出发生的风险。残疾率也不可小觑，与其他特征的交互次数居第三位。在微观层面，我们已经对残疾人群的脆弱性特征进行了分析，显然于区域而言，残疾率不仅影响该区域劳动力的质量与数量，还附加了高卫生服务需求与利用。此外，残疾人群本身携带生理脆弱性，需要社会资源予以倾斜，不仅是医疗服务提供与医疗费用报销层面，还涵盖了区域基础设施建设等残疾人日常生活保障方面。因此，残疾率与其他风险特征叠加，对区域医疗与基建水平均提出了更高的要求。若卫生服务与日常生活需求未能得到基本满足，将会使残疾人在医疗费用的基础上进一步背负意外风险负担，从而增加残疾人灾难性卫生支出发生风险。由此可见，健康风险特征内部交互或与其他因素风险特征交互后产生更高水平风险强度的可能性更大，这也意味着对卫生服务和卫生资源高需求、高利用的健康脆弱性特征人群在与其他风险因素叠加后，将会进一步提高其他因素的风险水平。

其次，基于环境视角的多因素组合作用中，我们发现城市化水平、工业化进展、空气质量指数以及区域经济特征的交互作用较强。这表示，快速的城市化进程与发达的工业结构在带来经济水平稳步攀升的同时，也会带来环境质量下降的负面效应。在区域经济能力提升的同时，城市化与工业化所导致的环境污染严重损耗了人群健康，在此基础上区域劳动力数量递减、质量下降，最终又会反作用于经济，使城市化进程滞缓，从而阻碍经济的发展甚至导致其下滑。

上述研究表明，社会环境等因素产生的交互作用会加重疾病经济负担。我国城市化进程飞速发展、医疗技术水平快速提升，相应地也带来了环境污染及其空间溢出效应、慢性病患病率上升、医疗价格上涨、卫生服务利用率提高等问题。多维因素叠加将联合作用于居民的卫生服务需求、卫生服务利用，最终影响居民疾病预防和治疗消耗的卫生资源以及对社会、政府造成的经济损失。可见，居民的疾病经济负担不再受单因素独立的影响，而是多重因素共同作用的结果，形成的因果链条会加重我国的疾病经济负担。因此，疾病经济负担已不再是卫生部门通过单一的卫生政策制定给予干预的独立卫生问题，已涉及社会发展、民生、健康及环境等多重领域。空气污染的空间溢出效应让我们必须重视它通过多途径、多机制对居民疾病经济负担的催化与加重影响。

三、小结

本节内容重点聚焦灾难性卫生支出高发的脆弱性特征刻画，从微观与宏观两大角度更精细地进行脆弱性特征归纳。首先，通过传统意义上的平面研究，分析微观层面不同人群特征，为医保政策制定提供靶向依据。其次，脱离传统研究视角，跃升至空间维度，从宏观层面全景扫描我国不同区域的灾难性卫生支出发生情况及风险驱动因素，并创新性地对空间视域下的风险因素进行科学量化厘定，从而为医保政策在不同区域因地制宜地调整与推行，提供了具有地区特征的参考信息。

第二节 抵御策略与优化路径

前文根据现有的实证分析结果，从微观与宏观两大层面，聚焦家庭特征、卫生服务、制度、区域、环境等多个维度，对灾难性卫生支出高发的脆弱性特征进行了系统的归纳与总结。新形势下，微观与宏观脆弱性特征交合，仅靠传统的单一政策维度的优化路径已难以满足新的需求，因此亟须构建多维特征交织下的网状抵御路径，以脆弱性特征捕捉为总抓手，实现多点切入互联互通的多层级优化路径。这表示不仅要考虑脆弱人群的经济负担、健康状况，还需要完善社会福利制度设计，结合区域经济发展水平，利用社会资源提高群众健康素养，使中老年群体、农村居民可以尽早关注自身健康状况的变化，使低收入、低文化水平的人群可以切实获得所需社会资源、享受社会红利。当前社会发展阶段，迫切需要综合考量二维、三维特征耦合，勾勒平面、空间维度立体交互式作用路径来进行整体靶向布局，从而最大化利用现有社会资源，充分开发顶层设计的功能，发挥制度优越性，实现政府职能主导、多方主体共同参与的社会系统运作机制。本节将根据捕捉到的脆弱性特征，构筑灾难性卫生支出抵御防线并进行多方优化路径刻画。

一、平面维度优化路径

就前文获取的脆弱家庭而言，在病痛与经济负担的长期压力下，其所能获取的社会资源相对匮乏，依靠自身能力来翻越眼前的“贫困高山”似乎是一个难以实现的目标。社会福利制度的建设旨在从宏观视角出发，将脆弱人群打包考虑，统一进行福利包设计，同时又要轻重有度、层次分明，借助社会大系统的力量托底保障脆弱人群基本生活能力。我国的医疗保障制度便是由三层医保设计构筑的多层级医疗保障网，一层基本医保作为主轴支撑，二层商业保险、医疗救助与慈善援助作为辅助补充，三层大病医保提供精准兜底保障。因此，在社会发展共济的初期阶段，现有大病医保是社会扶持脆弱人群抵御疾病经济风险的根本保障工具。但在当前社会情境下，在多种脆弱性特征叠加耦合效应下，依靠初级识别机制已难以捕捉脆弱人群，需要推动着这一根本保障工具的升级与精准识别机制的优化。在大病医保制度的运行过程中，除政府主导外，还兼具多主体共同参与的特性，涵盖医保机构、商保公司、医疗机构及参保人群等主体。在前文捕捉的脆弱人群特征的基础上，下文将对标大病医保系统中的多主体职能，利用现有较为成熟的医保制度进行靶向聚焦，进一步发挥制度特性，为脆弱人群搭建风险抵御防线，明确各主体行为优化路径。

1. 基于多主体附加属性大病医保制度优化路径图谱刻画

在大病医保制度中，多主体共同参与、各司其职，但随着该制度的推进，内部矛盾问题逐渐凸显，仅由单一主体独立解决未有显著成效，故需要在对标执行主体的基础上，实现多主体职能互通、协作处理。因此，大病医保制度优化路径的刻画需要以其制度内多主体为基础，理顺主体职能，寻求多方合作。政府居于最高层次，发挥主导统筹的职能，进行顶层设计、制定政策，向其他主体发出指令。医保机构与商业保险公司合作经办大病医保，将政府发出的各项政策进行落实，同时医保机构还负责医保基金的管理与运营。医疗机构与参保者，一方提供卫生服务，一方利用卫生服务、产生医疗费用并寻求报销。根据各主体的行为特性与前文捕获的脆弱人群特征，本研究对大病医保制度运行中尚需完善的方面进行了梳理与归类，从大病医保失利的关键环节、制度优化路径出发构建我国复杂大病脆弱人群—优化路径图谱（见图 5-4）。

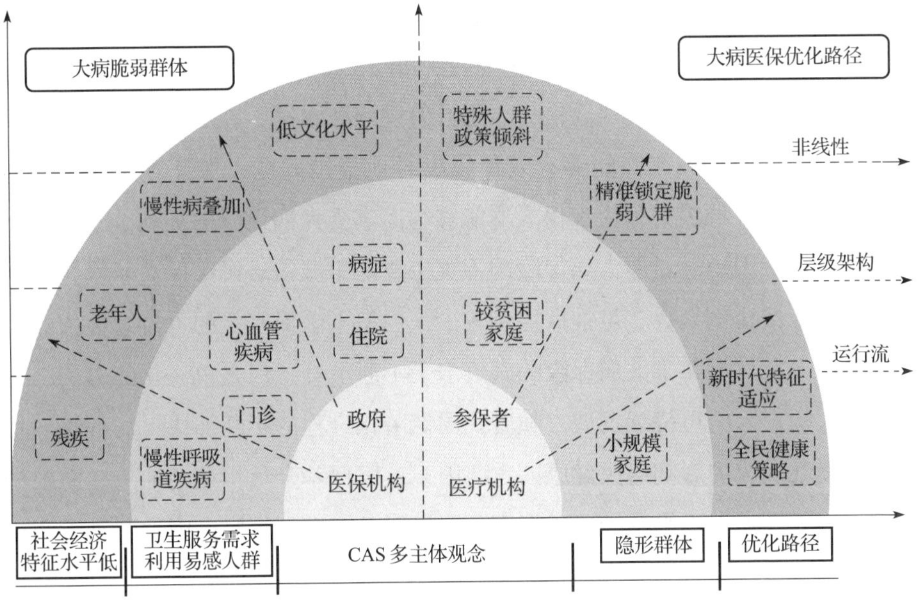

图 5-4　复杂大病脆弱人群—优化路径图谱

该图谱以大病医保系统中的四个主体（政府、医保机构、参保者、医疗机构）为核心，从社会经济特征、卫生服务需求与利用、隐形群体及优化路径 4 个方面进行发散。在左侧提取出脆弱性特征图谱的同时，右侧提出了相应的优化路径。下文将围绕图谱中的核心内容具体讨论优化路径的落实形式。

2. 基于多主体行为特征详解优化路径落实形式

大病医保作为一个典型的复杂系统，复杂大病脆弱人群在参保—就医—报销这一过程中，不但受到外部宏观政策、经济、人口环境的影响，还与其他系统内部主体相互影响、制约，既存在利益上的博弈制衡，又存在合作互惠的关系。因此，要想实现大病医保路径优化，需从复杂大病医保系统的核心利益相关主体出发，对多主体利益缠绕进行因素解构，形成全方位多主体的大病医保优化路径。

（1）政府行为优化路径

提高统筹层次。一方面，统筹层次与医保风险挂钩，统筹层次越低，越不利于风险分摊。现阶段，我国存在省级、市级、县级三种统筹层次。统筹层次过低不仅不利于大病保险基金的调节，也不符合风险分散的大数法则，还意味着政策制度碎片化、各医保系统内信息分散等弊端。国家医疗保障局对十三届全国人大二次会议第3489号建议的答复中指出，提高统筹层次有利于加强基金共济能力、增强制度抗风险能力、提升管理服务水平，在更大范围内分散风险。此外，实现省级统筹能够有效地解决异地报销问题，保证惠及人群的广度，避免目标人群丢失，使参保人群能够全面享受大病保险的福利。

拓宽筹资渠道。目前大病保险的筹资主要源于城镇居民医保、新农合等基本医保基金按比例划拨，虽抽取比例较少，但基本医保基金的可持续性依然受到了冲击。虽然近年来大病保险的筹资水平不断上升，但是单一化的筹资渠道限制了大病保险的可持续发展。随着我国老龄化进程的不断加快，病程长、费用高的慢性病成为影响居民健康的重要因素，医保基金负担逐渐加重。需根据不同地区经济发展水平及居民患病率、卫生服务需求利用率，因地制宜适当逐步提高筹资水平。充分发挥政府、社会、个人的作用，形成多元化的筹资格局，构建多层次的大病保障体系。对于特殊贫困群体、慢性病人产生的高额医疗费用，通过政府财政拨款、社会慈善捐助、个人缴费等方式筹集，充分分散大病基金风险。同时，建立大病保险基金赤字应急预警方案，全方位为大病保险基金保驾护航。

细化补偿方案的精准性。尽管为覆盖更多的贫困人口，我国于2018年颁布了《医疗保障扶贫三年行动实施方案（2018—2020年）》，明确指出大病保险应该加大对特殊贫困人群的倾斜力度，起付线降低50%，并逐步取消封顶线，支付比例提高5个百分点。然而，高于贫困户划分标准但收入低下的较贫困人口却未被纳入倾斜政策的保障中。亟须建立基本医保托底、大病医保和医疗救助辅助的多层次医疗保障体系，解决贫困边缘群体既不能享受贫困户补助又因起付线过高而不能享受大病补助的尴尬困境。此外，大病医保作为医疗保障制度防止因病返贫的第二道防线，必须对脆弱人群特征进行全面精准的锁定。现行大病医保制度对脆弱人群的界定仅参考单一经济维度，难以实现政策制度目标。这要求大病医保制度界定标准综合纳入残疾、多种慢性病叠加等卫生服务需求利用的易感人群，将其作为潜在致贫风险人群。

落实医保管办分离。我国大病医保制度一般实行政府部门公开招标、商业保险公司自负盈亏承办并运营大病保险的形式。大病保险作为由商业保险公司承办的准公共产品，既具备公平性和保障性，又需要遵从市场规律。因此，政府需要转变既有思维，扭转垄断式的管理方式和方法，使商业保险公司处于同等地位，各司其职、各负其责，坚持管办分离的原则，给予商业保险公司经办信心，充分发挥市场优势。与此同时，管办分离并不意味着政府完全放手。有研究对保险公司最低盈利水平进行测算发现，商业保险经办盈利率不低于1%，才能保证商业保险公司承办积极性，因此在政府招标承办时可根据测算对盈利率作出相关规定，若盈利率超过规定就要对商业保险经办机构收取一定比例的罚金，以保证大病保险的公平性和保障性。同时，根据上一阶段大病保险承办质量和民众满意度，制定下一阶段承办机构准入标准，选取承办能力相对更高和市场满意度更佳的承办机构负责大病保险业务，引入市场竞争，防止保险市场垄断。

（2）医保机构与商业保险公司行为优化路径

医保机构主要负责筹集和分配医保基金。基金的收支平衡关乎大病医保制度的可持续运行，涉及多方主体的利益，医保机构必须确保基金运行的公平性，保证基金信息透明性以及整体经济保护能力。商业保险公司通过参与政府招标，收取一定费用为全体参保者提供大病保险服务，对经基本医保报销后的高额医疗费用给予二次补偿。由于商业保险机构自负盈亏，故存在既要考虑自身收益问题，又要兼顾大病医保公平性的现象。因此，无论是医保机构还是商业保险经办机构，都具有监督和控制医疗机构医疗费用增长，避免过度医疗现象的功能。

建立临床监督路径，发挥专业人才优势。首先，承办大病保险的商业保险公司应在医保机构的授权下，根据区域内医疗资源分布情况，合理安排区域内医疗机构监督工作。例如，医疗巡查工作或驻院监督队伍建设，可根据医院级别设置不同的监督频率，确保对区域内医疗机构做到监督全覆盖。其次，医保机构应对承办机构实行定期考核，将考核结果作为下一阶段承办机构招标依据。可参考湖北省医保局大病承办条例，设置考核优秀线、合格线，未达到规定分数的从本年度规定综合服务费中扣去一定比例，高于优秀线的在予以表扬的基础上在下一阶段招标环节予以加分。

加快大病信息共享平台建设。大病信息共享平台建设涉及医保机构、商业保险公司以及医疗机构三者，其中医保机构持有参保者参保信息，商业保险公司负责接收医保基金以及参保者报销数据，医疗机构则掌握就医情况。建立统一大病信息共享平台，实现大病数据对接，既方便医保机构对医保基金运作情况进行实时监测，商业保险公司也可通过大数据平台对医疗机构实行全天候医疗风险管控，避免过度医疗以及信息不对称造成的医疗资源浪费。

（3）参保者行为优化路径

参保者是指缴纳大病保险并花费高额医疗卫生费用购买医疗服务的大病人群，兼具自身健康水平最大化和就医成本最小化之间的利益权衡。参保者在医保现代化治理共建共治共享的理念下，必须发挥主体积极性，提高健康意识，树立健康习惯。在医保基金总量一定的前提下，实现参保者健康产出最大化，不但使参保者免受因病致贫风险，而且为大病保险基金的可持续发展提供可能性。大病脆弱群体由于自身生理脆弱性，极易在利用卫生服务后因自付额过高或家庭支付能力较低陷入因病致贫。预防保健服务的使用在阻止疾病恶化、减少不必要卫生费用方面厥功至伟。研究证实，疾病预防可以明显减少卫生支出，早发现早治疗，可以减少并发症，降低卫生服务利用率。

（4）医疗机构行为优化路径

提升院方责任感，避免过度医疗。不合理医疗费用的快速增长威胁着大病保险基金的可持续性，在医疗机构中突出表现为医疗资源的浪费。过度医疗不仅导致了高额医疗费用，还对医保基金的可持续性产生了冲击，与制度设计初衷相悖。在全面医改的背景下，应联合医疗机构和医保部门进行支付方式改革，采取复合医疗费用支付方式，杜绝不合理的医疗行为，避免医疗资源的浪费。从源头把控医疗基金的使用，规范大病医保基金的使用行为。各主体之间信息不对称会造成诱导性消费以及骗保现象。应引入市场机制，政府作用与市场机制相结合，将商业保险公司系统与政府信息系统、医院就医系统进行对接，有效衔接各个医保模块的信息，防止信息碎片化。强化商业保险机构的基金监管职能，联合政府机构建立在医疗行为事前、事中、事后三阶段全流程的监督管理体系，控制医疗费用的不合理增长。同时，商业保险机构也获得了提升综合服务能力、强化行业品牌建设的机会。发挥商业保险的监管作用，有效控制医疗费用不合理增长。

二、空间维度优化路径

在微观宏观多方特征耦合的背景下，虽然前文已围绕大病医保制度进行了平面维度多主体优化路径的刻画，但由于各地发展水平不均、人文环境各异，将复杂的区域特征简单压缩到二维层面进行风险抵御防线的构建仍略显不足。因此，还原区域特性，综合多方面因素因地制宜地架构立体的风险抵御框架才更贴合实际且便于推行。本部分基于前文的空间特征捕捉，分别以省域、市域作为行政单元划分依据，从政策、健康、资源、经济以及环境维度勾勒了空间层面的优化路径。在前文主体间横向协同的基础上，刻画跨区域的立体纵向协同路径，实现空间维度的复杂主体协同。

1. 极点带动——以省份为切口的宏观治理办法

从我国政策试点和推广的路径来看，多采用“试点先行”的实践形式，中央从试点中吸取经验并进行模式宏观调整和优化，进而辐射到全国范围，所以优化路径首先以省域为行政单元，大切口进行区域范围内的探索。通过整体把握东部、中部、西部区域的灾难性卫生支出发生风险特征类型，以风险特征最显著的高风险省份为例，具体描绘宏观层面的医保减贫优化路径设计。

在医保减贫多元协同治理过程中，东部、中部相比，东部更要注重对卫生服务需求与利用的合理引导与控制，辅以医保制度对中老年脆弱群体的倾斜设计；中部更要加强对环境因素变化、发展的监测，并积极构想环境、政策和健康因素之间存在的能够有效预防和降低灾难性卫生支出的制度关联，进而避免或消除环境因素单独或与其他因素交互、耦合而提升灾难性卫生支出发生率的潜在风险。西部作为灾难性卫生支出发生风险最大的区域，是目前最需要拉齐与其他区域经济因素发展水平的区域。并且，在医保减贫的优化路径中，要重点考虑到社会经济因素在未来与其他两个区域发展差距增大而导致灾难性卫生支出风险水平提升的可能，提高地区经济水平，为居民抵御疾病经济风险提供基本的经济可行能力。

已有研究证实，在医保制度深化发展的过程中，医保补充制度减轻了居民对门诊和住院等卫生服务的需求和利用产生的卫生费用负担。实证分析结果表明，东部相关医保福利覆盖程度最高，但也可能带来了卫生资源供不应求、多方渠道价格水涨船高的情况，甚至会因此出现医保基金坐穿、报销滞后等情况，以至于东部在卫生费用和资源供给方面具有较高的灾难性卫生支出风险。而西部的政策因素风险也最高，说明西部的医保制度福利覆盖和卫生供给情况并不能够满足居民对卫生服务的需求和利用，在此环节就引发了高灾难性卫生支出风险。迫于难以承受的风险负担，居民可能会减少或放弃利用，也就造成了卫生费用和资源供给风险较低的结局。中部的灾难性卫生支出发生风险虽然处于总体水平以下，但和西部的风险情况大体一致，仅在环境因素风险上是西部的 2 倍有余。根据研究结果，我们发现环境因素有着催化其他因素对灾难性卫生支出发生风险的影响的能力。所以，研究分析，中部存在“环境因素风险高—催化影响与协同作用—卫生服务需求和利用增加—医保福利覆盖和卫生资源供给水平低—费用和资源供给风险提升”的链条式影响关系。

2. 轴带支撑——以市域为切口的微观治理办法

研究发现，政策高风险因素覆盖城市的数量最多，需要重点关注。实证分析结果中，按高风险地级市在东部、中部、西部的分布来看，三个区域中灾难性卫生支出发生率最高的山东临沂、安徽宿州和四川内江的核心风险特征中都包含政策因素。我们以这三个高风险城市为典型进行分析。

首先，从省份风险特征来看，安徽、山东和四川都属于 4 种因素耦合作用下的灾难性卫生支出高风险省份。将其投射到具体地级市来看，四川内江的风险特征由“政策—健康—社会经济”3 种因素组成。通过查阅资料了解到，内江的社会经济发展和城镇化水平偏低，导致医保制度整体覆盖和搭建基础不足，从而影响到当地居民对医疗资源、服务的获取能力和健康状态。实际上，从内江市医保局 2019 年 2 月召开的基本医保推进工作会议中可知，内江已经关注到目前医保制度运行中存在的问题。会议提出，要推进医保政策全民普及工作，促进医保基金缴费水平提高，还强调医保局、残联、扶贫局等多部门协同合作，精准狙击需要医保减贫帮扶的风险脆弱人群。山东临沂以“环境—政策—健康”为风险特征。山东在高医保覆盖率下，政策因素依然是占比最大的风险因素，证明仅整合医保覆盖面并不能帮助山东地级市的脆弱性特征人群抵御灾难性卫生支出发生风险，需要通过在统筹层面、管理机构等方面对医保制度的内部机制进行整合，真正提高医保制度运作和减贫效率。安徽同样具有较高的医保覆盖率，但其地级市宿州受“环境—政策—健康—社会经济”4种因素耦合风险特征主导。该类型城市受到更为综合性的风险因素影响，需要结合其因素指标实际数据进行具体分析，在本研究提供的医保减贫协同治理优化路径的基础上，进行更侧重地方特异性的环节提炼，进而总结出符合当地现实情况的靶向性医保减贫协同治理办法。

3. 辐射扩维——多层级主体交互协同治理策略

（1）医保制度顶层设计优化路径

首先，探究医保制度的减贫功能要从医保制度的顶层设计着手。本研究观察到，医保覆盖率对灾难性卫生支出发生率存在显著的空间驱动作用。Chen等（2019）提到，医保制度降低了医疗服务的价格，但对贫困脆弱人群的福利倾向性不足，使得可观的医保覆盖率数据下实际还存在部分地区具有较高的灾难性卫生支出风险。此外，仅通过扩大医保的覆盖面积或单纯将几种医保制度做加法，并不能从根本上解决医保政策对脆弱人群的保障差异。比如，Li等（2020）已经得出了城乡整合医保并不能缩小医保的城乡差距和贫困家庭灾难性卫生支出空间分布不均的结论。而从Meng（2015）和Cui（2021）等的研究结论中也可知，城乡差异的重要原因之一即为医保制度碎片化。目前来看，医保制度顶层设计存在的参保人群（如户口差异）、管理部门（不同医保制度有不同管理部门）、报销水平（不同医保的报销水平不同）、筹资机制（不同医保制度统账结合、现收现付等）等差异性，以及统筹层次存在的空间圈层差异等，依然是医保制度整合和改善医保减贫失效环节的阻碍。由此也可以推断出，在当前区域间经济发展水平存在差异的情况下，医保制度整合将进一步提高统筹层次，精准识别不同风险特征下的脆弱人群，使医保减贫功能更加具有对脆弱性特征人群的政策倾向性，最终将医保制度减贫效应靶向投射于核心风险聚集区，形成规模减贫结局。

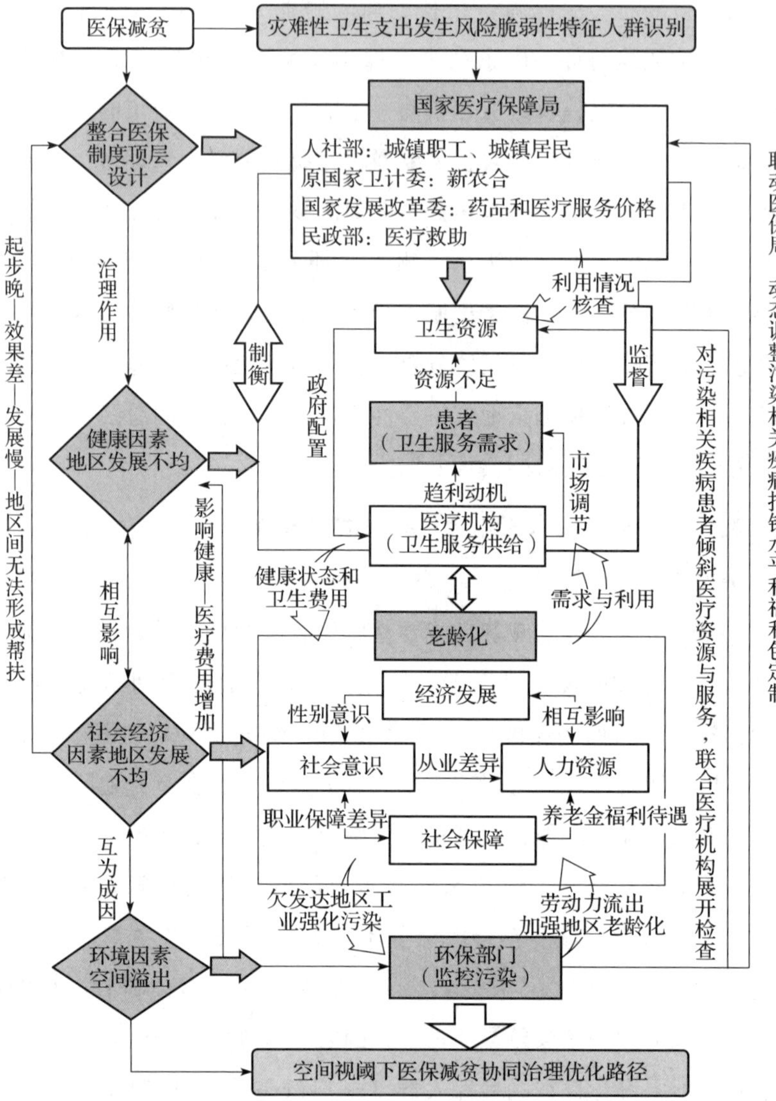

图 5-5　空间视阈下医保减贫多维协同治理优化路径

国家为应对当前医保制度地区发展水平存在较大差异的局面，借鉴三明医改、甘肃医改、海南试点等经验和成果，最终在 2018 年成立“国家医疗保障局”这一独立且综合性极强的医保整合机构，对人社部、原国家卫计委、国家发展改革委以及民政部等进行职能整合，使“三医联动”成为可能。但在地方层面，尤其是地级市，医疗资源少且分布不均，三甲等大型医院独大的局面使得医保机构缺少话语权。地级市政府需要顶住压力，真正落实医保机构从“形”到“神”的整合，以权责统筹、协调管理树立起权威，强化对医疗机构趋利动机和诱导需求方面的监管。此外，医保部门主管事后卫生费用款项结算和报销处理，无法进行事前对灾难性卫生支出高风险脆弱性特征人群的精准识别，也不具备对患者卫生费用自付成本负担和生活情况的追踪和救助，所以，在医保全维度减贫路径优化视角下，除了在医保制度层面加强多部门的权责整合，还要将其与相关部门构建到一个网络中。比如，残联与民政部作为残疾人绑定服务机构，为残疾人登记和办理残疾证明提供便利，同时，国家乡村振兴局记录具体贫困、残疾程度，人力资源部依此提供适宜的就业机会或技能培训，由此实现多部门协同，建立脆弱信息统一登记、传输和共享的数据平台，以综合维度锁定脆弱人群贫困特征，并提高相应的福利水平和福利覆盖面补充，进而实现相对贫困减贫阶段下在事前、事后都发挥效用的医保减贫联动机制。

（2）医保政策与健康因素的互动效应

健康因素与医保政策最直接相关。本研究中的健康因素分别纳入了医疗费用指标、卫生服务需求与利用指标以及卫生资源供给指标，因此我们通过深入挖掘指标间的关系，形成了指标间的链条式效应，从而加强医保减贫对健康脆弱性特征群体的针对性。首先，需要通过医保政策整合带来更有实效的医疗自付费用降低，而费用除受医保报销制度调控外，还与居民的经济承受能力有关。比如，参保的贫困居民，即使能够报销，也可能无法负担报销后的医疗费用成本。所以，除了通过外部政策降低费用，还要加大对经济承受能力差的贫困脆弱群体的福利倾向性。其次，费用指标中的住院和门诊费用，与卫生服务利用指标中的门诊率、住院率直接相关；而慢性非传染性疾病发生率和残疾率作为卫生服务需求指标，与卫生服务利用指标直接相关，且已有研究证明了慢性非传染性疾病发生率、残疾率与门诊和住院卫生服务利用存在正向关联。由此，三者构成了一种链式关联，以慢性非传染性疾病和残疾等长期存在的健康需求为开端，在产生卫生服务利用之后，形成医疗费用。而当前的医保制度只能通过对这种医疗费用的事后报销起到减贫作用，无法在疾病、残疾筛查等事前风险预警方面起到经济保护作用。这需要医保机构结合当年的报销结算，对高申请率的病种、残疾等进行全面分析和风险预测，降低相关情况的筛查成本，并要求医疗机构、保健部门等开展相关健康教育讲座，强调筛查的重要性。此外，也要联合扶贫机构，对当年申请额度高或本身为低保户的患者进行追访和健康援助，使医保减贫功能从根本上落实“扶贫精准到户”的政策号召。因此，在医保制度本身具有减轻疾病经济负担的后置作用之上，现阶段应该更加关注医保减贫功能在预警方面的事前效用，通过与民政部门进行信息反馈与互通，实现对风险脆弱性特征人群更全面和精准的帮扶，在健康风险预防、筛查层面进行多部门协同下的福利衔接和扩展。

（3）卫生资源与健康因素的关联效应

卫生资源直接关系到居民卫生服务利用情况，也可能会扩大或抑制卫生服务需求。卫生资源一直存在城乡之间、基层医疗机构之间、医院之间资源分配不平衡的情况。Li 等（2020）明确指出，全国范围内的基层医疗机构护理服务质量和功能存在极大差异，如床位数、基础临床检查等，而在卫生人力资源方面，基层医疗卫生人员存在全国区域间分布不均且素质水平较低的情况。其问题核心，都与基建拨款、员工待遇相关。此外，慢性非传染性疾病发生率与卫生资源配置高度相关，较差的资源配置和供给不利于对当地对慢性非传染性疾病的控制。比如，一项针对我国西部 36 个村卫生室的研究发现，有 41%的诊断是错误的，64%的治疗是非必要甚至有害的，这明显会恶化当地居民的健康情况，导致其陷入“贫困—疾病”的恶性循环。所以，此时健康因素也与卫生资源指标形成关联，在针对医保减贫失效环节制定解决措施时，不能只以单一视角逐个击破，而是要齐头并进、多元协同治理。

（4）社会经济因素与健康因素的反馈作用

社会经济因素中，老龄化指标代表 65 岁以上老年人的比例，而老年人作为集社会、经济、生理等脆弱性特征于一体的脆弱人群，与健康因素的关联密切度不言而喻。大多医保、贫困相关研究都已经证实了年龄对灾难性卫生支出发生率与医疗费用、卫生服务需求和利用等健康因素的正相关性。但从数据结果来看，各地区老龄化的风险因素情况并不相同，所以各地区医保局要针对当地的老龄化情况，在门诊、住院药品和检查等高医疗需求方面制定更有倾向性的医保福利包。此外，医保减贫路径优化在关注中老年人群生理脆弱性的同时，还要把控地方养老的福利补给情况，联合社会保障部、民政局或人社局等多部门，在经济层面提高统筹水平，对老龄化发展趋势进行宏观预测，并作出多部门协同应对的战略部署。性别方面，就目前城市化率与地区生产总值几乎呈相同发展趋势的情况来看，随着越来越多的青壮年劳动力涌入经济发达地区，经济欠发达地区常住人口中女性比例较高，所以在城市化进程中，欠发达地区就可能存在女性社会经济边缘化的情况，从而加剧灾难性卫生支出风险的倾斜。但我们不能因此排除男性边缘化的存在，所以人力资源部和妇联等组织需要根据当地情况对性别社会差异从就业、教育等方面进行调节，而医保机构也需要对此针对不同性别多发疾病对费用报销比例进行动态调整。此外，医保制度的初期制定与地区生产总值关联性极强，所以可能存在地区生产总值更高的较发达地区更早实施医保制度的情况。欠发达地区本身基础较差，在落后实施医保制度的情况下，更加剧了其与发达地区医保制度减贫效果的差异，导致在地区制度发展壁垒下难以实现地区间帮扶。所以在医保减贫路径设计时，除了关注社会经济因素中各指标对灾难性卫生支出风险空间分布不均的影响，更要拓宽医保减贫对地缘性贫困差异结局多维成因的治理路径，以多部门协同找到医保减贫的最优解。

（5）环境因素与健康因素的预警效应

空气质量指数（AQI）是兼顾空间溢出性和空间分异性的指标，与健康因素和社会经济因素的关联早已被证实。Chen 等（2018）在对空气污染与学生健康的研究中，根据数据结果推算，AQI 每日水平上升 10 个单位，就会导致我国每天约 8.7 万名学生缺课，同时会造成 131 万美元的教育支出成本亏损；关楠等（2021）的研究也证明，空气污染与人群就医发生率和医疗费用高度相关。在社会经济层面，粗放式经济发展阶段的高速城市化和地区生产总值增长背后的环境代价以重度空气污染的形式爆发，不断影响着人们的日常生活和生命健康。环境因素作为本研究对既往研究中缺失的空间全景视角的补充，在现实中切实关乎各灾难性卫生支出的风险维度。本研究发现，AQI 对各地区灾难性卫生支出发生风险的影响具有空间分异性，在风险因素识别结果中，我们也发现 AQI 与其他风险因素的交互、耦合作用对灾难性卫生支出发生风险具有驱动增强效果，将会进一步加大地区间的发展水平差异。所以，在相对贫困减贫阶段下，对 AQI 的处置将成为医保减贫协同治理路径中不可或缺的一环。这需要环境保护部门将疾病监控与居民健康水平纳入政策制定的常规范畴，联合医保机构、医疗机构等获得该段时间内申报率、发病率最高的病种类型，作为环境监控的预警信息依据，将健康融入所有政策、贯彻到实处，为贫困风险的按方位把控助力。

三、小结

本节内容立足于平面与空间两个维度，为脆弱人群与地区构筑了灾难性卫生支出风险抵御防线。首先，基于平面维度，围绕大病医保制度运行过程中多主体参与的特征，依据各主体附加属性与行为特征的风险，具化了主体的行为优化路径。其次，立足于空间维度，从不同地区特征入手，分析了省域、市域切口下的优化路径设计，并汇总了多元协同治理策略。本研究为医保减贫失效环节重新赋能，构筑起适配多部门的医保减贫协同治理路径，最终为巩固脱贫攻坚成果、推动地区间要素发展不平衡下相对贫困问题的解决提供参考。

参考文献

[1] 白冰，邓修权，高德华．基于CAS理论的企业生产运作多Agent仿真研究［J］．中国管理科学，2014，22（S1）：84-89.

[2] 白世贞，郑小京．基于三层回声模型的供应链复杂适应系统资源流研究［J］．中国管理科学，2007（2）：111-120.

[3] 陈江芸．健康老龄化背景下医养结合模式及老年人健康保障研究［D］．武汉：华中科技大学，2019.

[4] 陈鸣声，司磊．慢性病共病对患者门诊次数、住院床日与灾难性卫生支出的影响研究［J］．中国卫生政策研究，2021，14（11）：17-24.

[5] 陈银娥．西方福利经济理论的发展演变［J］．华中师范大学学报（人文社会科学版），2000（4）．

[6] 崔恩慧，江生忠，贾世彬．环境污染、商业健康保险对健康成本的影响研究——基于省际面板数据的实证分析［J］．南开经济研究，2016（6）：140-150.

[7] 崔楠，顾海，赵俊，等．CAS理论视角下我国远程医疗服务运行机制研究［J］．中国卫生事业管理，2019，36（5）：321-324，344.

[8] 方豪，赵郁馨，王建生，等．卫生筹资公平性研究：家庭灾难性卫生支出分析［J］．中国卫生经济，2003，6（22）：5-8，28.

[9] 费孝通．乡土中国［M］．上海：上海人民出版社，2019.

[10] 符友丰．病史见证中医——从复杂适应系统看中医学的本质特征［J］．首都师范大学学报（社会科学版），2008（S1）：113-150.

[11] 傅虹桥，袁东，雷晓燕．健康水平、医疗保险与事前道德风险——来自新农合的经验证据［J］．经济学（季刊），2017，16（2）：599-620.

[12] 顾海，华慧慧，吴迪，等．CAS理论视角下政府主导的远程医疗救助体系运行机制研究［J］．中国卫生经济，2019，38（11）：27-30.

[13] 顾海，苏浩然，崔楠．复杂适应系统理论视角下社区移动医疗服务运行机制研究［J］．中国卫生经济，2020，39（7）：68-71.

[14] 郝成民，刘湘伟，郭世杰，等．Repast：基于 Agent 建模仿真的可扩展平台［J］．计算机仿真，2007（11）：285-288.

[15] 何平，孟庆跃．卫生总费用和医疗费用影响因素研究现状［J］．中国卫生事业管理，2005（9）：519-521.

[16] 侯亚冰，张馨予，曹新西，等．经济发展、空气污染与呼吸系统疾病负担的交互影响［J］．中国慢性病预防与控制，2020，28（5）：329-333.

[17] 胡静，刘亚飞，黄建忠．中国农村贫困老年人的潜在医疗需求研究——基于倾向评分匹配的反事实估计［J］．经济评论，2017（2）：127-137.

[18] 霍兰．隐秩序——适应性造就复杂性［M］．周晓牧，等，译．上海：上海科技教育出版社，2001.

[19] 井淇，徐凌忠，许建强，等．复杂适应系统理论及其在国际卫生领域应用的启示［J］．中国卫生经济，2015，34（1）：13-15.

[20] 李艾春，王静，闫朝阳，等．我国不同失能程度中老年人家庭灾难性卫生支出状况及其影响因素［J］．医学与社会，2020，33（3）：1-5.

[21] 李艾春，向琴，闫朝阳，等．农村贫困地区老年慢病患者疾病直接经济负担及影响因素研究［J］．中国卫生事业管理，2020，37（12）：927-931.

[22] 李芙蓉，袁清青，陈丹镝．中国卫生资源配置结构、公平性及利用效率评价［J］．医学与社会，2020，33（10）：6-10.

[23] 李淮涌，吴乐山，雷二庆．公立医院经济运行的复杂适应系统分析［J］．中国卫生经济，2009，28（9）：74-76.

[24] 李静．中国健康扶贫的成效与挑战［J］．求索，2019（5）：95-103.

[25] 李珂，李小菊，张梅，等．门诊特殊慢病政策对高血压合并并发症患者住院服务利用的影响［J］．中国卫生经济，2017，36（8）：20-23.

[26] 李倩．GMM 方法在金融领域的发展与应用——2013 年度诺贝尔经济学奖获得者拉尔斯·彼得·汉森学术贡献评述［J］．河北经贸大学学报，2014，35（4）：120-125.

[27] 李群峰．动态面板数据模型的 GMM 估计及其应用［J］．统计与决策，2010（16）：161-163.

[28] 李湘杉．中国特色社会保障制度研究［D］．北京：中共中央党校，2019.

[29] 李镃冲，刘佳敏，李静. 空气污染与心血管疾病专家共识 [J]. 中国循环杂志，2021，36（1）：14-21.

[30] 廖守亿，戴金海. 复杂适应系统及基于 Agent 的建模与仿真方法 [J]. 系统仿真学报，2004（1）：113-117.

[31] 廖守亿，戴金海. 基于多 Agent 的天战系统建模与仿真方法研究 [J]. 计算机仿真，2003（1）：18-21.

[32] 廖羽，郝元涛. 2007—2009 年广州市六区 $PM_{2.5}$ 空气污染所致肺癌疾病负担研究 [J]. 中国卫生统计，2016，33（4）：677-680.

[33] 林玫，董柏青，梁大斌，等. 广西腹泻病患者疾病经济负担及其影响因素的多因素分析 [J]. 现代预防医学，2009，36（20）：3806-3808.

[34] 刘建华，邱珂. 基于 CAS 的创新人才培养机制及对策研究：协同创新的视角 [J]. 科技管理研究，2014，34（20）：113-118.

[35] 刘玮玮，贾洪波. 基本医疗保险中异地就医管理研究 [J]. 中国卫生经济，2011，30（6）：15-17.

[36] 刘颖，陈禹. 复杂适应系统理论对控制 SARS 疫情的模拟分析 [J]. 复杂系统与复杂性科学，2004（2）：74-79.

[37] 卢祖洵，姜润生. 社会医学 [M]. 北京：人民卫生出版社，2013.

[38] 吕骥，徐洁，马路璐，等. 基于复杂适应系统的传染病传播仿真建模研究 [J]. 计算机科学，2014，41（S2）：221-223，244.

[39] 马克思，恩格斯. 马克思恩格斯选集：第一卷 [M]. 北京：人民出版社，1972.

[40] 曲卫华，颜志军. 环境污染、经济增长与医疗卫生服务对公共健康的影响分析——基于中国省际面板数据的研究 [J]. 中国管理科学，2015，23（7）：166-176.

[41] 孙磊，潘娴. 复杂适应系统理论视域下的我国医院公共危机管理模式探讨 [J]. 中国卫生法制，2016，24（5）：58-60.

[42] 孙梅，李程跃，吕军，等. 界定与测量农村居民因病致贫：新型农村合作医疗保险方案研制思路之四 [J]. 中国卫生资源，2013，16（3）：160-162.

[43] 孙淑云. 顶层设计城乡医保制度：自上而下有效实施整合 [J]. 中国农

村观察，2015（3）：16-23.
[44] 谭跃进，邓宏钟．复杂适应系统理论及其应用研究［J］．系统工程，2001（5）：1-6.
[45] 汤胜蓝，龙倩．慢性非传染性疾病：中国卫生领域被忽视的最大挑战［J］．中国卫生政策研究，2013，6（10）：6-11.
[46] 唐颢，陈卓如，高学欢，等．上海$PM_{2.5}$、NO_2及空气质量指数与小学生因病缺勤的关系［J］．环境与职业医学，2021，38（8）：847-852.
[47] 陶裕春，王倩．我国社会医疗保险费用的实证分析［J］．中国卫生经济，2010，29（6）：18-21.
[48] 王建生，姜垣，金水高．老年人6种常见慢性病的疾病负担［J］．中国慢性病预防与控制，2005，13（4）：148-151.
[49] 王若宇，黄柏石，潘卓林，等．中国居民食源性疾病的地理分布及影响因素分析［J］．世界地理研究，2020，29（1）：168-180.
[50] 王阳，邱培媛，田帆，等．四川省富顺县农村家庭灾难性卫生支出现状及其影响因素［J］．中国公共卫生，2019，35（2）：152-156.
[51] 王怡欢，张楚．农村贫困家庭灾难性卫生支出风险及影响因素研究——基于2018年CHARLS数据［J］．中国卫生政策研究，2021，14（1）：44-49.
[52] 王志华，张析哲，曲建卫，等．不同医保类型慢性病住院患者直接医疗费用负担及影响因素分析［J］．预防医学，2018，30（8）：780-784.
[53] 魏敏，肖锦铖．患者就医选择的影响因素及对策分析［J］．中国卫生事业管理，2014，31（4）：259-261.
[54] 吴君槐，姜学夫．北京市大病保险补偿方案精准性研究——基于收入分层的方案设计［J］．社会保障研究，2019（3）：60-71.
[55] 向乐怡，范转转，姚东明．基于复杂自适应系统理论的家庭医生签约服务模式优化研究［J］．医学与社会，2020，33（2）：31-34，57.
[56] 徐文娟，褚福灵．灾难性卫生支出水平及影响因素研究——基于CHARLS数据的分析［J］．社会保障研究，2018（5）：64-72.
[57] 许怀悦，王情，马润美，等．温度相关的疾病负担研究进展［J］．山东大学学报（医学版），2021，59（12）：13-19，32.
[58] 许建强，郑娟，李佳佳，等．全民健康覆盖下城乡家庭灾难性卫生支出

测量及差异分析［J］. 卫生经济研究，2019，36（3）：35-38.

［59］许汝言，彭红，叶露. 上海市肺癌患者直接疾病经济负担影响因素研究［J］. 中国卫生经济，2015，34（8）：74-77.

［60］闫菊娥，闫永亮，郝妮娜. 三种基本医疗保障制度改善灾难性卫生支出效果实证研究［J］. 中国卫生经济，2012，31（1）：26-29，38.

［61］颜素容，王耘，乔延江. 基于多主体的中医药复杂适应系统实现途径［J］. 北京中医药大学学报，2007（10）：653-655.

［62］杨博文，任娟. 论复杂适应系统中利益群体博弈的形成过程［J］. 系统科学学报，2010，18（1）：39-41，49.

［63］杨艳琳. 西方社会保障理论的发展［J］. 华中师范大学学报（人文社会科学版），2001（2）：24-27.

［64］游文霞，王先甲. StarLogo 在基于 agent 复杂系统建模与仿真中的应用［J］. 武汉大学学报（工学版），2006（3）：91-96.

［65］余雷，薛惠锋. 突发公共卫生事件危机管理的进化博弈仿真［J］. 计算机仿真，2008（4）：169-171，178.

［66］岳经纶，王春晓. 三明医改经验何以得到全国性推广？基于政策创新扩散的研究［J］. 广东社会科学，2017（5）：186-197.

［67］翟绍果. 健康贫困的协同治理：逻辑，经验与路径［J］. 治理研究，2018，34（5）：53-60.

［68］张健，戴金海. 复杂适应系统与分布式卫星系统自主运行［J］. 计算机仿真，2006（9）：23-26.

［69］张文静，李颖琰. 河南省贫困农民的医疗费用、疾病经济风险和影响因素分析［J］. 郑州大学学报（医学版），2007（3）：490-494.

［70］郑超，王新军，孙强. 城乡医保统筹政策、健康风险冲击与精准扶贫绩效研究［J］. 公共管理学报，2022，19（1）：146-158，176.

［71］郑慧凌，苏敏艳，吴晶晶，等. 基本医疗保险对居民诊疗费用影响研究——基于供给和需求的视角［J］. 卫生经济研究，2019，36（6）：42-46.

［72］周芳芳，于永. 2011—2014 年南京市栖霞区手足口病发病与气候因素的关系［J］. 医学与社会，2016，29（8）：54-56.

[73] 朱爱平，吴育华．试论复杂适应系统与企业管理研究的创新发展 [J]. 科学管理研究，2003 (4)：63-66.

[74] 朱晔．复杂适应系统软件平台 SWARM 在金融体系中的博弈仿真研究 [D]. 泉州：华侨大学，2002.

[75] 朱昱，马子建，肖长春．合肥市大气 $PM_{2.5}$ 污染与居民呼吸系统疾病住院量的关系 [J]. 现代预防医学，2021，48 (6)：985-989.

[76] Adhikari S R, Maskay N M, Sharma B P. Paying for hospital-based care of Kala-azar in Nepal: assessing catastrophic, impoverishment and economic consequences [J]. Health Policy and Planning, 2009, 24 (2): 129-139.

[77] AMAYA-LARA J L. Catastrophic expenditure due to out-of-pocket health payments and its determinants in Colombian households [J]. International Journal for Equity in Health, 2016, 15 (1): 1-11.

[78] AN J, HESHMATI A. The relationship between air pollutants and healthcare expenditure: empirical evidence from South Korea [J]. Environmental Science and Pollution Research, Heidelberg: Springer Heidelberg, 2019, 26 (31): 31730-31751.

[79] ANDERSON H R, ATKINSON R W, BREMNER S A, et al. Particulate air pollution and hospital admissions for cardiorespiratory diseases: are the elderly at greater risk? [J]. European Respiratory Journal, 2003, 21 (40): 39-46.

[80] BAI L, WANG J, MA X, et al. Air pollution forecasts: an overview [J]. International Journal of Environmental Research and Public Health, 2018, 15 (4): 780.

[81] BBAO Y, MACIEJEWSKI R C, GARRIDO M M, et al. Chemotherapy use, end-of-life care, and costs of care among patients diagnosed with stage Ⅳ pancreatic cancer [J]. Journal of Pain and Symptom Management, 2018, 55 (4): 1113-1121.

[82] BHATTACHARYA J, PACKALEN M. The other exante moral hazard in health [J]. Journal of Health Economics, 2012, 31 (1): 135-146.

[83] BLOOM D E, CHATTERJI S, KOWAL P, et al. Macroeconomic implications of population ageing and selected policy responses [J]. The Lancet, 2015,

385 (9968): 649-657.

[84] BORDONARO R, PIAZZA D, SERGI C, et al. Out-of-pocket costs in gastrointestinal cancer patients: lack of a perfectly framed problem contributing to financial toxicity [J]. Critical Reviews in Oncology/Hematology, 2021, 167: 103501.

[85] BRINDA E M, KOWAL P, ATTERMANN J, et al. Health service use, out-of-pocket payments and catastrophic health expenditure among older people in India: the WHO study on global ageing and adult health (SAGE) [J]. J Epidemiol Community Health, 2015, 69 (5): 489-494.

[86] CAO D, LI D, WU Y, et al. Ambient $PM_{2.5}$ exposure and hospital cost and length of hospital stay for respiratory diseases in 11 cities in Shanxi Province, China [J]. Thorax, 2021.

[87] CAO F, GE Y, WANG J-F. Optimal discretization for geographical detectors-based risk assessment [J]. GIScience & Remote Sensing, 2013, 50 (1): 78-92.

[88] Center for Health Statistics and Information, Ministry of Health China. Analysis report of national health services survey in China, 2008 [M], 2009.

[89] CHANDOEVWIT W, PHATCHANA P. Inpatient care expenditure of the elderly with chronic diseases who use public health insurance: disparity in their last year of life [J]. Social Science & Medicine, 2018, 207: 64-70.

[90] CHANG A Y, COWLING K, MICAH A E, et al. Past, present, and future of global health financing: a review of development assistance, government, out-of-pocket, and other private spending on health for 195 countries, 1995-2050 [J]. The Lancet, 2019, 393 (10187): 2233-2260.

[91] CHEN F, CHEN Z. Cost of economic growth: air pollution and health expenditure [J]. Science of the Total Environment, 2021, 755: 142543.

[92] CHEN G, WAN X, YANG G, et al. Traffic-related air pollution and lung cancer: a meta-analysis: traffic-related pollution & lung cancer [J]. Thoracic Cancer, 2015, 6 (3): 307-318.

[93] CHEN G, ZHANG Y, ZHANG W, et al. attributable risks of emergency hospi-

tal visits due to air pollutants in China: a multi-city study [J]. Environmental Pollution, 2017, 228: 43-49.

[94] CHEN R, JING L, XU J, et al. Satisfaction with basic medical insurance in China: a stratified cluster sampling survey [J]. The Lancet, 2016, 388: 14.

[95] CHEN S, GUO C, HUANG X. Air pollution, student health, and school absences: evidence from China [J]. Journal of Environmental Economics and Management, 2018, 92: 465-497.

[96] CHEN X, SHAO S, TIAN Z, et al. Impacts of air pollution and its spatial spillover effect on public health based on China's big data sample [J]. Journal of Cleaner Production, 2017, 142: 915-925.

[97] CHEN Y, SHI J, ZHUANG C C. Income-dependent impacts of health insurance on medical expenditures: theory and evidence from China [J]. China Economic Review, 2019, 53: 290-310.

[98] CHEUNG D, PADIEU Y. Heterogeneity of the effects of health insurance on household savings: evidence from rural China [J]. World Development, 2015, 66: 84-103.

[99] CHOI J W, CHOI J W, KIM J H, et al. Association between chronic disease and catastrophic health expenditure in Korea [J]. BMC Health Services Research, 2015, 15 (1): 1-8.

[100] CHOI T Y, DOOLEY K J, RUNGTUSANATHAM M. Supply networks and complex adaptive systems: control versus emergence [J]. Journal of Operations Management, 2001, 19 (3): 351-366.

[101] COHEN A J, BRAUER M, BURNETT R, et al. Estimates and 25-year trends of the global burden of disease attributable to ambient air pollution: an analysis of data from the Global Burden of Diseases Study 2015 [J]. The Lancet, 2017, 389 (10082): 1907-1918.

[102] COURNANE S, CONWAY R, BYRNE D, et al. High risk subgroups sensitive to air pollution levels following an emergency medical admission [J]. Toxics, 2017, 5 (4): 27.

[103] CUI K, LI B, WANG H. Quantitative analysis of health insurance reform in

China: pure consolidation or universal health insurance? [J]. Economic Modelling, 2021, 101: 105550.

[104] CYLUS J, THOMSON S, EVETOVITS T. Catastrophic health spending in Europe: equity and policy implications of different calculation methods [J]. Bulletin of the World Health Organization, 2018, 96 (9): 599.

[105] DORJDAGVA J, BATBAATAR E, SVENSSON M, et al. Catastrophic health expenditure and impoverishment in Mongolia [J]. International Journal for Equity in Health, 2016, 15 (1): 105.

[106] EBRAHIM S, PEARCE N, SMEETH L, et al. Tackling non-communicable diseases in low-and middle-income countries: is the evidence from high-income countries all we need? [J]. PLoS Medicine, 2013, 10 (1): e1001377.

[107] FANG E F, XIE C, SCHENKEL J A, et al. A research agenda for ageing in China in the 21st century (2nd edition): focusing on basic and translational research, long-term care, policy and social networks [J]. Ageing Research Reviews, Clare: Elsevier Ireland Ltd, 2020, 64: 101174.

[108] FATTORINI D, REGOLI F. Role of the chronic air pollution levels in the Covid-19 outbreak risk in Italy [J]. Environmental Pollution, 2020, 264: 114732.

[109] FU X Z, WANG L K, SUN C Q, et al. Inequity in inpatient services utilization: a longitudinal comparative analysis of middle-aged and elderly patients with the chronic non-communicable diseases in China [J]. International Journal for Equity in Health, 2020, 19 (1): 6.

[110] GARCÍA J L S, RUIZ S P. Development of capabilities from the innovation of the perspective of poverty and disability [J]. Journal of Innovation & Knowledge, 2017, 2 (2): 74-86.

[111] GARG S, CHOWDHURY S, SUNDARARAMAN T. Utilisation and financial protection for hospital care under publicly funded health insurance in three states in Southern India [J]. BMC Health Services Research, 2019, 19 (1): 1-11.

[112] GETZEN T E. Population aging and the growth of health expenditures [J].

Journal of Gerontology, 1992, 47 (3): 98-104.

[113] GOEPPEL C, FRENZ P, GRABENHENRICH L, et al. Assessment of universal health coverage for adults aged 50 years or older with chronic illness in six middle-income countries [J]. Bulletin of the World Health Organization, 2016, 94 (4): 276.

[114] GONG C H, KENDIG H, HE X. Factors predicting health services use among older people in China: an analysis of the China health and retirement longitudinal study 2013 [J]. BMC Health Services Research, 2016, 16 (1): 1-16.

[115] GOTSADZE G, ZOIDZE A, RUKHADZE N. Household catastrophic health expenditure: evidence from Georgia and its policy implications [J]. BMC Health Services Research, 2009, 9 (1): 69.

[116] GU J, SHI Y, CHEN N, et al. Ambient fine particulate matter and hospital admissions for ischemic and hemorrhagic strokes and transient ischemic attack in 248 Chinese cities [J]. Science of the Total Environment, 2020, 715: 136896. DOI: 10. 1016/j. scitotenv. 2020. 136896.

[117] GUAN W-J, ZHENG X-Y, CHUNG K F, et al. Impact of air pollution on the burden of chronic respiratory diseases in China: time for urgent action [J]. The Lancet, 2016, 388 (10054): 1939-1951.

[118] GUO D, WANG A, ZHANG A T. Pollution exposure and willingness to pay for clean air in urban China [J]. Journal of Environmental Management, 2020, 261: 110174.

[119] HAMERSMA S, YE J. The effect of public health insurance expansions on the mental and behavioral health of girls and boys [J]. Social Science & Medicine, 2021, 280: 113998.

[120] HE H, NOLEN P J. The effect of health insurance reform: evidence from China [J]. China Economic Review, 2019, 53: 168-179.

[121] HU K, YANG X, ZHONG J, et al. Spatially explicit mapping of heat health risk utilizing environmental and socioeconomic data [J]. Environmental Science & Technology, 2017, 51 (3): 1498-1507.

[122] HUANG X, WU B. Impact of urban-rural health insurance integration on health care: evidence from rural China [J]. China Economic Review, 2020, 64: 101543.

[123] JACOBS B, DE GROOT R, ANTUNES A F. Financial access to health care for older people in Cambodia: 10-year trends (2004-2014) and determinants of catastrophic health expenses [J]. International Journal for Equity in Health, 2016, 15 (1): 1-9.

[124] JEON B, NOGUCHI H, KWON S, et al. Disability, poverty, and role of the basic livelihood security system on health services utilization among the elderly in South Korea [J]. Social Science & Medicine, 2017, 178: 175-183.

[125] JONES B A, FLECK J. Shrinking lakes, air pollution, and human health: evidence from California's Salton Sea [J]. Science of the Total Environment, 2020, 712: 136490.

[126] KALACHE A, ABODERIN I, HOSKINS I. Compression of morbidity and active ageing: key priorities for public health policy in the 21st century [J]. Bulletin of the World Health Organization, 2002, 80: 243-244.

[127] KARAN A, YIP W, MAHAL A. Extending health insurance to the poor in India: an impact evaluation of Rashtriya Swasthya Bima Yojana on out of pocket spending for healthcare [J]. Social Science & Medicine, 2017, 181: 83-92.

[128] KIM S, HWANG J. Assessment of trends in socioeconomic inequalities in cancer screening services in Korea, 1998-2012 [J]. International Journal for Equity in Health, 2016, 15: 30.

[129] KJELLSTROM T, BUTLER A J, LUCAS R M, et al. Public health impact of global heating due to climate change: potential effects on chronic non-communicable diseases [J]. International Journal of Public Health, 2010, 55 (2): 97-103.

[130] KNAUL F M, ARREOLA-ORNELAS H, MÉNDEZ-CARNIADO O, et al. Evidence is good for your health system: policy reform to remedy catastrophic and impoverishing health spending in Mexico [J]. The Lancet,

2006, 368 (9549): 1828-1841.

[131] KO F W, TAM W, WONG T W, et al. Temporal relationship between air pollutants and hospital admissions for chronic obstructive pulmonary disease in Hong Kong [J]. Thorax, 2007, 62 (9): 780-785.

[132] KOCH K J, CID PEDRAZA C, SCHMID A. Out-of-pocket expenditure and financial protection in the Chilean health care system: a systematic review [J]. Health Policy, 2017, 121 (5): 481-494.

[133] LANCET T. China through the lens of health in 2018 and beyond [J]. Lancet, 2018, 391 (10125): 999.

[134] LEI X, LIN W. The new cooperative medical scheme in rural China: does more coverage mean more service and better health? [J]. Health Economics, 2009, 18 (S2): S25-S46.

[135] LEWBEL A. Endogenous selection or treatment model estimation [J]. Journal of Econometrics, 2007, 141 (2): 777-806.

[136] LI C, XU L, WANG H, et al. The influence of integration of health-insurance schemes on catastrophic health expenditure in China: a cohort study [J]. The Lancet, 2020, 396: S8.

[137] LI H, JIANG L. Catastrophic medical insurance in China [J]. Lancet, 2017, 390 (10104): 1724-1725.

[138] LI X, LU J, HU S, et al. The primary health-care system in China [J]. The Lancet, 2017, 390 (10112): 2584-2594.

[139] LI X, ZHANG W. The impacts of health insurance on health care utilization among the older people in China [J]. Social Science & Medicine, 2013, 85: 59-65.

[140] LI Y, WANG L, JIANG Y, et al. Risk factors for noncommunicable chronic diseases in women in China: surveillance efforts [J]. Bulletin of the World Health Organization, 2013, 91: 650-660.

[141] LI Y, WU Q, XU L, et al. Factors affecting catastrophic health expenditure and impoverishment from medical expenses in China: policy implications of universal health insurance [J]. Bulletin of the World Health Organization,

2012, 90 (9): 664-671.

[142] LIANG Z, XU C, FAN Y ni, et al. Association between air pollution and menstrual disorder outpatient visits: a time-series analysis [J]. Ecotoxicology and Environmental Safety, 2020, 192: 110283.

[143] LIU G G, ZHAO Z, CAI R, et al. Equity in health care access to: assessing the urban health insurance reform in China [J]. Social Science & Medicine, 2002, 55 (10): 1779-1794.

[144] LIU X, SUN X, ZHAO Y, et al. Financial protection of rural health insurance for patients with hypertension and diabetes: repeated cross-sectional surveys in rural China [J]. BMC Health Services Research, 2016, 16 (1): 481.

[145] LIU Y, PAN J, FAN C, et al. Short-term exposure to ambient air pollution and mortality from myocardial infarction [J]. Journal of the American College of Cardiology, 2021, 77 (3): 271-281.

[146] LIU Y, WANG J, HUANG Z, et al. Environmental pollutants exposure: a potential contributor for aging and age-related diseases [J]. Environmental Toxicology and Pharmacology, 2021, 83: 103575.

[147] LOPREITE M, ZHU Z. The effects of ageing population on health expenditure and economic growth in China: a Bayesian-VAR approach [J]. Social Science & Medicine, 2020, 265: 113513.

[148] LOYALKA P, LIU L, CHEN G, et al. The cost of disability in China [J]. Demography, 2014, 51 (1): 97-118.

[149] LOZANO R, FULLMAN N, MUMFORD J E, et al. Measuring universal health coverage based on an index of effective coverage of health services in 204 countries and territories, 1990-2019: a systematic analysis for the global burden of disease study 2019 [J]. Lancet, 2020, 396 (10258): 1250-1284.

[150] LU J, LU Y, WANG X. Prevalence, awareness, treatment, and control of hypertension in China: data from 1.7 million adults in a population-based screening study [J]. Lancet, 2017, 390 (10112): 2548-2548.

[151] LU W, WU H, GENG S. Heterogeneity and threshold effects of environmen-

tal regulation on health expenditure: considering the mediating role of environmental pollution [J]. Journal of Environmental Management, 2021, 297: 113276.

[152] LUBITZ J, GREENBERG L G, GORINA Y, et al. Three decades of health care use by the elderly, 1965-1998 [J]. Health Affairs, 2001, 20 (2): 19-32.

[153] MA M, LI Y, WANG N, et al. Does the medical insurance system really achieved the effect of poverty alleviation for the middle-aged and elderly people in China? Characteristics of vulnerable groups and failure links [J]. BMC Public Health, 2020, 20 (1): 435.

[154] MA Y, ZHANG T, LIU L, et al. Spatio-temporal pattern and socio-economic factors of bacillary dysentery at county level in Sichuan Province, China [J]. Scientific Reports, 2015, 5: 15264.

[155] MADUREIRA J, SLEZAKOVA K, SILVA A I, et al. Assessment of indoor air exposure at residential homes: inhalation dose and lung deposition of PM_{10}, $PM_{2.5}$ and ultrafine particles among newborn children and their mothers [J]. Science of the Total Environment, 2020, 717: 137293.

[156] MANISALIDIS I, STAVROPOULOU E, STAVROPOULOS A, et al. Environmental and health impacts of air pollution: a review [J]. Frontiers in Public Health, 2020, 8: 14.

[157] MANN J K, BALMES J R, BRUCKNER T A, et al. Short-term effects of air pollution on wheeze in asthmatic children in Fresno, California [J]. Environmental Health Perspectives, 2010, 118 (10): 1497-1502.

[158] MAO W, TANG S, ZHU Y, et al. Financial burden of healthcare for cancer patients with social medical insurance: a multi-centered study in urban China [J]. International Journal for Equity in Health, 2017, 16 (1): 1-12.

[159] MEHROTRA A, PELTONEN T, RIVERA A S. Modelling inflation in China: a regional perspective [J]. China Economic Review, 2010, 21 (2): 237-255.

[160] MENG Q, FANG H, LIU X, et al. Consolidating the social health insurance

schemes in China: towards an equitable and efficient health system [J]. Lancet, 2015, 386 (10002): 1484-1492.

[161] MENG Q, XU L, ZHANG Y, et al. Trends in access to health services and financial protection in China between 2003 and 2011: a cross-sectional study [J]. The Lancet, 2012, 379 (9818): 805-814.

[162] MENG Y, HAN J, QIN S. The impact of health insurance policy on the health of the senior floating population—evidence from China [J]. International Journal of Environmental Research and Public Health, 2018, 15 (10): 2159.

[163] MIAO Y, GU J, ZHANG L, et al. Improving the performance of social health insurance system through increasing outpatient expenditure reimbursement ratio: a quasi-experimental evaluation study from rural China [J]. International Journal for Equity in Health, 2018, 17 (1): 89.

[164] MIAO Z. Energy use, industrial soot and vehicle exhaust pollution—China's regional air pollution recognition, performance decomposition and governance [J]. Energy Economics, 2019: 14.

[165] MONDAL B, DUBEY J D. Gender discrimination in health-care expenditure: an analysis across the age-groups with special focus on the elderly [J]. Social Science & Medicine, 2020, 258: 113089.

[166] MORENS D M, FOLKERS G K, FAUCI A S. The challenge of emerging and re-emerging infectious diseases [J]. Nature, 2004, 430 (6996): 242-249.

[167] MOSES M W, PEDROZA P, BARAL R, et al. Funding and services needed to achieve universal health coverage: applications of global, regional, and national estimates of utilisation of outpatient visits and inpatient admissions from 1990 to 2016, and unit costs from 1995 to 2016 [J]. The Lancet Public Health, 2019, 4 (1): 49-73.

[168] MUSSA E C, OTCHERE F, VINCI V, et al. Linking poverty-targeted social protection and community based health insurance in Ethiopia: enrolment, linkages, and gaps [J]. Social Science & Medicine, 2021, 286: 114312.

[169] MWANGI J, KULANE A, VAN HOI L. Chronic diseases among the elderly

in a rural Vietnam: prevalence, associated socio-demographic factors and healthcare expenditures [J]. International Journal for Equity in Health, 2015, 14 (1): 1-8.

[170] NHUNG N T T, SCHINDLER C, CHAU N Q, et al. Exposure to air pollution and risk of hospitalization for cardiovascular diseases amongst Vietnamese adults: case-crossover study [J]. Science of the Total Environment, 2020, 703: 134637.

[171] NIE P, LI Y, ZHANG N, et al. The change and correlates of healthy ageing among Chinese older adults: findings from the China health and retirement longitudinal study [J]. BMC Geriatrics, 2021, 21 (1): 1-13.

[172] ORGANIZATION W H. The world health report 2000: health systems: improving performance [M]. World Health Organization, 2000.

[173] PAN J, TIAN S, ZHOU Q, et al. Benefit distribution of social health insurance: evidence from China's urban resident basic medical insurance [J]. Health Policy and Planning, 2016, 31 (7): 853-859.

[174] PAN X F, XU J, MENG Q. Integrating social health insurance systems in China [J]. The Lancet, 2016, 387 (10025): 1274-1275.

[175] PANDEY A, PLOUBIDIS G B, CLARKE L, et al. Trends in catastrophic health expenditure in India: 1993 to 2014 [J]. Bulletin of the World Health Organization, 2018, 96 (1): 18-28.

[176] PEI Z, HAN G, MA X, et al. Response of major air pollutants to COVID-19 lockdowns in China [J]. Science of the Total Environment, 2020, 743: 140879.

[177] PINILLA-RONCANCIO M. The reality of disability: multidimensional poverty of people with disability and their families in Latin America [J]. Disability and Health Journal, 2018, 11 (3): 398-404.

[178] RABAN M Z, DANDONA R, DANDONA L. Variations in catastrophic health expenditure estimates from household surveys in India [J]. Bulletin of the World Health Organization, 2013, 91: 726-735.

[179] RICKARD J L, NGARAMBE C, NDAYIZEYE L, et al. Risk of catastrophic

health expenditure in rwandan surgical patients with peritonitis [J]. World Journal of Surgery, 2018, 42 (6): 1603-1609.

[180] RUGER J P, KIM H J. Out-of-pocket healthcare spending by the poor and chronically Ⅲ in the republic of Korea [J]. American Journal of Public Health, 2007, 97 (5): 804-811.

[181] SÁNCHEZ GARCÍA J L, PÉREZ RUIZ S. Development of capabilities from the innovation of the perspective of poverty and disability [J]. Journal of Innovation & Knowledge, 2017, 2 (2): 74-86.

[182] SANDSTRÖM T, FREW A J, SVARTENGREN M, et al. The need for a focus on air pollution research in the elderly [J]. European Respiratory Journal, 2003, 21 (40): 92-95.

[183] SCHLEUSSNER C F, ROGELJ J, SCHAEFFER M, et al. Science and policy characteristics of the Paris agreement temperature goal [J]. Nature Climate Change, 2016, 6 (9): 827-835.

[184] SESHAMANI M, GRAY A. Time to death and health expenditure: an improved model for the impact of demographic change on health care costs [J]. Age and Ageing, 2004, 33 (6): 556-561.

[185] SHEKELLE P G. Nurse-patient ratios as a patient safety strategy: a systematic review [J]. Annals of Internal Medicine, 2013, 158 (5): 404-409.

[186] SHRIME M G, DARE A J, ALKIRE B C, et al. Catastrophic expenditure to pay for surgery worldwide: a modelling study [J]. The Lancet Global Health, 2015, 3: 38-44.

[187] SONG Y, SONG Z. The promoting effect and its mechanism of health insurance on the migrants' consumption [J]. Popul Econ, 2018, 3: 115-26.

[188] SOUSA R M, FERRI C P, ACOSTA D, et al. Contribution of chronic diseases to disability in elderly people in countries with low and middle incomes: a 10/66 dementia research group population-based survey [J]. The Lancet, 2009, 374 (9704): 1821-1830.

[189] SU T T, KOUYATÉ B, FLESSA S. Catastrophic household expenditure for health care in a low-income society: a study from Nouna District, Burkina

Faso [J]. Bulletin of the World Health Organization, 2006, 84: 21-27.

[190] SU T T. Catastrophic household expenditure for health care in low-income society: a study from Nouna District, Burkina Faso [J]. Bulletin of the World Health Organisation, 2004, 84 (1): 21-27.

[191] SUN J, LIABSUETRAKUL T, FAN Y, et al. Protecting patients with cardiovascular diseases from catastrophic health expenditure and impoverishment by health finance reform [J]. Tropical Medicine & International Health, 2015, 20 (12): 1846-1854.

[192] SUN Q, LIU X, MENG Q, et al. Evaluating the financial protection of patients with chronic disease by health insurance in rural China [J]. International Journal for Equity in Health, 2009, 8 (1): 42.

[193] SUN V, RUEL N, CHUNG V, et al. Pilot study of an interdisciplinary supportive care planning intervention in pancreatic cancer [J]. Supportive Care in Cancer, 2016, 24 (8): 3417-3424.

[194] SYLVIA S, SHI Y, XUE H, et al. Survey using incognito standardized patients shows poor quality care in China's rural clinics [J]. Health Policy and Planning, 2015, 30 (3): 322-333.

[195] TA Y, ZHU Y, FU H. Trends in access to health services, financial protection and satisfaction between 2010 and 2016: has China achieved the goals of its health system reform? [J]. Social Science & Medicine, 2020, 245: 112715.

[196] The Action Study Group. Catastrophic health expenditure and 12-month mortality associated with cancer in Southeast Asia: results from a longitudinal study in eight countries [J]. BMC Medicine, 2015, 13 (1): 190.

[197] The Lancet. Climate and COVID-19: converging crises [J]. The Lancet, 2021, 397 (10269): 71.

[198] The Lancet. COVID-19: a new lens for non-communicable diseases [J]. The Lancet, 2020, 396 (10252): 649.

[199] PANDEY A, PLOUBIDIS G B, CLARKE L, et al. Trends in catastrophic health expenditure in India: 1993 to 2014 [J]. Bulletin of the World Health

Organization, 2018, 96 (1): 18.
[200] ULLMAN A J, DAVIDSON P M. Patient safety: the value of the nurse [J]. The Lancet, 2021, 397 (10288): 1861-1863.
[201] VELAYUTHAM B, KANGUSAMY B, JOSHUA V, et al. The prevalence of disability in elderly in India-analysis of 2011 census data [J]. Disability and Health Journal, 2016, 9 (4): 584-592.
[202] VENTER Z S, AUNAN K, CHOWDHURY S, et al. Air pollution declines during COVID-19 lockdowns mitigate the global health burden [J]. Environmental Research, 2021, 192: 110403.
[203] VIRAMGAMI A, UPADHYAY K, BALACHANDAR R. Catastrophic health expenditure and health facility access among rural informal sector families [J]. Clinical Epidemiology and Global Health, 2020, 8 (4): 1325-1329.
[204] WAGSTAFF A, FLORES G, HSU J, et al. Progress on catastrophic health spending in 133 countries: a retrospective observational study [J]. The Lancet Global Health, 2018, 6 (2): 169-179.
[205] WANG J F, LI X H, CHRISTAKOS G, et al. Geographical detectors-based health risk assessment and its application in the neural tube defects study of the Heshun Region, China [J]. International Journal of Geographical Information Science, 2010, 24 (1): 107-127.
[206] WANG J F, ZHANG T L, FU B J. A measure of spatial stratified heterogeneity [J]. Ecological Indicators, 2016, 67: 250-256.
[207] WANG L, GAO P, ZHANG M, et al. Prevalence and ethnic pattern of diabetes and prediabetes in China in 2013 [J]. Jama, 2017, 317 (24): 2515-2523.
[208] WANG Q, ZHANG D, HOU Z. Insurance coverage and socioeconomic differences in patient choice between private and public health care providers in China [J]. Social Science & Medicine, 2016, 170: 124-132.
[209] WANG S. The political economy of uneven development: the case of China [M]. ME Sharpe, 1999.
[210] WANG Z, LI X, CHEN M, et al. Social health insurance, healthcare utiliza-

tion, and costs in middle-aged and elderly community-dwelling adults in China [J]. International Journal for Equity in Health, 2018, 17 (1): 17.

[211] WANG Z, LI X, CHEN M. Catastrophic health expenditures and its inequality in elderly households with chronic disease patients in China [J]. International Journal for Equity in Health, 2015, 14 (1): 8.

[212] WATTS N, AMANN M, ARNELL N, et al. The 2020 report of the lancet countdown on health and climate change: responding to converging crises [J]. The Lancet, 2020.

[213] WU B, LI R, HUANG B. A geographically and temporally weighted autoregressive model with application to housing prices [J]. International Journal of Geographical Information Science, 2014, 28 (5): 1186-1204.

[214] WU M Y, LO W C, CHAO C T, et al. Association between air pollutants and development of chronic kidney disease: a systematic review and meta-analysis [J]. Science of the Total Environment, 2020, 706: 135522.

[215] XIAO Y, ZHAO K, MA Z X, et al. Integrated medical rehabilitation delivery in China [J]. Chronic Diseases and Translational Medicine, 2017, 3 (2): 75-81.

[216] Xu K, Evans D B, Carrin G, et al. Protecting households from catastrophic health spending [J]. Health Affairs, 2007, 26 (4): 972-983.

[217] XU K, EVANS D B, KAWABATA K, et al. Household catastrophic health expenditure: a multicountry analysis [J]. The Lancet, 2003, 362 (9378): 111-117.

[218] Xu K, Evans D B, Kawabata K, et al. Household catastrophic health expenditure: a multicountry analysis [J]. The Lancet, 2003, 362 (9378): 111-117.

[219] XU, HUANG, ZHANG, et al. Family economic burden of elderly chronic diseases: evidence from China [J]. Healthcare, 2019, 7 (3): 99.

[220] YANG C, SHEN Q, CAI W, et al. Impact of the zero-markup drug policy on hospitalisation expenditure in western rural China: an interrupted time series analysis [J]. Tropical Medicine & International Health, 2017, 22 (2):

180-186.

[221] YANG D. Patterns of China's regional development strategy [J]. The China Quarterly, 1990, 122: 230-257.

[222] YANG J, ZHANG B. Air pollution and healthcare expenditure: implication for the benefit of air pollution control in China [J]. Environment International, 2018, 120: 443-455.

[223] YANG M. Demand for social health insurance: evidence from the Chinese new rural cooperative medical scheme [J]. China Economic Review, 2018, 52: 126-135.

[224] YANG W. Catastrophic outpatient health payments and health payment-induced poverty under China's new rural cooperative medical scheme [J]. Applied Economic Perspectives and Policy, 2015, 37 (1): 64-85.

[225] YANG Y, LIN Q, LIANG Y, et al. Maternal air pollution exposure associated with risk of congenital heart defect in pre-pregnancy overweighted women [J]. Science of the Total Environment, 2020, 712: 136470.

[226] YANG Y, ZHAO L, WANG C, et al. Towards more effective air pollution governance strategies in China: a systematic review of the literature [J]. Journal of Cleaner Production, 2021, 297: 126724.

[227] YE L, SHIA BC, FANG Y, et al. Heterogeneous health profiles and healthcare utilization of the middle-aged and elderly with multiple health insurance schemes in China [J]. Public Health, 2019, 170: 61-69.

[228] YIP W, FU H, CHEN A T, et al. 10 years of health-care reform in China: progress and gaps in universal health coverage [J]. The Lancet, 2019, 394 (10204): 1192-1204.

[229] YU M, ZHONG J, HU R, et al. The impact of catastrophic medical insurance in China: a five-year patient-level panel study [J]. The Lancet Regional Health-Western Pacific, 2021, 13: 100174.

[230] ZENG J, HE Q. Does industrial air pollution drive health care expenditures? Spatial evidence from China [J]. Journal of Cleaner Production, 2019, 218: 400-408.

[231] ZENG Z, LIU J. The central committee of the communist party of China and the state council issued the outline of healthy China 2030 [J]. The Communique of the State Council of the People's Republic of China, 2016, 32: 5-20.

[232] ZHAI T, GOSS J. Health system reform in China: the challenges of multimorbidity [J]. The Lancet Global Health, 2020, 8 (6): 750-751.

[233] ZHANG A, Nikoloski Z, Mossialos E. Does health insurance reduce out-of-pocket expenditure? heterogeneity among China's middle-aged and elderly [J]. Social Science & Medicine, 2017, 190: 11-19.

[234] ZHANG L, LIN J, QIU R, et al. Trend analysis and forecast of $PM_{2.5}$ in Fuzhou, China using the ARIMA model [J]. Ecological Indicators, 2018, 95: 702-710.

[235] ZHANG M, SONG Y, CAI X, et al. Economic assessment of the health effects related to particulate matter pollution in 111 Chinese cities by using economic burden of disease analysis [J]. Journal of Environmental Management, 2008, 88 (4): 947-954.

[236] ZHANG T, XU Y, REN J, et al. Inequality in the distribution of health resources and health services in China: hospitals versus primary care institutions [J]. International Journal for Equity in Health, 2017, 16 (1): 42.

[237] ZHANG X, JIN Y, DAI H, et al. Health and economic benefits of cleaner residential heating in the Beijing-Tianjin-Hebei region in China [J]. Energy Policy,2019, 127: 165-178.

[238] ZHANG Y, ZHOU Z, SI Y. When more is less: what explains the overuse of health care services in China? [J]. Social Science & Medicine, 2019, 232: 17-24.

[239] ZHANG Y. Study on medical expenses and financing burden of diabetes mellitus in China [J]. Health Economy in China, 2017, 36 (4): 17-19.

[240] ZHANG Z, XUE T, JIN X. Effects of meteorological conditions and air pollution on COVID-19 transmission: evidence from 219 Chinese cities [J]. Science of the Total Environment, 2020, 741: 140244.

[241] ZHAO K, CAO J, WEN X. Correlation between $PM_{2.5}$ pollution in air and

mortality of residents in urban area, Xi'an [J]. Journal of Preventive Medicine Information, 2011, 27 (4): 257-262.

[242] ZHAO S, LIU S, Hou X, et al. Air pollution and cause-specific mortality: a comparative study of urban and rural areas in China [J]. Chemosphere, 2021, 262: 127884.

[243] ZHAO Y, ATUN R, OLDENBURG B, et al. Physical multimorbidity, health service use, and catastrophic health expenditure by socioeconomic groups in China: an analysis of population-based panel data [J]. The Lancet Global Health, 2020, 8 (6): 840-849.

[244] ZHAO Y, WU Q, WEI P, et al. Explore the mitigation mechanism of urban thermal environment by integrating geographic detector and standard deviation ellipse (SDE) [J]. Remote Sensing, 2022, 14 (14): 3411.

[245] ZHAO Y, ZHANG L, ZHAO S, et al. Impact of multimorbidity on health service use and catastrophic health expenditure in China: an analysis of data from a nationwide longitudinal survey [J]. The Lancet, 2019, 394: 69.

[246] ZHOU B, LU Y, HAJIFATHALIAN K, et al. Worldwide trends in diabetes since 1980: a pooled analysis of 751 population-based studies with 4.4 million participants [J]. The Lancet, 2016, 387 (10027): 1513-1530.

[247] ZHOU M, HE G, LIU Y, et al. The associations between ambient air pollution and adult respiratory mortality in 32 major Chinese cities, 2006-2010 [J]. Environmental Research, 2015, 137: 278-286.

[248] ZHOU M, WANG H, ZENG X, et al. Mortality, morbidity, and risk factors in China and its provinces, 1990-2017: a systematic analysis for the global burden of disease study 2017 [J]. The Lancet, 2019, 394 (10204): 1145-1158.

[249] ZHU K, ZHANG L, YUAN S, et al. Health financing and integration of urban and rural residents' basic medical insurance systems in China [J]. International Journal for Equity in Health, 2017, 16 (1): 194.